中国社会科学院经济研究所 编

无言的变迁

WORDLESS VICISSITUDE

22个村庄的

70年

70 years of
22 villages

社会科学文献出版社
SOCIAL SCIENCES ACADEMIC PRESS (CHINA)

编 委 会

目　录

无锡、保定农村调查的历史及现存无锡、保定资料概况[*]

史志宏

　　"无锡、保定农村调查"始自 1929—1930 年，其后在 1958 年、1987 年、1998 年又先后进行过 3 次，是中国近现代农村调查史上绝无仅有的对同一地域的农户经济实况长时段的连续追踪调查[①]。这一系列调查所积累的南、北两地数千农户 70 年的

---

[*] 本文对历次无锡、保定农村调查的介绍，除笔者亲身参与的第四次调查外，主要参考了各次调查的亲历者当时或以后回忆写下的文字，如陈翰笙的《中国农村经济研究之发轫》（载《解放前的中国农村》第 2 辑，中国展望出版社 1987 年版）、《亩的差异》（载《国立中央研究院社会科学研究所集刊》1929 年第 1 期）、《广东农村生产关系与生产力》（上海中山文化教育馆 1934 年版）、《四个时代的我》（中国文史出版社 1988 年版）、《〈解放前后无锡、保定农村经济（1929 年至 1957 年）〉前言》（载《中国农业合作史资料》1988 年增刊二），秦柳方的《我国早期马克思主义的农村经济学家——陈翰笙》（见 2005 年 8 月 19 日人民网），朱文强的《第三次无锡、保定农村经济调查的经过与评价》（未刊稿）等。此外，杜松的《土地革命战争时期中国农村经济调查团活动始末》（载《中共党史资料》第 45 辑，中共党史出版社 1993 年版）一文对陈翰笙发起无锡、保定农村调查的历史背景有清晰的分析和介绍，亦为本文所参考。有时当事人的回忆、介绍文章细节互有出入，则根据现存历次调查的原始资料加以核对、考订，于文内注明。

[①] "无锡、保定农村调查"是一个习惯称谓。实则近代以来，无锡、保定的名称、建置和行政区划变动频繁。1929 年调查时，今无锡市（市区）属无锡县管辖，仅为其中一个区，当时所有调查村均归属无锡县。解放后无锡市、县分治。1958 年调查时，11 个调查村有 9 个属无锡县，2 个属无锡市。这次调查后不久无锡县划归无锡市管辖。1987 年调查时仍有 9 个村属无锡县，2 个属无锡市，但其中原无锡市属的毛村这时改属无锡县，称溪南村（含毛村），而原属无锡县的东吴塘村则改属无锡市，称吴塘村（含东吴塘村）。1995 年 6 月以后，无锡县改称锡山市。1998 年调查时，调查村的归属未变，但原无锡县的属村这时已为锡山市属村了。（转下页注）

家庭经济数据，是可供观察中国近现代农村和农户经济发展演变历史的极为珍贵的第一手资料。这批资料，尽管保存相对完整、集中，但由于种种原因，除少数学者曾对其部分利用并发表过一些零星的学术成果外，至今未能得到与其价值相当的全面研究和利用，甚至知道其存在、了解其内容和巨大价值的人也并不是很多。有鉴于此，本文拟对无锡、保定农村调查的历史及其资料的现存状况，就个人所知，做一简要介绍，借以唤起学界特别是从事近现代中国农村和农民问题研究的学者的重视，使这批积累、保存不易的珍贵资料，真正发挥它应有的价值和作用。

（接上页注①）保定的变动更为复杂。清代保定府为直隶省会所在，辖清苑县。民国初年省会迁天津，先留府裁县，不久又废府复县治，隶范阳道。接着改设保定道，仍辖清苑县。1928 年撤销保定道，清苑县由省政府直辖。1930 年调查时，保定仅为清苑县属的一个区，为县治所在，当时的调查村均归属于清苑县。解放后保定建市，清苑与保定分治，属保定专区管辖。1958 年正当调查进行时，保定市划归保定专区，这时 11 个调查村有 3 个属保定市管，8 个属保定专区辖下的清苑县管。但不久后（当年 10 月）就撤销清苑县（部分区划并入保定市），至 1960 年 3 月才复置（由保定市清苑、满城、完县三区合并而成），一年后又恢复清苑县原建置（满城、完县析出）并与保定分开，归保定专区管辖。1986 年准备第三次调查时清苑县又划归保定市，调查时 11 个村有 9 个属清苑县，2 个属保定市（薛刘营村和大祝泽村属市，1958 年调查时属市的大阳村这时改属清苑县）。1994 年保定地、市合并，统称保定市。1998 年调查时，11 个调查村的归属与 1987 年调查时相同。从以上简介可知，"无锡、保定农村调查"的称谓，对于第一次调查，严格说应该是"江苏省无锡县和河北省清苑县农村调查"。以后各次调查虽可概称无锡、保定农村调查，但"无锡""保定"的含义在不同历史时期并不一样。"无锡"这个概念，对于第二次调查来说既指无锡市，又指无锡县；对于第三次和第四次调查来说则指无锡市（无锡县及后来的锡山市均为其所辖）。"保定"这个概念，第二次调查中指兼辖保定市和清苑县的保定专区，第三、四次调查中则指包括了清苑县在内的保定市，但应注意这期间调查村的归属变化。

一　第一次调查

首次无锡、保定农村调查是由中国早期的马克思主义经济学家陈翰笙（1897—2004）发起并组织领导的。这次调查，与1927年大革命失败、国民党上台后共产国际及中国国内在中国社会性质问题上的争论密不可分。1928年在莫斯科召开的中共第六次全国代表大会根据斯大林的意见，重申中国社会为半殖民地半封建性质，指出中共在农村中革命的中心问题是土地问题，并作出了关于农村土地问题和农民问题的两个决议。但是，这个结论无论在莫斯科共产国际内部还是在中国国内，当时在理论上都是有争议的。20世纪30年代国内思想理论界关于中国社会性质问题的大论战就是这一争论的继续和发展。中国社会性质问题上的理论论争关涉对中国革命的性质、任务、前途的不同认识和不同的路线选择，因此也是一场重大的政治斗争。陈翰笙早年留学美国和德国，1924年回国后在北京大学任教授。他同情革命，积极参加学生运动，与中共早期领导人李大钊有密切的交往并在其影响下很快接受了马克思主义[1]。1927年大革命失败，随之李大钊于当年10月在北京被捕，陈翰笙被迫出走莫斯科，在共产国际刚成立的国际农民运动研究所任研究员，直到1928年5月才回国，亲身经历了当时苏联理论界和共产国际关于中国社会性质及中国革命问题的激烈争论。他在莫斯科期间，国际农民运动研究所东方部部长、匈牙利人马季

---

[1]　许多文章说陈翰笙于1925年就加入了中国共产党，其实不准确。1925年"五卅"惨案以后，他确实向李大钊提出了入党要求，但在李大钊的建议下当时没有加入中共，而是由李大钊、于树德介绍加入了国共合作的国民党。直到1935年，他才经由康生证明，将组织关系从第三国际转入中共（上述原委见秦柳方文）。

亚尔写作了《中国农村经济》一书（1928 年在莫斯科出版），提出中国自原始社会解体以后一直是由所谓的"亚细亚生产方式"决定的"水利社会"，至 20 世纪初西方资本主义传入以后，又演变成为资本主义社会的观点。陈翰笙虽然不同意马季亚尔的观点，但因当时还不甚了解中国农村的具体情况，他感到无法拿出充分有力的证据来驳斥对方，遂产生了对中国社会进行实际调查的愿望①。不久以后发起无锡、清苑农村经济调查，就是为了实践这个愿望。据陈翰笙晚年回忆，他是"企图通过农村经济调查，了解实际情况，而认识中国农村社会性质和农村中的革命任务"②。就是说，他发起无锡、清苑调查以及后来的一系列农村调查，目的是研究和揭示中国农村社会的性质，论证当时中共领导的反帝反封建的土地革命的正确性和必要性。

从莫斯科回国后，陈翰笙于 1929 年 2 月应国民党元老、国立中央研究院院长蔡元培的邀请，担任了设在上海的社会科学研究所的副所长并以此名义主持该所工作③，同时兼任社会学组组长。在陈翰笙的主持下，该所在很短时间内就招聘了一批朝气蓬勃、倾向革命的年轻人（有些是中共党员）进入社会学组，为即将开始的社会调查准备人才。在实施大规模农村调查之前，他先领导社会学组进行了对上海日资纱厂工人生活状况的调查和对东北营口、大连、长春、齐齐哈尔等地"闯关东"的关内流亡难民的调查。这些实地调查活动，为紧接着的农村调查积累了经验。

关于农村调查的选点，陈翰笙的设计是以江南、河北和岭

---

① 见陈翰笙《四个时代的我》，中国文史出版社，1988，第 40 页。
② 陈翰笙：《〈解放前后无锡、保定农村经济（1929 年至 1957 年）前言〉》，《中国农业合作史资料》1988 年增刊二。
③ 当时社会科学研究所的所长由蔡元培亲自兼任，但只是名义上的，实际工作完全交由陈翰笙主持。

南三地为重点考察对象。他认为："江南、河北和岭南是中国工商业比较发达而农村经济变化得最快的地方。假使我们能够彻底地了解这个不同的经济区域的生产关系如何在那里演进，认识这些地方的社会结构的本质，对于全国社会经济发展的程序，就不难窥见其梗概；而于挽救中国今日农村的危机，也就不难得到一个有效的设计。"[①] 具体的调查地点，江南地区选定在陈翰笙的家乡江苏省无锡县，河北则选在该省中部以农业经济为主的清苑县。岭南的调查虽在最初的方案之中，但因为无锡、清苑两地调查受到一些人的指责，后来陈翰笙被迫从社会科学研究所辞职，当时没有进行。一直到 1933 年底至 1934 年春，在宋庆龄的大力支持下，陈翰笙才借用孙科在上海所办的中山文化教育馆的名义，联合社会科学研究所（其时已由上海迁至南京）和岭南大学，由 3 个机构分别派人组团实施[②]。岭南的调查，后来没有延续下来。

无锡、清苑农村调查于 1929 年 7—9 月首先在江苏无锡展开。调查团由陈翰笙、王寅生领导，共计 45 人，除以社会科学研究所社会学组成员做骨干外，还吸收了无锡及邻近县籍的大学生、中学生和小学教员参加。调查团在县城内设立总办事处，下设 4 个调查组，分别由张稼夫、钱俊瑞、秦柳方和刘端生担任组长。调查组人员中，大学生、中学生、小学教员约各占 1/3。一般由中学生担任入户工作，小学教员因熟悉当地情况负责交

①　陈翰笙：《广东的农村生产关系与生产力》，载陈翰笙《四个时代的我》，中国文史出版社，1988，第 46 页。

②　陈翰笙当时任中山文化教育馆特约研究员，同时仍兼任社会科学研究所"通讯研究员"。岭南调查系统考察了广东中山、梅县、潮安、惠阳、顺德、台山、高要、广宁、英德、翁源、曲江、乐昌、茂名、廉江、合浦、灵山等 16 个县的情况，并对番禺县的 10 个代表村进行了挨户调查，同时对广东 50 个县的 335 个村庄做了通讯调查。以这次调查的材料为基础，陈翰笙写作了《广东的农村生产关系与生产力》一书，于 1934 年出版。

际，大学生则除做调查员外，兼做调查工作的指导。是次调查，首先对无锡县 22 个自然村的 1204 个农户做了挨户调查①，然后又调查了 55 个村庄的概况和 8 个市镇的工商业。所用调查表主要是由王寅生设计的，分为两种：一种为"江苏无锡农民地主经济调查表"，用于农户经济调查；另一种为"江苏无锡分村经济调查表"，用于村经济概况调查。

无锡调查完成后，1930 年夏初，陈翰笙又率领社会科学研究所调查团北上，与陶孟和主政的北平社会调查所（1934 年并入社会科学研究所）合作，到河北省清苑县进行调查，直到当年 8 月才宣告结束。清苑调查团由 68 人组成，办事处设在县城。调查人员分组情况与无锡相仿，但为了提高效率，组长不再兼任调查员。针对清苑县经济以农业为主、农村地权较为分散的特点，调查团按农作水利情况将该县划分为 4 个区，每区各选择若干村庄作为典型，计在 11 个村对总共 1770 个农户做了入户调查②，还对 72 个村庄和 6 个农村市场做了概况考察。清苑调查在总结无锡调查经验的基础上，对指标设计、调查表

---

① 一说为 1207 户，如侯建新《二十世纪二三十年代中国农村经济调查与研究评述》（载《史学月刊》2000 年第 4 期）即采用此说法。但 1204 户是当事人在事后不久就使用的数据（见陈翰笙《亩的差异》），同时现存无锡分户调查表最后的编号也只有 1203 号，似应以当事人的说法为准。另外侯文说当时在清苑县 11 村共调查了 2119 户，也是不准确的。实际当时只调查了 1770 户，后来 1958 年第二次调查时，发现当年有 349 户没有调查，于是对其做了补充调查，加上原来的 1770 户（对当年调查数据亦重加核实），共 2119 户。该局写作的此次调查的报告，对这个情况有清楚的说明；报告中引用的 1930 年 11 村的人口数据，都是来自这次调查所得资料的统计，而非据陈翰笙 1930 年第一次调查的统计。

② 此据河北省统计局《廿八年来保定农村经济调查报告（1930 年—1957 年）》的说法。另据张培刚说，当时共调查了 1775 户，见《清苑的农家经济（上）》，《社会科学杂志》第 7 卷第 1 期，1936 年，第 2 页。张培刚的说法，经我们将其提供的分村调查户数与现存清苑县 1930 年分户调查表的编号核对，并不完全准确。而 1770 户说法，正与现存原始调查表最后一表的编号相合。

式和调查方法都做了一些调整和改进。清苑农村概况调查包括
60 多张表，130 道各类问答题。分户经济调查表的内容分为耕
种、畜养、副业、农产买卖、税捐、田租、借贷、消费八大项，
每项内再分若干小项，有的小项下又以"附表"形式细分，总
共 27 页 41 个表。

在清苑调查过程中，陈翰笙写作了《中国农村经济研究之
发轫》一文，对其组织的这次调查所用方法做出说明，指出：
当时做的分村经济、村户经济、城镇分业、农户抽样四种调查，
"第一种注重分配，第二种注重生产，第三种注重交换，第四
种注重消费，第一、二两种各自独立，第三、四两种则系补充
性质"①。这里所说的农户调查与村经济等概况调查相结合的方
法，为后来历次无锡、保定调查所沿用。

无锡、清苑的调查材料，由陈翰笙、王寅生、钱俊瑞、廖
凯声、薛暮桥、姜君辰等 7 人负责整理。在整理的过程中，他
们又将税捐、田租、币价以及工商业等与农村经济直接相关的
情况追溯到近 20 年来的演变，继续补充材料。经过对调查数据
的整理和大量统计分析，最后写成了研究报告。但是由于当时
国立中央研究院的一些人不满意它对农村情况的描述，怀疑此
事系共产党所为，将之扣压，这个报告未能公开发表，后来连
原稿也不知去向，"一直没有找到"②。不过，在 20 世纪 30 年

---

① 见陈翰笙、薛暮桥、冯和法编《解放前的中国农村》第 2 辑，中国展望出
版社，1986，第 6 页。

② 见陈翰笙《〈解放前后无锡、保定农村经济（1929 年至 1957 年）〉前言》，
《中国农业合作史资料》1988 年增刊二。据当事人回忆：当时写成的报告
题为《无锡的土地分配与资本主义的发展》；还曾另外编辑了《无锡农村
经济调查资料》，也与研究报告一样未能发表。又据张培刚说，清苑调查
资料至 1934 年 11 月才开始整理和分析（《清苑的农家经济（上）》，《社会
科学杂志》第 7 卷第 1 期，1936 年），如果此说不错，则陈翰笙等当时整
理分析的应只是无锡的调查资料，并未涉及清苑资料。

代的中国农村社会性质问题论战中，陈翰笙、王寅生、钱俊瑞、薛暮桥等人的论战文章都曾片断地使用过调查报告的一些材料。

1935 年，刚从武汉大学经济系毕业到社会科学研究所工作的张培刚在清苑调查户的样本中抽选了 3 村 500 户，由参加过清苑调查的韩德章陪同，重新到原调查点进行了 1 个多月的补充调查。根据调查所得，张培刚写成了《清苑的农家经济》一书，在国立中央研究院社会科学研究所出版的《社会科学杂志》第 7 卷第 1 期（1936 年 3 月）、第 2 期（1936 年 6 月）和第 8 卷第 1 期（1937 年 3 月）上连载发表。这是到目前为止，利用这次调查材料撰写的唯一一部学术专著。

第一次无锡、保定农村调查是 20 世纪二三十年代中国农村调查热潮中一次时间较早、规模较大的调查活动，也是首次由中国学者发起，按照马克思主义理论，以配合党在农村中土地革命任务为目的的大规模农村调查。

二 第二次调查

第二次调查是在首次调查之后近 30 年的 1957 年底定议、1958 年实施的。事情的起因是：1957 年，中国科学院经济研究所（今中国社会科学院经济研究所）偶然从所内存放的国立中央研究院社会科学研究所的档案中发现了无锡、清苑农村调查的原始资料①，遂有人建议在两地原调查点做一次新的调查，用事实证明解放前后农村经济的巨大变化和社会主义制度的优越性，驳斥右派"今不如昔"的言论（其时刚刚进行过大规模的反右斗争）。当时的经济研究所所长孙冶方曾参加过 20 世纪

---

① 社会科学研究所的这批档案在南京解放后由该市军管会接管，后运北京交经济研究所保管。

30 年代陈翰笙领导的农村调查活动，完全了解这批资料的重要价值，遂同国家统计局局长（孙冶方当时还兼任国家统计局副局长）、曾亲身参加过这次调查及事后调查资料的整理工作的薛暮桥商议，决定由两个单位共同发起新的调查。随后于是年底，由孙冶方和薛暮桥主持的两单位联合调查组成立，孙冶方为总负责人，开始进行筹备。江苏和河北两省统计局在各自省委的支持下全力配合，总共动员了约 130 人参与调查。实地调查于当年春末展开，夏初结束。

1958 年的调查是要把无锡、保定自第一次调查后近 30 年的社会性质变化及经济演变过程反映出来，因此特别强调今昔对比，强调社会经济关系的变化，调查内容的确定和数据指标的选择都围绕着这一原则进行。为了进行对比，这次调查仍在第一次调查的村庄进行，无锡调查从原来的 22 村中选了 11 个，保定则仍为原来的 11 村。从这次调查起，两地调查的村庄就基本固定下来了①。同样为了做对比，对新中国成立前情况的调查占了整个工作的大部分工作量，对新中国成立后情况的调查反而处于相对次要的位置。新中国成立前的情况，选择调查起始年（无锡为 1929 年，保定为 1930 年）、全面抗战前一年（1936 年）、解放前一年（无锡为 1948 年，保定为 1946 年）三

---

① 第一、二次调查的均为自然村，1987 年、1998 年两次为行政村。因无锡原调查的自然村后来多并入了较大的行政村，故村名多有变化，调查地域亦有所扩大；保定则行政村大多即以前的自然村，变化不大。历次无锡调查的 11 个村：1929 年、1958 年为白水荡村、龚巷村、张塘巷村、前刘巷村、唐家宕村、黄土泾桥村、毛村、东吴塘村、苏巷村、曹庄村、邵巷村，1987 年、1998 年为分别包括了以上各自然村在内的利农村、太湖村、华三房村、刘巷村、玉东村、前进村、溪南村、吴塘村、庄桥村、曹庄村、马鞍村。保定 11 个调查村为：李（家）罗侯村，东顾庄村，南邓村，蔡家营村，谢庄村，东孟庄村，何（家）桥村，大阳村（后分为东街、西街两个村，1998 年只调查了西街村），固上村，薛庄村（1987 年、1998 年调查改为包括了原薛庄村在内的薛刘营村），大祝泽村。

个观察年份进行追溯调查；新中国成立后的情况以 1957 年为观察年份（无锡另外增加了 1952 年）。调查指标基本上是在第一次调查设定的框架内选择，凡不能进行前后比较的指标，一般不予列入。

1958 年调查的方法仍为村概况调查与农户调查相结合。村概况调查大多是开座谈会，以专题性调查为主，如国家援助、土地改革、农村副业等，主要是了解一些基本情况，不限于追溯调查所确定的几个年点。农户调查为挨户调查。无锡和保定的调查内容稍有差异。保定的分户调查表分为人口及其职业和文化程度、农业雇佣、土地占有及租佃、农作物播种面积及产量、房屋和牲畜、占有农业主要生产工具及生活用具、农副业及其他收入、负债情况、主要生活用品、土改受益户分得财产情况、在反动统治时期所受损失等共 11 项内容。

调查全部结束后，1958 年 8 月，在孙冶方的指导下，调查组由刘怀溥执笔，张之毅、储雪瑾等参加，撰写了《江苏无锡县近卅年来农村经济调查报告（1929—1957 年）》；负责组织保定调查的河北省统计局则编写了《廿八年来保定农村经济调查报告（1930 年—1957 年）》。这两个报告，由于种种原因当时没能发表，直到 1988 年 9 月，才在中共中央农村政策研究室的支持下，在《中国农业合作史资料》增刊二（"解放前后无锡保定农村经济专辑"，陈翰笙、薛暮桥、秦柳方合编）上发表。河北省统计局保定农村经济调查办公室除撰写了保定分报告，还根据分户调查资料按村汇总编辑了《1930—1957 年保定农村经济调查资料》，但也未公开发表，现仅有当年的油印本。

在分析研究调查资料和两地分报告的基础上，调查组又在孙冶方直接负责下，决定由刘怀溥、张之毅等人执笔撰写总报告，为此还特别将刘怀溥从国家统计局暂时借调到经济研究所。当时曾拟出了题为《近三十年来无锡保定农村社会经济的演变》的写作提纲，并由张之毅、刘怀溥写成了以《无锡保定两地解放前近二十年中农村社会经济的演变》为题的解放前部分的初稿。这个初稿，由于某些结论与当时流行的观点不符（如认为三十年代以后一些地方土地占有呈分散化趋势），在 1959 年的反右倾运动中受到批判，总报告的写作也因之停顿。1964 年，张之毅曾打算对这部初稿做出修改，但很快又为政治运动所打断。他到死也没有最后完成这部手稿，初稿成了遗稿。

尽管第二次调查的政治目的性很强，但组织者和参加者的具体工作态度仍是十分严肃、认真的。由于是由两地统计局组织人力具体实施，调查人员也都训练有素。他们在调查中重新核实第一次调查的数据时，如果两次调查有所出入，一定要反复核对，并一定要有旁证才加以修改，否则宁可存疑，因此这次调查的起始年份（1929/1930 年）数据可信度较高。1957 年的数据虽受到当时政治环境的影响，但调查者的科学态度仍然保证了大部分数据的较高质量，特别是有关人口、土地及生产技术、亩产量等方面的数据是可信的。其他年份的数据，因是根据农户一二十年后的追忆所得，质量相对差一些。

第二次调查的最大贡献，是通过对几个有代表性的观察年份的调查，形成了两地农村及农户几十年经济发展演变历史数据的链条，这在中国农村调查史上是绝无仅有的，为以后的接续追踪调查开了头，打下了基础。

三　第三次调查

第三次调查距第二次调查的时间也是将近 30 年。其时中国农村又刚刚发生翻天覆地的变化："家庭联产承包责任制"自 20 世纪 80 年代初以后逐渐取代人民公社的集体生产，农户家庭经营再次成为农业生产的主角。在这一背景下，1986 年，当时担任中共中央书记处农村政策研究室主任兼国务院农村发展研究中心主任的杜润生，听说中国社会科学院经济研究所保存有无锡、保定农村调查的历史资料而长期未能开发利用，非常感兴趣，即向经济研究所查询，表示希望由国务院农村发展研究中心所属的农村发展研究所与经济研究所合作，再搞一次追踪调查，同时全面整理历史资料，经费由他负责解决。经济研究所当时的所长董辅礽赞同这个建议，并很快与农村发展研究所就合作一事达成了协议，第三次无锡、保定农村调查于是提上日程，并被分别列入中国社会科学院的院重点项目和农村发展研究所的 1987 年第 14 号课题。当年 9 月，农村发展研究所承接此项任务的社会发展研究室主任白南生及室内研究人员，与经济研究所现代经济史组负责人李炳俊及组内部分研究人员组成联合课题组。以后，随着工作的开展，又有中国人民大学、北京大学、河北大学、清苑县委农工部等单位的人员或学生程度不等地参与了课题，先后为课题服务过的有 100 多人。

这次调查主要由农村发展研究所的白南生负责组织、协调和设计，主要骨干也都是该所研究人员，经济研究所指派两名研究人员专职参与了调查；李炳俊主要负责历史资料的整理和研究工作。按照原定计划，课题的最终成果有两项：首先，完成第三次无锡、保定农村调查；其次，写作一部关于无锡、保定农村近 60 年的社会经济变迁的研究专著。

调查地点仍为第二次调查时选定的 22 个村，但将原来的自然村调查改变为行政村调查，在地域上扩大了许多（无锡一个行政村往往包含几个甚至十几个自然村，保定自然村则多与行政村合一）。这样做主要是考虑协调工作及收集资料的方便，因为村级政权机构都是按行政村设立的，基层的各种统计报表，特别是村办企业的统计，也都以行政村为单位来做，若只按原来的自然村调查，很难收集到详细准确的数据。调查内容和方法也有一些改变。概况调查除原来每次都做的村概况调查之外，还增加了县概况及政府机构和职能、社区组织、乡镇企业、文化教育、民间风俗等项内容。农户调查则不再进行挨户调查，而改为每村抽样调查。这样做，一是因为调查村改为行政村后，农户数量增加，如挨户调查工作量太大；二是为了节省经费。农户调查内容的设计，在家庭经济指标之外增加了不少社会学内容，并专门设计了农户行为意识调查问卷。为了能够核实户调查的准确程度，另外特别增设了农户收支台账，即在每个调查村都选定一些农户（10 户），要求他们在一年时间内逐日记录收支账目，以便与调查结果相比对。

调查的准备工作从 1986 年冬开始，到 1987 年春以后进入高潮，课题组成员多次到调查点进行试调查并据以反复修改调查问卷，调整指标。该年夏天的 7—8 月进行了两地各 10 个村的大规模入户调查（此前已各有一个村作为试点调查过，这次不再调查）。其中无锡 10 村（分属无锡市和无锡县）的调查主要是由北京大学社会学系的研究生和无锡税务学校的学生做的，前者负责村概况调查并指导入户调查，后者负责入户调查，村经济调查表则由各村会计填写；保定 10 村（分属保定市和清苑县）调查主要由河北大学经济系统计专业的师生进行。两地抽样调查的农户数量，包括试调查村户数在内，无锡有 1200 余户，保定近 2000 户。

大规模调查结束后，课题组又进行了县概况及各种专题的调查，同时在北京展开了本次户调查的资料和经济研究所保存的以往两次调查的农户经济历史资料的上机工作。整个工作到1988 年底至 1989 年初才大体告一段落。

正当课题组准备从实地调查转入分析研究调查数据并撰写研究报告的时候，1989 年的政治风波打断了工作进程。国务院农村发展研究中心及其所属的农村发展研究所在风波后解散，课题工作遂全面停顿。白南生原所在的研究室后来并入农业部农村经济研究中心，其所保存的无锡、保定文件也随之转移过去。这些资料有些是原属经济研究所的，因上机需要而被借去（上机工作在国务院农村发展研究中心机房进行），后来经过经济研究所朱文强等人的努力，虽索要回来大部分，但仍有不少因保存在个人手里或其他原因而遗失了。1990 年底，白南生从农业部申请到一笔经费，重招旧部，打算继续课题工作，完成总报告，但结果却是大部分经费都被用于调整原来的上机数据，钱花光后，课题也就不了了之了。这次课题的总报告，只留下了一个题为《中国农村六十年：无锡、保定农村社会经济变迁》的写作提纲和部分章节的初稿。

第三次调查由于组织者和主要参加者的知识背景与前两次不同，主要是由学习社会学的人而不是经济学家组成，调查内容的设计明显偏重于社会学调查。这一特点在各种概况和专题调查中尤为突出，农户调查则表现在增设行为意识问卷上。又由于主要参加者几乎都想把自己感兴趣的问题列入调查清单，结果调查内容过于庞大，也多少显得有些杂乱，主题不够突出。增加社会学调查的内容固然扩大了调查视野，使以后的研究工作可以从更多的角度来分析调查村的发展变化，但多少偏离了原来调查侧重经济学指标的轨道。从与以往调查做对比研究的角度看，一方面由于调查视角的偏移，另一方面也由于将调查自然村改为调查行政村，扩大了调查地域，以及与此相关联的不得不将挨户调查改为抽样调查（保定的抽样比例大致为30%，无锡约为 25%），这次调查资料与前两次调查资料的可比性无疑降低了。

第三次调查在户调查与村概况及专题调查的先后顺序方面没有接受以往调查的教训。第二次调查时就发现，先进行户调查，由于对当地具体情况不熟悉，很容易遗漏许多本应该列入调查的内容，等到后来做村概况和专题调查时发现问题，为时已晚，难以再做弥补；也有些带普遍性的内容，原本可以在村概况或专题调查中了解，却由于事先情况不明而列入了户调查表，结果费时费力，事倍功半。而若将顺序反过来，先做村概况及专题调查，则这两方面的问题便都可事先发现，有利于完善户调查内容的设计。

第三次调查在时间的安排上也有些问题，不够合理。为了赶进度，又为了能够利用学生做调查员，这次调查将户调查安排在1987年的7—8月暑假期间，但调查的内容却是上年的，时隔大半年，回忆不易准确。也是由于赶进度，在1987年便安排了调查，而主要是为了校正户调查的准确性而设立的农户收支台账却拖到当年的4月才安排，记账日期为1987年6月至1988年5月，比调查的内容晚了一年半，影响了其参照作用[①]。

第三次调查也有它的优点。除增加了社会学的内容，从而扩大了调查视野以外，这次调查在户调查方面注意了前两次的不足，一方面调查表的设计更为规范，另一方面又根据社会情况的变化调整了部分旧指标，增加了一些新指标。这次调查的"农户经济调查表"分为住户基本情况、住户生产经营及家庭收支情况、农户借贷及现金收支、住户雇工情况、家庭主要财产拥有情况（房屋除外）五大项内容，其中住户基本情况包括家庭常住人口、房屋情况、经营土地面积等项内容；住户生产经营及家庭收支情况包括家庭农牧业经营支出、家庭经营支出、家庭消费及其他支出、家庭种植业生产经营情况、家庭畜牧业生产经营情况、家庭其他生产经营收入情况、家庭其他收入情况等内容；农户借贷及现金收支包括农户借贷情况和家庭现金

---

① 农户收支台账工作系委托给两地的县农调队去做，账册回收后亦由他们汇总，然后交课题组。

收支平衡表两项内容；住户雇工情况主要统计雇入、出雇长工和短工的人数、天数和日工资等内容；家庭主要财产拥有情况包括生产性固定资产情况、家庭拥有小农具情况、耐用消费品拥有情况等内容，总共 18 个表 303 个调查指标。《农户行为、意识调查问卷》共 14 页，包括 63 道问答题。

第三次调查使用计算机处理调查数据，并且把保存的以前户调查的部分资料录入了计算机，初步建立起历次调查的户经济资料电脑数据库，为以后的研究工作提供了方便。这也是它的一个功绩。

四　第四次调查

第四次调查的起因与第三次几乎一模一样，即都是有感于以前的调查没有善终，致使大批辛苦得来的宝贵资料长期闲置，未得到开发利用，而决心接续完成前人未竟的事业。这次调查是在荷兰教育与科学部的资助下，由中国社会科学院经济研究所组织人力进行的，荷兰莱顿大学汉学研究院的中国问题专家费梅尔博士（Dr. Eduard B. Vermeer）参与了课题的设计并亲自考察了无锡的调查。江苏无锡和锡山两市市委农工部、河北保定市农调队及清苑县农调队对调查活动给予了大力协助。

以中荷合作方式进行的这次调查于 1996 年夏由中国社会科学院与荷兰教育与科学部签署协议。当年底，负责承接此项课题的经济研究所成立以所内研究人员为主体的课题组。课题组的领导小组成员为吴太昌、董志凯、江太新、武力、史志宏、朱文强及荷兰方面的费梅尔。

课题组对调查工作做了精心准备。首先认真回顾、总结了以往无锡、保定调查的历史并清理了现存历次调查的原始资料，以对新一次调查的内容和需要注意的问题做到心中有数。在此基础上，江太新写作了《关于无锡、保定 1929—1930 年调查情况以及此次调查中应注意事项》一文，曾全程参加过 1987 年调查的朱文强则写作了《第三次无锡、保定农村经济调查的经过与评价》一文，对课题组成员了解无锡、保定调查历史及经验教训，起到了很大作用。

新一次调查的问卷设计初稿由史志宏、武力在荷兰与费梅尔共同完成。两人回国后，又就调查内容及问卷指标等问题反复征求课题组其他成员意见，特别是征求了曾参加过第三次调查的朱文强的意见。然后，课题组拿着初步定稿的问卷到保定清苑县的调查点进行了试调查，回来后又进行修改，直至 1998 年春节前后才最终定稿。

新设计的《农户经济调查表》共有 14 个表 349 项指标，分别调查以下内容：（1）住户基本情况；（2）房屋情况，包括住房和生产用房两项；（3）经营土地情况；（4）生产性固定资产和金融资产拥有情况；（5）耐用消费品拥有情况；（6）农业生产情况；（7）动物饲养情况；（8）家庭能源和水资源消耗支出情况；（9）家庭雇工和家庭常住人口在外工作情况；（10）家庭生产经营费用支出；（11）家庭消费支出；（12）家庭经营及其他收入；（13）农户粮食收支平衡表；（14）家庭借贷情况。新的设计吸收第三次调查的优点，在户调查表的后面也附设了一个农户行为意识问卷，但内容比第三次调查的问卷有所精简，总共 25 道问答题，内容大部分是经济方面的。

户调查之外，这次调查的内容也包括村概况及一些专题调查，为此设计了村概况调查提纲、专业户调查访谈提纲及种田大户调查表、企业调查表等文件。为了解农村干部对当前政策和农村情况、干群关系等问题的想法和认识，还专门设计了干部问卷。

同第三次调查一样，这次也设立了农户台账，并在收支账外，增加了劳动时间日记账。无锡市 2 村和锡山市 9 村的记账工作分别委托两市市委农工部组织安排。保定市 2 村和清苑县 9 村的台账则分别委托保定市农调队和清苑县农调队代为建立。其中清苑县的农户记账工作自 1987 年以后没有间断（保定市的大祝泽村也一直坚持），这项工作对于他们来说自是轻车熟路。

　　大规模的实地调查于 1998 年 3 月初至 4 月初，由武力带队首先在无锡展开。接着，从 4 月下旬到 5 月上旬，由史志宏带队在保定进行。这次调查的村庄，由于仍然沿袭上次调查的 22 个行政村，总户数超过 1 万，人口 4 万多，课题组没有能力进行挨户调查，经反复权衡利弊，决定继续沿用抽样调查的方法。在无锡共调查了 1100 余户 4000 多人[1]，抽样率约为 20%；在保定共调查了 2000 余户 8000 多人[2]，抽样率为 33%。两地的调查都由经济研究所的研究人员任调查员（每村 1 人），同时聘请当地人做辅助调查员（根据调查户数多少，每村 3—4人）。调查员负责指导工作、解释指标并亲自做村概况和专题调查（通过开座谈会、找人谈话等不同方式），各村辅助调查员主要做入户调查。是年 3 月初调查队从北京出发之前，专门开办了参加调查人员的学习班，由调查设计者讲解调查意义、设计思路、调查内容和方法、调查注意事项并解答问题。下到调查点后，又开办了各村辅助调查员学习班，对之进行培训。调查进行过程中，领队除平时到各村巡回了解情况、解决问题并协调工作外，每个周末都召集各村调查员开会，互相交流情况，解决一些普遍性的问题。无锡和锡山两市市委农工部、保

---

① 实际上机 1127 户 4330 人。
② 实际上机 2010 户 8066 人。

定市和清苑县农调队及其下属各乡的统计站，还有当地政府其他有关部门，为调查工作提供了协助和方便。课题的荷方参加者费梅尔博士观察了无锡调查的全过程，并与两市政府有关部门及几个调查点的村干部、部分被调查农户进行了座谈，还参观了当地一些乡镇企业。

大规模调查结束后，主要由董志凯负责组织了调查资料的上机工作。1999 年初，这项工作基本完成，建立了第四次调查资料的电脑数据库。

在调查资料上机的同时，课题组组织了村概况及无锡、保定两市概况的写作。村概况由经济研究所参加各村调查的人员负责撰写，无锡、保定两市的概况则分别请无锡市委政策研究室的汤可可和清苑县望亭乡副乡长王玉保写作。这些分村写作的调查报告，经课题组审定，于 1999 年 12 月由中国财政经济出版社以《中国村庄经济：无锡、保定 22 村调查报告（1987—1998）》为书名汇集出版。这部 50 余万字的集体著作，比较全面地介绍了无锡、保定两个调查地区 22 个调查村的历史及现实概况，特别是自第三次调查以后 10 余年间它们各自的经济发展变化及存在的问题得到了重点反映。由于时间仓促和编辑时各种顾虑过多，这部书也存在着一些缺点，如写作时要求作者统一体例，致使各篇报告的内容比较单调，没有充分体现出各村的不同特点；对村经济及其演变过程的叙述多数报告不够充分；分析上尚觉肤浅；特别是在编辑时，课题组出于种种考虑，对原稿删节过多，磨去了一些稿件原来的棱角，进一步使其趋向平庸。然而，瑕不掩瑜，比起以往历次调查几乎没有正式的研究成果出来，本次调查完成不久就组织、编辑了这样一部书作为初步成果，在课题组看来无疑是值得欣慰和自豪的。进一步研究、分析本次调查获得的数据并写作调查总报告的工作后来由于经费及数据库的运行等问题而耽搁，但课题组始终未放弃努力。目前，由经济研究所课题组组织撰写的《无锡、保定农村调查统计分析报告（1997）》已由中国财政经济出版社正式出版（2006 年 4 月）。这部书的完成和出版，意味着与前三次调查一样充满了坎坷和不顺的本次调查，总算有了一个比较完满的结局。当然，申请项目之始就确立的将几次调查的资料连贯起来，写作一部全面反映和分析两地农村和农户数十年中经济发展演变历史的学术专著的愿望，还是没能实现。

五　现存"无锡、保定资料"概况

历次无锡、保定调查的原始资料，除 1987 年第三次调查的各种资料原件现保存在农业部农村经济研究中心外（经济研究所部分资料的电子文本、复印件及全部户资料的电子数据库），其余几次的资料均在经济研究所，分别由中国经济史研究室和现代经济史研究室保管。这些资料中，第一、二次调查的资料虽然历经数十年的历史变迁有不少散失或损坏，但其核心部分仍然基本完好。

（一）第一次调查的资料

现存第一次调查的资料主要为原始的分户经济调查表，其中无锡部分不计内容有残缺的，尚有 885 册堪称完好，分属 17 个村。无锡原调查 22 村 1204 户，现存表册（每户一册）占原调查总户数的 73.5%；但因为有 5 村的表为整村遗失，现存表仅为 17 个村的，故若仅就这 17 村而言，现存户资料占原件的比例还要大一些。根据现存表编号，遗失的 5 村户表最多可能达到 197 册，即现存 17 村的户资料总体完整率最高可达 87.9%。其中有的村几乎是完整保存，如历次都调查的毛村，原调查 68 户，现存表 67 册，仅缺 1 户资料。17 个村中，有 9

个为后来延续调查的村庄（缺龚巷村和曹庄村），所存户表总数为 448 册。

清苑资料的情况：11 个调查村都有分户表保存。原调查表共 1770 册，现存 1391 册，完整比例为 78.6%；其中薛庄、大阳庄和大祝泽 3 村的分户表均完整或几乎完整地保存着：薛庄原 111 册中仅缺 4 册，大阳庄原 189 册中仅缺 6 册，大祝泽村 189 册一册不缺。

现存第一次调查的资料中，还有一种"过录卡片"。1958 年第二次调查时，对第一次调查的分户表进行整理，将原表册上的数据分类过录到专门制作的卡片上（每户一大张，两面都印有表格）。此种卡片，无锡的未见，不知是否做过；保定的为河北省统计局所制，名为"河北保定村户经济调查整理过录卡片"。1998 年第四次调查以后，课题组整理旧资料，将保定 11 村的过录卡片上的全部数据都录入了电脑，形成第一次调查的保定户资料电子数据库。这个数据库的资料相当完整，总共录入了 1703 户，占原调查 1770 户的 96.2%。其中，薛庄、大阳庄、大祝泽、东顾庄、孟庄、李罗侯、谢庄、南邓、蔡家营 9 村资料完整无缺；固上、何桥 2 村资料各缺 30 余户。不过，经与现存原始分户表核对，所缺的 60 余户有 30 多户可利用原始分户表补上。

（二）第二次调查的资料

第二次调查保存下来的资料亦以户调查资料为主。又分两种：一种为入户调查时使用的分户调查表，另一种为根据分户调查表制作的分户卡片。

现存分户调查表，无锡部分只有黄土泾桥及白水荡两个村的，其中前者存 138 册，后者存 69 册，共 207 册。这些无锡的分户调查表，均每个调查户一册，册内包括该户各个调查年份的数据。保定的表保存形式与无锡的不同，不是一户一册，而是将若干户（20 户左右）的调查表装订成一册，外包封以河北省统计局的档案袋纸皮，册面注明某某村共若干册及本册之序号。现存保定之册，11 个调查村的均有，其中大祝泽、蔡家营、大阳庄、南邓、李罗侯、孟庄、薛庄 7 村之册完整无缺，其余 4 村之册则有不同程度的缺失。11 村总计，原册数共 164 册，现存 147 册；户数按各册内分户表 1957 年调查户编号计算，原共 3188 户，现存 2825 户，占 88.6%。

分户卡片是调查以后依据原始调查表制作的，数据均为原样过录，没有任何修改，因此在资料价值上与原表相同。这部分资料，无锡的题为"江苏省无锡（市）县农村经济典型调查分户卡片"，每个年份一张，每户全套 5 张（1929 年、1936 年、1948 年、1952 年、1957 年）；保定的题为"××××年河北省保定农村经济调查分户卡片"，每户全套 4 张（1930 年、1936 年、1946 年、1957 年）。此部分卡片也已经不全，缺失的主要原因是 1987 年第三次调查时，被白南生借去制作无锡、保定调查历史资料数据库，后来虽大部分归还，但仍有不少没还，其中一些还可能流落到个人手里了。当时做成的数据库，各个年份均只选择了部分调查村的分户卡片录入，很不完整。直到第四次调查以后，才由经济研究所课题组将现存全部分户卡片数据录入电脑。此次所录，无锡部分包括了白水荡、曹庄、马鞍村和吴塘村 4 村农户各个调查年份的数据（吴塘、白水荡 2 村年份不全）；保定则因孟庄、谢庄卡片缺失，共录入了 9 村农户各个年份的数据。这个数据库，如再用现存原始分户调查表补充，无锡可以增至 5 村，保定则 11 村均可做全，户数的损失也可减到最少。

尽管 1958 年调查的分户资料已经不全，但河北省统计局对当年保定 11 村全部调查户的数据均做了分村汇总统计，以

《1930—1957年保定农村经济调查资料》之名油印出来，每村一本。这套资料是完全按照当时划定的调查户阶级成分分类汇总的，缺少其他角度的汇总，在研究、利用上有一定局限性，但这个缺憾可用现存原始分户资料加以弥补。

1958年调查完成后，河北省统计局还根据分户调查编过一种调查户的家谱资料，每村一本，详细记录了各村每个调查户在1930—1957年家庭人口变动及分家、迁入、迁出等项情况。这种家谱资料原来共11本，但现保存在中国现代经济史研究室的只有两本了，其余不知所终，十分可惜。不过，由于保定各村的绝大部分户资料仍然保存完好，只要下功夫，这种家谱是完全可以补做的。

（三）第三次调查的资料

由于第三次调查不是由经济研究所主导，是次调查的原始资料不在经济研究所保管。这批资料原在国务院农村发展研究中心农村发展研究所的社会发展研究室，后来被白南生带到了农业部的农村经济研究中心，现应仍在那里保存，其完整程度则不得而知。经济研究所现存该次调查的资料，主要是分户调查的电子数据库和当年课题组写作的若干村概况及专题报告（均有电子文本），此外就是所内人员在参与调查期间亲自搜集或从课题组获得的一些零星资料和相关文献了。

（四）第四次调查的资料

是次调查的资料现均在经济研究所中国现代经济史研究室保管，绝大部分已经录入电脑。主要有：两地各11村的农户经济调查表及据之建立的3000多户1997年家庭经济情况电子数据库；种田大户调查表及据之建立的电子数据库；企业调查表及据之建立的电子数据库；干部问卷及据之建立的电子数据库；

由各村调查员撰写的村概况及由汤可可、王玉保撰写的两篇综合概况（已出版）；两地各 11 村 110 户 1998 年台账数据库；保定、清苑 10 个调查村 100 户 1986—1997 年台账数据库。

（本文曾发表于《中国经济史研究》2007 年第 3 期）

20 世纪三四十年代华北平原农村的土地分配及其变化

——以河北省清苑县 4 村为例

史志宏

一 引言

　　土地是农业生产的最重要资源。土地问题是农村问题的核心。谁掌握了土地，谁就成为统治农村、支配农村经济的主人。旧中国农村的土地分配是不平均的，占人口少数的地主和富农占有远大于他们人口占比的土地，而广大农民①阶层占有的土地份额远小于他们的人口占比。综合有关旧中国农村土地分配的多种调查材料估计，就当时全国总的情况而言，地主和富农掌握着农村全部耕地的 60%—70%，其中地主土地占 40%—50%；而这两部分人的家庭人口合计占农村人口的比重仅为10% 左右。这就是说，约占旧中国农村人口 90% 的直接生产者——农民各阶层，只占有全国耕地的 30%—40%。中国人口众多，人均耕地只有几亩，土地属于极度稀缺资源，当时农村土地分配的这种格局，无疑已属相当集中。由于土地集中，旧中国的农民除一部分占有土地的数量可以满足自耕生活外，还有相当大一部分只有很少的土地甚至根本没有土地。少地或无地的农民必须依赖或部分依赖掌握在地主、富农手中的土地资源，成为向其提供地租的佃户或出卖劳动力的雇工，才能进行

---

　　①　本文中的农民不包含富农。

生产，维持生存。地主和富农由于掌握了土地资源，自己不必参加生产劳动（地主）或只参加部分生产劳动（富农），完全依靠或大部分依靠剥削直接生产者——农民，就可以生活。

旧中国农村土地分配的基本状况和由之决定的农村剥削关系，是几千年传统封建生产关系的延续，是阻碍近代中国社会进步和生产力发展的经济基础。中国共产党在领导中国革命的过程中视土地问题为革命的核心问题，以消灭农村的封建土地所有制，实现耕者有其田为民主革命的主要目标，是完全有道理的。

不过，旧中国农村的土地集中程度，在不同地区之间，还是有所区别的。大致而言，南方的土地集中程度要比北方高一些。在土地肥沃、商品经济比较发达的东南沿海和华中、华南的一些地方，仅地主土地就占全部耕地的 60%—70% 甚至更多。而在干旱贫瘠、土地生产力不高的西北农村，土地集中程度一般情况下要比全国平均水平低很多。那里的地主、富农土地较少，广泛存在着自耕农和其他农民的小土地所有制，有些地方甚至以自耕农为主体。20 世纪三四十年代的满铁调查资料①显示，在华北地区，土地分配总的来说也比较分散，许多农村都有较高比重的自耕农存在。在本文中，我们将利用保存在中国社会科学院经济研究所的另一批珍贵资料——河北省清苑县农村调查资料，对华北平原农村这一时期的土地分配状况及其变化做一考察。

本文使用的河北省清苑县农村调查资料是 1958 年由经济研

---

① 满铁的华北农村调查从 1935 年一直延续到 1942 年（首次正式调查始于 1936 年 4 月），主要调查地点集中在河北省东北部（冀东），少部分分布在河北中部和山东西北部，总共有 33 村。调查内容涉及村落组织和集体活动、土地所有权和土地买卖、雇佣关系和租佃关系、农作物种类和产量、农田水利、肥料施用、劳动时间、农户收支、借贷、税收及贸易、宗族等农村经济和社会生活的各个方面，几乎无所不包。这批资料数量庞大，但均为日文，没有翻译，至今尚未得到国内学者的充分开发利用。

究所和国家统计局共同组织实施的第二次"无锡、保定农村经济调查"所形成的资料的一部分。此次调查是接续 1929—1930 年第一次无锡、保定调查进行的一次追踪调查，目的在于反映自第一次调查以来农村经济状况的变化，故十分重视历史数据的收集，共设置了 1930 年、1936 年、1946 年和 1957 年 4 个观测年份。其中起始年份 1930 年为第一次无锡、保定调查时清苑调查实施的年份，1936 年为全面抗日战争爆发的前一年，1946 年为清苑实行土地改革的前一年，1957 年则代表清苑完成农业社会主义改造以后的情况。本文所利用的，是这几个年份中前三个年份的资料。

当时调查的村庄共有 11 个，事后都由具体组织实施调查的河北省统计局保定农村经济调查办公室汇总编辑了完整的统计资料。11 村资料总名为《1930—1957 年保定农村经济调查资料》，油印，每村一本，按照"地主、富农、中农、贫农、雇农、其他"的人户成分，将分户调查的内容分类汇总统计。本文只从这套资料中抽出东顾庄、固上、何桥和李罗侯 4 村部分进行考察和分析，是因为当年调查的原始分户资料卡片目前只有这 4 村还基本保存完好。利用这些分户卡片，我们可以对农户的情况进行直接的个案观察和分析，同时可以对河北省统计局的汇总资料进行校正和补充。不过，由于这批分户卡片毕竟仍有缺失，有的村户数不全，有的村年份不全，在使用上只能处于从属地位。

在本文写作中，还有两份重要文献我们曾用作参考。一个是 1936—1937 年出版的国立中央研究院社会科学研究所研究人员张培刚的《清苑的农家经济》[①] 一书。这部著作是作者利用

①　张书分上、中、下三部分，分别在国立中央研究院社会科学研究所出版的《社会科学杂志》第 7 卷第 1 期（1936 年 3 月）、第 2 期（1936 年 6 月）和第 8 卷第 1 期（1937 年 3 月）上连载发表。

1930 年第一次调查的部分农户资料（3 村 500 户），并亲自作了补充调查以后撰写的，是到目前为止公开出版的唯一一部系统利用第一次无锡、保定调查资料完成的学术专著，我们在文中多处参考了这部著作。另一个文献是 1958 年调查后，由负责组织保定调查的河北省统计局编写的《廿八年来保定农村经济调查报告（1930 年—1957 年）》[1]。这个报告首次公开了一些第二次调查的汇总数据，并作了初步分析，我们在写作时也用作参考；对该报告的某些值得商榷的论断，则提出讨论，均在文中相应处注明。

二　土地分配的总体状况

如前所述，关于 20 世纪三四十年代的清苑农村，我们的调查资料有 3 个观测年份，即 1930 年、1936 年和 1946 年。这 3 个年份的资料所反映的调查村庄的土地分配状况，在基本格局上是大体一致的，即一方面当地土地分配并不平均，在被调查农户中存在着不容忽视的地主、富农、中农、贫农和雇农的阶级区分；另一方面与全国平均情况特别是南方一些地区相比，当地的土地集中现象并不十分严重，地主、富农占地规模一般较小，其土地在总耕地中所占比重不大，相应地一般农民都或多或少有些土地，特别是自耕过活的中农在人口中占相当大的比重。下面以本文研究的 4 个村庄 1930 年的数据（见表 1—表 5）作具体说明[2]。

---

① 这个报告当时因种种原因没有发表。首次公开是在 1988 年 9 月，发表在《中国农业合作史资料》增刊二"解放前后无锡保定农村经济专辑"上。
② 各村数据均源自河北省统计局汇总编制的《1930—1957 年保定农村经济调查资料》（1958 年 7 月油印本）。以后分村汇总数据均源自此，不再另注。各表内户数统计包括无地户在内，人口数为年末常住人口。

表 1 1930 年东顾庄村土地分配情况

人户类别	户数（户）	占总户数的比重（％）	人口数（人）	占总人口的比重（％）	耕地数量（亩）	占总耕地的比重（％）
地主	2	1.25	23	2.49	359	7.84
富农	12	7.50	120	13.02	1306.98	28.55
中农	58	36.25	360	39.05	1986.78	43.40
贫农	80	50.00	398	43.17	915.69	20.00
雇农	5	3.13	16	1.74	9.5	0.21
其他	3	1.88	5	0.54	—	—
合计	160	100	922	100	4577.95	100

表 2 1930 年何桥村土地分配情况

人户类别	户数（户）	占总户数的比重（％）	人口数（人）	占总人口的比重（％）	耕地数量（亩）	占总耕地的比重（％）
地主	3	1.34	32	2.59	491.04	11.55
富农	13	5.80	129	10.45	1059.55	24.92
中农	60	26.79	354	28.69	1447.71	34.05
贫农	126	56.25	637	51.62	1196.01	28.13
雇农	16	7.14	71	5.75	46.40	1.07
其他	6	2.68	11	0.89	11.00	0.26
合计	224	100	1234	100	4251.71	100

表 3 1930 年固上村土地分配情况

人户类别	户数（户）	占总户数的比重（％）	人口数（人）	占总人口的比重（％）	耕地数量（亩）	占总耕地的比重（％）
地主	14	4.59	99	6.12	1822.30	25.08
富农	24	7.87	250	15.45	2054.10	28.27
中农	77	25.25	454	28.06	2000.67	27.54

续表

人户类别	户数（户）	占总户数的比重（%）	人口数（人）	占总人口的比重（%）	耕地数量（亩）	占总耕地的比重（%）
贫农	130	42.62	594	36.71	1212.17	16.68
雇农	51	16.72	195	12.05	153.85	2.12
其他	9	2.95	26	1.61	22.40	0.31
合计	305	100	1618	100	7265.49	100

表 4　1930 年李罗侯村土地分配情况

人户类别	户数（户）	占总户数的比重（%）	人口数（人）	占总人口的比重（%）	耕地数量（亩）	占总耕地的比重（%）
富农	8	4.49	84	8.70	718.25	20.65
中农	102	57.30	597	61.80	2262.51	65.04
贫农	64	35.96	278	28.78	485	13.94
雇农	4	2.25	7	0.72	12.7	0.37
合计	178	100	966	100	3478.46	100

表 5　1930 年 4 村各类人户平均占地情况

单位：亩

人户类别	东顾庄村		何桥村		固上村		李罗侯村	
	户均	人均	户均	人均	户均	人均	户均	人均
地主	179.50	15.61	163.68	15.35	130.16	18.41	—	—
富农	108.92	10.89	81.50	8.21	85.59	8.22	89.78	8.55
中农	34.25	5.52	24.13	4.09	25.98	4.41	22.18	3.79
贫农	11.45	2.30	9.49	1.88	9.32	2.04	7.58	1.74
雇农	1.90	0.59	2.90	0.65	3.02	0.79	3.18	1.81
其他	—	—	4.60	3.45	2.49	0.86	—	—
平均	28.61	4.97	18.98	3.45	23.82	4.49	19.54	3.60

以上各表反映得很清楚。首先，4 村的土地分配是不平均的。

各村地主、富农土地占总耕地的比重，都远大于其在当地总人口中的比重。其中固上村地主、富农合计户数占比为 12.46%，人口占比为 21.57%（地主、富农一般家庭规模较大），所占土地比重则高达 53.35%；东顾庄村和何桥村地主和富农合计户数占比均不足 10%，土地占比都超过 36%；李罗侯村没有地主，富农户数占全村总户数的 4.49%，人口占总人口的 8.70%，土地为总耕地的 20.65%。各村的贫农人口在总人口中均占有相当大的比重，东顾庄村和何桥村的贫农户数达到或超过总户数的 50%，固上村为 42.62%，李罗侯村也有 35.96%；而其土地占比，何桥村为 28.13%，东顾庄村为 20.00%，固上村为 16.68%，李罗侯村仅为 13.94%。在各类人户的平均占地规模上，地主、富农户是各村总平均数的数倍，而贫农户占地一般都不到村总平均数的一半。以地主、富农与贫农比较，各村地主户的平均占地规模都在贫农户的 10 倍以上，富农户也是贫农户的好几倍。

其次，统计数据也显示出清苑的土地分配不均较之人们通常印象中的近代农村"土地集中"状况有相当大的差距。4 村中，贫农、中农占地的总和除固上村外，都接近或超过全部耕地数的 60%，李罗侯村的这一占比更高达 78.98%；固上村农民的土地占比也接近 50%。这就是说，在大部分村庄，多数土地是由农民各阶层分散占有的，而不是为地主和富农所垄断。农民中的中农人口，在东顾庄村超过总人口数的 1/3，在李罗侯村超过 1/2，在何桥和固上两村也都在 1/4 以上。中农的平均占地数量，在各村都略高于当地人口的平均占地水平。显然，这些统计数据不能说明清苑县农村的土地分配是很集中的，相反，它们反映了当地的土地分配呈相对分散化的格局。

清苑县土地分配的分散化还表现在地主、富农内部，地权也不是十分集中，地主、富农的占地规模一般都不大。如表 5

所示，在我们研究的这几个村庄，1930 年时地主户均占地 100
多亩，富农则除东顾庄村外，户均占地还不足 100 亩。考虑到
当时低下的农业生产力水平（亩产粮食仅几十公斤），这样的
占地规模差不多就是能够成为地主或富农的最低土地数量了。
在这 4 个村（其他调查村情况也差不多），最大的几户地主不
过就是有地二三百亩。如何桥村的卢希联 1930 年有耕地 350
亩，东顾庄的杨继平有耕地 225 亩，他们都是当地的大地主。
个别富农也有占地二三百亩的，如东顾庄的刘老言，1930 年有
地 220 亩，1936 年达到 245 亩；同村的钟振声 1930 年有 250
亩，1936 年达到 310 亩。但这种情况多系大家庭，人口众多，
劳力也多，除雇佣长工（一般 1—2 个）外，自己也参加劳动，
故土改时只定为富农。多数富农的土地都只有几十亩。地主、
富农的占地规模不大，说明在地主、富农内部地权的分配也是
比较分散的，并没有集中到少数人手里。

在分析土地分配的时候，除数量外，当然还应顾及质量。
相等数量但不同质量的土地，其产出水平是有很大差异的。从
天然土质来说，清苑县最好的土壤是红土、黑土，其次是黄土、
二性土，最差的是沙土和碱土。这些不同种类的土壤在县内不
同地区间分布不同，在一村内也往往同时存在几种，因而一村
内的耕地质量也是不一样的。按照产出能力，当地一般将耕地
分为上等地、中等地、下等地（或称好地、中地、次地）三
种。显然，两个人即使占有耕地数量相同，但因好地、次地构
成不同，其在土地占有上的地位也是不一样的。又清苑县属半
干旱地区，庄稼能否良好生长，灌溉条件极为重要，故水浇地
情况也是考察耕地质量时应当加以考虑的。对上述涉及耕地质
量的两个方面，河北省统计局编写的《廿八年来保定农村经济
调查报告（1930 年—1957 年）》均做了考察，认为优势明显是
在地主、富农方面。关于不同人户占有耕地质量的情况，其所

公布的调查结果如表 6 所示。

表 6　解放前 11 个调查村各类人户占有耕地质量的构成

单位：%

人户类别	上等地	中等地	下等地	合计
地主	70	20	10	100
富农	60	25	15	100
中农	30	30	40	100
贫农	10	20	70	100
雇农	5	15	80	100

　　这个调查结果我们不了解是如何做出的，该报告未做详细说明。当时的村户调查表并未设计耕地质量这一项内容。如果仅仅是在村概况调查中了解到的，那么我们认为这一结果不一定具有普遍性和权威性，因为各个村、各个调查对象的情况肯定都不一样，如果不挨户了解，是无法做出精确的关于各阶层占有耕地质量好坏的百分比统计的。实际上，据我们了解，比如地主、富农，既有好地多的，也有次地多的。如上文提到的东顾庄地主杨继平，据 1987 年村概况调查，他在解放前拥有200 多亩耕地，好地占 80%，次地占 20%。而同村的富农刘老言，虽也有 200 多亩耕地，但好地只占 30%，其余 70% 均为次地。村里另一户占地 200 多亩的钟姓富农，也是次地多，好地少。虽然按照常理，地主、富农财力大、肥料多，更有能力改良土壤（耕地肥瘠除与天然土质有关外，还取决于如何使用），其所拥有的耕地质量一般来说可能比农民的土地要好一些。这在逻辑上是说得通的，但实际是否如此，我们认为需要有进一步的统计数据加以证实。

　　再来看水浇地的情况。历次调查的村户调查表均在农户耕地总数之外，另设有水浇地数量一项内容，因此这个问题是可以做数量统计和分析的。但河北省统计局的报告采用的方法，是计算各类人户的户均水浇地拥有量，然后在不同类别人户间进行比较。我们认为这种方法是有问题的。由于自地主以下各类人户户均拥有的耕地数量不同，作为其中一部分的水浇地只要在各自耕地中所占比重相差不是太大，其户均拥有量也必然是一级比一级少。显然更有意义的比较不是这种户均绝对量的比较，而是水浇地在各类人户耕地中的相对比重的比较。这更能说明问题。以全部 11 村数据和所研究的 4 村数据分别进行计算的结果如表 7、表 8 所示。

表 7　解放前 11 村各类人户拥有水浇地的情况

单位：亩，%

人户类别	1930 年			1936 年			1946 年		
	耕地	水浇地	水浇地占比	耕地	水浇地	水浇地占比	耕地	水浇地	水浇地占比
地主	6901.87	990.40	14.35	6121.00	816.30	13.34	4378	778	17.77
富农	10147.55	1531.96	15.10	9207.72	2029.13	22.04	6464	1817	28.11
中农	16283.34	2974.45	18.27	18218.21	3498.80	19.20	22889	5195	22.70
贫农	7491.25	1338.26	17.86	6873.41	1466.42	21.33	7634	1569	20.55
雇农	499.25	106.25	21.28	446.95	92.85	20.77	97	20	20.62
其他	191.10	28.40	14.86	102.35	7.35	7.18	64	11	17.19
合计	41514.36	6969.72	16.79	40969.64	7910.85	19.31	41526	9390	22.61

表 8　解放前 4 村各类人户拥有水浇地的情况

单位：亩，%

人户类别	1930 年			1936 年			1946 年		
	耕地	水浇地	水浇地占比	耕地	水浇地	水浇地占比	耕地	水浇地	水浇地占比
地主	2672.34	363.70	13.61	2781.10	494.10	17.77	2282.38	431.10	18.89
富农	5138.88	784.73	15.27	4924.18	974.68	19.79	3727.31	1014.72	27.22

续表

人户类别	1930 年			1936 年			1946 年		
	耕地	水浇地	水浇地占比	耕地	水浇地	水浇地占比	耕地	水浇地	水浇地占比
中农	7697.67	1906.35	24.77	9326.90	2175.78	23.33	11973.38	2977.85	24.87
贫农	3808.87	746.03	19.59	3229.45	753.88	23.34	3435.38	695.28	20.24
雇农	222.45	60.45	27.17	176.80	38.85	21.97	42.25	6.50	15.38
其他	33.40	5.00	14.97	20.25	1.55	7.65	—	—	—
合计	19573.6	3866.3	19.75	20458.7	4438.8	21.70	21460.7	5125.5	23.88

显然，各类人户耕地中的水浇地比重并不依地主、富农、中农、贫农、雇农的顺序而高低不同，因而也得不出地主、富农拥有的水浇地比重高的结论。由各年份数据综合来看，应当是富农水浇地的比重相对大一些，中农、贫农和雇农也不低，反而是地主的水浇地比重在 3 个年份中每次都排在较后。不过，如果分村统计，富农的水浇地比重并不总是较高，地主的水浇地比重也不总是最低。所以，至少从现有的调查材料看，各类人户水浇地比重的高低，并没有什么规律，因而不能得出地主、富农拥有水浇地比重较高的结论。这当然多少令人感到有些困惑，因为按一般逻辑推理，地主财力大，打得起水井（当地灌溉主要靠井水），置办得起辘轳、水车等灌溉工具，似乎应当水浇地较多才是。但是调查材料的统计结果不支持这个推论，我们只能尊重事实。

三　土地分配的变动趋势

从静态的角度了解了调查地域土地分配的总体状况以后，下面我们再从动态的角度看看 20 世纪三四十年代这一地区土地分配的变化趋势。首先看 11 个调查村汇总数据（见表 9、表

10）反映的情况。

表 9 1930—1946 年 11 个调查村土地分配的变化

单位：亩，%

人户类别	1930 年		1936 年		1946 年	
	耕地数量	占比	耕地数量	占比	耕地数量	占比
地主	6901.87	16.63	6121	14.94	4378	10.54
富农	10147.55	24.44	9207.72	22.47	6464	15.57
中农	16283.34	39.22	18218.21	44.47	22889	55.12
贫农	7491.25	18.04	6873.41	16.78	7634	18.38
雇农	499.25	1.2	446.95	1.09	97	0.23
其他	191.1	0.46	102.35	0.25	64	0.15
合计	41514.36	100	40969.64	100	41526	100

表 10 1930—1946 年 11 个调查村户数和人口数的变化

人户类别	1930 年				1936 年				1946 年			
	户数（户）	占比（%）	人口数（人）	占比（%）	户数（户）	占比（%）	人口数（人）	占比（%）	户数（户）	占比（%）	人口数（人）	占比（%）
地主	70	3.30	498	4.45	72	3.17	447	3.97	71	2.73	390	3.12
富农	169	7.98	1365	12.19	173	7.61	1184	10.52	147	5.66	913	7.31
中农	742	35.02	4199	37.49	906	39.88	4875	43.30	1285	49.50	6651	53.27
贫农	915	43.18	4315	38.53	917	40.36	4069	36.14	996	38.37	4251	34.05
雇农	161	7.60	623	5.56	132	5.81	487	4.33	46	1.77	130	1.04
其他	62	2.93	199	1.78	72	3.17	196	1.74	51	1.96	150	1.20
合计	2119	100	11199	100	2272	100	11258	100	2596	100	12485	100

表 9 是按人户类别分别统计的 1930 年、1936 年、1946 年 3 个年份的耕地数据。从中看出：地主、富农土地占总耕地的比重呈明显下降趋势，二者合计 1930 年占总耕地的 41.07%，1936 年占 37.41%，1946 年占 26.11%，十数年间共计下降了近 15 个百分点；尤其从 1936 年到 1946 年这 10 年间，下降幅

度达到 11.3 个百分点，可以说相当明显。地主、富农土地比重下降，自然意味着农民方面土地比重的上升。但不同的农民阶层，其变化的情况并不一样。从表 9 看出，中农土地占总耕地的比重呈很大幅度的上升趋势，1930 年为 39.22%，1936 年为 44.47%，1946 年为 55.12%，共计上升了 15.9 个百分点。贫农土地占总耕地的比重 1930 年为 18.04%，1936 年下降为 16.78%，1946 年又上升到 18.38%，大体与 1930 年持平。雇农土地的比重是下降的，1946 年比 1930 年下降了 0.97 个百分点。"其他"一项人户的土地比重也是下降的，但他们土地的比重本来就不大，其变化可以不论。总起来看，是"两头下降，中间上升"的趋势，尤其以地主、富农及中农土地比重变化最为明显，地主、富农土地比重下降的幅度，大体相当于中农土地比重上升的幅度。

这种"两头下降，中间上升"的趋势，在各阶层户口的相对比重的变化上反映得更为明显。从表 10 可以清楚地看出：处在人户等级阶梯两头的地主、富农和贫农、雇农占总户口的比重均呈下降趋势，而中间的中农阶层则呈上升趋势。以 1946 年数据与 1930 年数据相比，在总户口中，地主户数的比重下降了 0.57 个百分点，人口数的比重下降了 1.33 个百分点；富农户数比重下降了 2.32 个百分点，人口数比重下降了 4.88 个百分点；贫农户数比重下降了 4.81 个百分点，人口数比重下降了 4.48 个百分点；雇农户数比重下降了 5.83 个百分点，人口数比重下降了 4.52 个百分点。而与此同时，中农户数比重从 35.02% 上升到 49.50%，人口数比重从 37.49% 上升到 53.27%，分别上升了 14.48 个百分点和 15.78 个百分点。

表 9 和表 10 所反映的各阶层占有耕地比重和户口比重"两头下降，中间上升"的变化，无疑是指向着在所考察的时间区段内土地分配分散化或者说是"平均化"的发展趋势。正是在

这一变化趋势下，中农人口上升到了大约占全部 11 村人口一半甚至还稍多一些的比重，而地主、富农和处在另一极的贫农、雇农的相对比重都下降了。

这种变化趋势，在我们重点研究的 4 个村庄中是否也有相同的表现呢？我们来看统计结果（见表 11—表 18）①。

表 11　1930—1946 年东顾庄村土地分配变化情况

单位：亩，%

人户类别	1930 年		1936 年		1946 年	
	耕地数量	占比	耕地数量	占比	耕地数量	占比
地主	359.00	7.84	444.00	8.73	506.78	9.20
富农	1306.98	28.55	1733.48	34.09	1896.46	34.43
中农	1986.78	43.40	1953.89	38.42	2203.06	39.99
贫农	915.69	20.00	944.15	18.57	902.16	16.38
雇农	9.50	0.21	10	0.20	—	—
合计	4577.95	100	5085.52	100	5508.46	100

表 12　1930—1946 年东顾庄村户数和人口数的变化

人户类别	1930 年				1936 年				1946 年			
	户数（户）	占比（%）	人口数（人）	占比（%）	户数（户）	占比（%）	人口数（人）	占比（%）	户数（户）	占比（%）	人口数（人）	占比（%）
地主	2	1.25	25	2.59	3	1.67	31	3.07	4	1.83	39	3.43
富农	12	7.50	124	12.84	19	10.56	174	17.21	28	12.84	217	19.09
中农	58	36.25	379	39.23	64	35.56	374	36.99	97	44.50	489	43.01
贫农	80	50.00	416	43.06	88	48.89	413	40.85	89	40.83	392	34.48
雇农	5	3.13	16	1.66	5	2.78	16	1.58	—	—	—	—
其他	3	1.88	6	0.62	1	0.56	3	0.30	—	—	—	—
合计	160	100	966	100	180	100	1011	100	218	100	1137	100

① 表 12、表 14、表 16、表 18 的人口数均为包括在外人口的各村总人口数。

表 13 1930—1946 年何桥村土地分配变化情况

单位：亩，%

人户类别	1930 年		1936 年		1946 年	
	耕地数量	占比	耕地数量	占比	耕地数量	占比
地主	491.04	11.55	585.10	12.83	502.10	10.01
富农	1059.55	24.92	809.20	17.74	899.00	17.92
中农	1447.71	34.05	2230.81	48.91	2693.00	53.68
贫农	1196.01	28.13	891.15	19.54	893.00	17.80
雇农	46.40	1.07	39.20	0.86	30.00	0.60
其他	11.00	0.26	6.00	0.13	—	—
合计	4251.71	100	4561.46	100	5017.10	100

表 14 1930—1946 年何桥村户数和人口数的变化

人户类别	1930 年				1936 年				1946 年			
	户数（户）	占比（%）	人口数（人）	占比（%）	户数（户）	占比（%）	人口数（人）	占比（%）	户数（户）	占比（%）	人口数（人）	占比（%）
地主	3	1.34	34	2.66	5	1.99	43	3.39	10	3.76	56	4.06
富农	13	5.80	131	10.23	21	8.37	91	7.18	21	7.89	114	8.25
中农	60	26.79	367	28.67	96	38.25	564	44.48	115	43.23	687	49.75
贫农	126	56.25	656	51.25	114	45.42	517	40.77	109	40.98	485	35.12
雇农	16	7.14	74	5.78	11	4.38	48	3.79	9	3.38	37	2.68
其他	6	2.68	18	1.41	4	1.59	5	0.39	2	0.75	2	0.14
合计	224	100	1280	100	251	100	1268	100	266	100	1381	100

表 15 1930—1946 年固上村土地分配变化情况

单位：亩，%

人户类别	1930 年		1936 年		1946 年	
	耕地数量	占比	耕地数量	占比	耕地数量	占比
地主	1822.30	25.08	1752.00	23.98	1273.50	16.77
富农	2054.10	28.27	1755.60	24.03	641.85	8.45

续表

人户类别	1930 年		1936 年		1946 年	
	耕地数量	占比	耕地数量	占比	耕地数量	占比
中农	2000.67	27.54	2704.20	37.01	4425.92	58.28
贫农	1212.17	16.68	965.15	13.21	1242.22	16.36
雇农	153.85	2.12	114.90	1.57	10.75	0.14
其他	22.40	0.31	14.25	0.20	—	—
合计	7265.49	100	7306.10	100	7594.24	100

表 16　1930—1946 年固上村户数和人口数的变化

人户类别	1930 年				1936 年				1946 年			
	户数（户）	占比（%）	人口数（人）	占比（%）	户数（户）	占比（%）	人口数（人）	占比（%）	户数（户）	占比（%）	人口数（人）	占比（%）
地主	14	4.59	107	6.26	10	3.13	77	4.49	12	3.13	76	3.74
富农	24	7.87	269	15.74	19	5.96	206	12.02	13	3.39	91	4.48
中农	77	25.25	467	27.33	122	38.24	719	41.95	208	54.31	1203	59.26
贫农	130	42.62	624	36.51	122	38.24	545	31.80	140	36.55	640	31.53
雇农	51	16.72	210	12.29	35	10.97	131	7.64	7	1.83	13	0.64
其他	9	2.95	32	1.87	11	3.45	36	2.10	3	0.78	7	0.34
合计	305	100	1709	100	319	100	1714	100	383	100	2030	100

表 17　1930—1946 年李罗侯村土地分配变化情况

单位：亩，%

人户类别	1930 年		1936 年		1946 年	
	耕地数量	占比	耕地数量	占比	耕地数量	占比
富农	718.25	20.65	625.90	17.85	290.00	8.68
中农	2262.51	65.04	2438.00	69.55	2651.40	79.36
贫农	485.00	13.94	429.00	12.24	398.00	11.91
雇农	12.70	0.37	12.70	0.36	1.50	0.04
合计	3478.46	100	3505.60	100	3340.90	100

表 18　1930—1946 年李罗侯村户数和人口数的变化

人户类别	1930 年				1936 年				1946 年			
	户数（户）	占比（%）	人口数（人）	占比（%）	户数（户）	占比（%）	人口数（人）	占比（%）	户数（户）	占比（%）	人口数（人）	占比（%）
富农	8	4.49	85	8.57	8	4.42	77	7.48	6	2.73	50	4.30
中农	102	57.30	609	61.39	110	60.77	662	64.27	152	69.09	861	74.10
贫农	64	35.96	289	29.13	59	32.60	282	27.38	60	27.27	249	21.43
雇农	4	2.25	9	0.91	4	2.21	9	0.87	2	0.91	2	0.17
合计	178	100	992	100	181	100	1030	100	220	100	1162	100

　　上面的分村统计结果显示，除东顾庄村外，何桥、固上和李罗侯 3 村在变化的总趋势上与 11 村的汇总数据显示的趋势是基本一致的，尤其地主、富农人口及其所占耕地比重明显下降，中农人口及其所占耕地比重明显上升的趋势，表现得十分突出。贫农、雇农人口的比重，1946 年与 1930 年相比也都是下降的；同期他们占有的耕地的比重受人口比重下降影响，也呈下降趋势，但下降的幅度小于人口比重的下降幅度，说明这部分农民平均占有耕地的数量与当地的人均耕地数量的距离呈缩小趋势。这也是土地分配趋于平均化的一个表现。

　　东顾庄村的情况有所不同。从表 11 可以观察到，在 1930—1946 年的 16 年间，这个村地主和富农占有耕地的比重均呈上升趋势，尤以 1930—1936 年上升幅度最大，以后则比较平缓。二者耕地比重合计，1936 年比 1930 年上升了 6.43 个百分点；到 1946 年，又上升了 0.81 个百分点，总计 16 年间上升了 7.24 个百分点。而在农民方面，中农所占耕地比重 1936 年比 1930 年下降了 4.98 个百分点；1946 年比 1936 年虽略升高 1.57 个百分点，但仍比 1930 年低 3.41 个百分点。贫农耕地比重 1936 年比 1930 年降低 1.43 个百分点，1946 年又比 1936 年降低 2.19 个百分点，总计降低了 3.62 个百分点。雇农耕地比重 1936 年比 1930 年降低 0.01 个百分点。总起来看，东顾庄的土地分配是趋向于集中的，尤其在 1930—1936 年表现得比较明显。不过若从人口相对比重变化的角度看，中农的人口比重只是在 1930—1936 年略有下降，而在 1936—1946 年则有较大幅度上升，1946 年的中农人口比重比 1930 年还要高出 3.78 个百分点；而同一期间，贫农人口的比重反而从 43.06% 降到了 34.48%，下降了 8.58 个百分点。从这一角度看，在农民中间，土地的分配似乎还是趋向于某种程度的平均化的。事实是：在 16 年里，中农人口比重上升了 3.78 个百分点，所占耕地比重却下降了 3.41 个百分点，平均占地规模有所缩小；而贫农人口比重下降了 8.58 个百分点，耕地比重却只下降了 3.62 个百分点，平均占地规模是增大的。在地主、富农方面，若只看 1936—1946 年这个时间段，二者合计的人口比重上升了 2.24 个百分点，而耕地比重只上升了 0.81 个百分点，因此实际上其平均占地规模也是缩小的。当然，从 16 年的时间段看，东顾庄村的土地分配形势趋向于集中，这没有问题。

东顾庄的情况比较特殊。从 4 村总体看，1930—1946 年土地分配变化的趋势是指向进一步分散化的。但这在任何意义上都不是说前面指出的当地土地分配不均的格局就根本改变了，不是说地主、富农、中农、贫农和雇农的阶级分野就不存在了。事实上差距仍然是巨大的。以没有地主、中农人口占绝大多数的李罗侯村来说，1946 年，该村 6 户富农户均占有耕地 48.33 亩，人均数为 5.8 亩，而 60 户贫农户均占地仅 6.63 亩，人均占地仅 1.60 亩，2 户雇农仅平均有地 0.75 亩（户均和人均数同），两相比较，富农户均占地数是贫农的 7.3 倍、雇农的 64 倍余，人均占地数是贫农的 3.6 倍、雇农的 7.7 倍。其他有地主的几村，地主的户均和人均占地数与贫农、雇农户均和人均数的差距更大。所以，土地分配分散化的变化，并不意味着整体格局仍然十分不均这一事实的改变。

四 地权变动的方式

旧中国农村地权变动主要是通过土地买卖、典当和分家析产来实现的。其中土地的典当本来是以土地为抵押品的一种农业融资方式，本身并不造成地权的转移，但在实际生活中往往是土地买卖的先声，即由典当开始，最终形成买卖关系而完成地权的转移，故我们把它也看作地权变动的形式之一。

(一) 土地买卖

清苑的土地买卖程序与其他地方大致相同，即一般都要通过中间人的说合，议定条件，订立契约，方能成交。中间人可以是专以说中为业的"经纪人"或"牙纪人"，也可以是买卖双方都信任的普通"经中人"。卖田契约俗称"死契"，意思是不能反悔。契约上要清楚载明买卖双方姓名、田地亩数、位置、价格及年月日，最后由买卖双方和中间人画押。买卖交易费用，除由买主承担酒席费外，还有一定佣钱（叫中佣费或牙钱），由买卖双方分摊。分摊佣钱的方法有二：一种为"成三破二"，即买方出地价的3%，卖方出2%；另一种为买卖双方等摊，或各出地价3%（共出六分），或各出地价2.5%（共出五分）。此种佣钱，据张培刚调查，并不完全由经中人独得，而是要分一部分给村中小学充教育经费：学校和经中人或各得一半，或学校得三分，经中人得二分[①]。此外，契约要经政府认证并缴纳6%的验契税，一般由买卖双方各出3%。

---

① 见张培刚《清苑的农家经济（上）》，载《社会科学杂志》第 7 卷第 1 期，1936年，第 13 页。

关于解放前清苑地区的土地买卖情况，本文研究的 4 个村庄只有固上村做过此项调查，兹将结果列为表 19。

表 19　1930—1946 年固上村耕地买卖情况

年份	土地变动户数（户）	买进			卖出		
		数量（亩）	价格（元）	平均价格（元/亩）	数量（亩）	价格（元）	平均价格（元/亩）
1930	7	29.3	755.20	25.77	118.8	2110.04	17.76
1931	12	21.4	1435.53	67.08	198.4	14278.54	71.97
1932	23	67.7	2972.07	43.90	60.0	1993.45	33.22
1933	14	45.04	1475.11	32.75	21.6	1715.00	79.40
1934	34	306.45	12859.81	41.96	89.75	5018.91	55.92
1935	44	375.03	18158.05	48.42	272.2	9149.09	33.61
1936	8	27.5	2049.43	74.52	92.1	1638.96	17.80
1937	18	121.37	2071.06	17.06	169.95	9361.74	55.09
1938	33	110.30	2927.02	26.54	102.7	2431.21	23.67
1939	41	136.63	4118.78	30.15	167.45	5431.79	32.44
1940	35	132.71	2899.52	21.85	156.4	3399.74	21.74
1941	13	48.40	1581.19	32.67	20.3	755.71	37.23
1942	23	102.90	2462.01	23.93	37.0	984.84	26.62
1943	33	97.70	2152.09	22.03	82.8	2265.51	27.36
1944	45	216.15	3907.32	18.08	59.8	1406.80	23.53
1945	55	220.35	4306.32	19.54	44.5	1249.19	28.07
1946	22	83.69	1709.57	20.43	42.1	790.82	18.78
平均	27	126.04	3990.59	31.66	102.11	3763.61	36.86

从表 19 看出，固上村的耕地买卖还是相当频繁的。1930—1946 年，村内耕地变动户数较少的年份是 1930 年和 1936 年，只分别有 7 户和 8 户；最多的是 1945 年，计有 55 户；其余年份在十几到四十几户之间；17 年平均为 27 户。这期间，固上村总户数 1930 年为 305 户，1936 年为 319 户，1946 年为 383 户。据

此计算，1930 年耕地变动的户数占总户数的比重为 2.3%，1936 年为 2.5%，1945 年最高，达到 14.5%（按总户数 380 户约略计算），其余年份则在上述区间波动。耕地买卖的数量，17 年间买进总数为 2142.62 亩，卖出总数为 1735.85 亩，年平均买进数为 126.04 亩，卖出数为 102.11 亩。解放前三个调查年份固上村人户占有耕地的总数平均为 7388.61 亩。据此计算，年平均买进耕地数占耕地总数的比重为 1.7%，卖出数的占比为 1.4%。以上的计算当然都是约略的，土地的买进、卖出不会都在本村的耕地间进行（这也是各年买进、卖出数并不相等的一个原因），但可以大致看出当时固上村土地买卖的规模。

表 19 还提供了关于土地价格的有价值信息。清苑县的土地价格同任何其他地方一样，因土地等次、灌溉条件（是否水浇地）、地块位置等而十分不同；在县内不同地方、不同时期，也很不相同。即使在同一地方、同一时间，相同质量和位置的地块，发生在不同买主和卖主之间，也往往有价格上的差异，不过这种情况下的价格差别比较小。

一般说来，在某一地方的一定时间里，相同质量和位置的地块，大致是有一个公认的价格的。根据河北省统计局《廿八年来保定农村经济调查报告（1930 年—1957 年）》公布的 1958 年对解放前清苑县地价调查的数据，就一般情况而言，1930—1946 年调查地域内不同等次耕地的价格约略如表 20 所示。

表 20　1930—1946 年清苑县地价变动情况

单位：元／亩

耕地等次	1930 年	1936 年	1946 年
上等地	80	60	45
中等地	45	35	20
下等地	35	25	8

实际情况当然要复杂得多。比如同是上等地，因位置不同（离村远近），价格不会相同；有无灌溉条件价格也不同。不过，在固定的地域、固定的时间内，对地价影响最大的因素还是土地的等次。相同等次的土地，价格差异通常都维持在一定幅度之内；而不同等次的土地，其价格差别是很大的。由表 20 看出，一亩上等地的价格，1930 年约为中等地的 1.78 倍、下等地的 2.29 倍；1936 年约为中等地的 1.71 倍、下等地的 2.4 倍；1946 年约为中等地的 2.25 倍、下等地的 5.63 倍。从动态来说，则无论何种等次的耕地，其价格变动趋势都是下降的：以 1930 年的价格指数为 100，则 1936 年上、中、下三等地的指数分别为 75、78、71，1946 年分别为 56、44、23。现在来看固上村的土地价格及其变化趋势。由于调查时并未区分土地等次，表 19 根据历年买卖数量和总价格计算出来的平均地价是各等次耕地交易的平均价格。但是这种计算的结果是否符合或接近各年实际的各等次耕地的平均价格，取决于该年买卖的耕地中是否包括各等次的耕地及其所占比重。一般来说，土地交易量大、买卖户数多的年份，计算结果的可靠性比较大，反之则较小。例如 1936 年，当年只有 8 户买卖耕地，买进量为 27.5 亩，总价格 2049.43 元，平均每亩 74.52 元；卖出量 92.1 亩，总价格 1638.96 元，平均每亩 17.80 元。买卖价格相差如此之大，显然是由于买卖的耕地质量不同：买进的大部分或全部是上等地，而卖出的则大部分或全部是下等地。为尽可能消除上述因素的影响，从而以比较接近实际的 "各等次耕地的平均价格" 在不同年份间进行比较，观察其变化趋势，我们将表 19 的耕地买卖数量及价格数据以 3 年为一组计算其平均值，最后一组为 1945 年和 1946 年的两年平均，结果如表 21 所示。

表 21　1930—1946 年固上村耕地买卖情况（三年平均）

年份	买进			卖出		
	数量（亩）	价格（元）	平均价格（元/亩）	数量（亩）	价格（元）	平均价格（元/亩）
1930—1932	118.40	5162.80	43.60	377.20	18382.03	48.73
1933—1935	726.52	32492.97	44.72	383.55	15883.00	41.41
1936—1938	259.17	7047.51	27.19	364.75	13431.91	36.82
1939—1941	317.74	8599.49	27.06	344.15	9587.24	27.86
1942—1944	416.75	8521.42	20.45	179.60	4657.15	25.93
1945—1946	304.04	6015.89	19.79	86.60	2040.01	23.56

从表 21 看出，在这十几年间，固上村的平均地价是不断降低的。1945—1946 年与 1930—1932 年相比，平均买进价格大约降低了 54.6%，平均卖出价格大约降低了 51.7%。这种变化趋势，如图 1 所示。

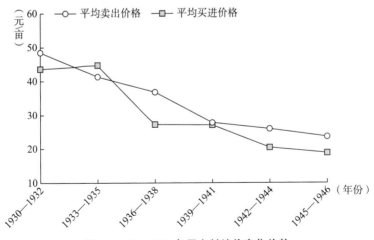

图 1　1930—1946 年固上村地价变化趋势

解放前的十几年间清苑县耕地价格总体趋势走低，主要是因为这一时期社会动荡不安，农村经济衰落，并受供求关系影响。20 世纪 30 年代初，从 1929 年开始的世界性经济大萧条波及中国，各地农村均受打击，清苑亦不例外，农业经营亏本，卖地的人增多，买地的人减少，遂导致地价降低。正如当时到清苑做过补充调查的张培刚分析的："近几年来，清苑农村和其他农村遭遇着同样的命运，内受天灾的打击与威胁，外受国际商品的竞争与压迫，农业经营既多损失，销售又遭亏本，遂致欲放弃土地的农人增多。同时富裕农家多迁居都市，留居农村者亦不愿投资于无利可图的土地上。这样，卖土地的人增多，买土地的人减少，自使地价剧降。"[1] 全面抗战期间，清苑县是日伪政权和共产党八路军互相争夺、激烈斗争的敌后抗日前线，一直处在战争状态，加之天灾频仍，农业生产总体上是停滞甚至萎缩、下降的。这种状况，当然会造成有地的人纷纷抛售土地，从而地不值钱，地价下降。赋税繁重也是一个重要原因。在敌占区村庄，日伪政权横征暴敛，捐税苛重，其中许多是按土地多少负担的，土地愈多，负担愈重。在建立了抗日政权的根据地村庄，实行"合理负担"、"减租减息"和"统一累进税"政策，亦对占地多的地主、富农不利，不仅抑制了他们积聚土地的愿望，而且促使他们千方百计分散土地，甚至廉价出卖。在日伪和抗日政权互相争夺的游击区村庄，形势不定，两面负担，土地也不可能值钱。抗战胜利后，清苑广大农村基本上都成为共产党领导下的解放区（只有靠近保定市的少数几个村庄处在国民党统治下），地主、富农失势，土地改革是迟早之事，在这种形势下，谁又愿意多多置买土地，将来成为穷人的斗争对象呢？

在中国传统农村的封建生产关系下，土地买卖一般会导致

---

[1] 见张培刚《清苑的农家经济（上）》，《社会科学杂志》第 7 卷第 1 期，1936 年，第 21 页。

地权集中，地价也会随着这一过程的加速而不断升高。然而在解放前这十几年的特殊时期，由于社会动荡不安，农村经济衰落，以及共产党领导的农村革命等政治因素的影响，我们看到了一个相反的发展趋势，这就是土地愈来愈不值钱，以及与之相关的地权的分散化过程。

（二）典当

土地典当是出典人以土地为抵押品而获得所需资金的一种农业融资方式。到一定期限，出典人只要还上这笔资金（典价），就可以将土地从典入人那里收回，因此典当本身并不是土地所有权的转移。然而在实际上，出典人在很多情况下往往还不上典价，在经过典入人的"找价"之后，最终将土地"典绝"即出卖，所以土地的出典经常是出卖的先声。清苑典地的程序与卖地基本相同，也是凭中间人说合，写立契约，最后由典出典入双方及中间人画押。典契俗称"活契"，盖因典出之地可以赎回。典契的内容、格式大致同卖契，但多出典期一项，为卖契所无。典期即土地赎还期限，双方事先约定，于契上载明。典期长短不一，最少为 1 年，最长有 10 年的，一般以典 3 年者较为通行。典价低于地价，据调查，低的有仅占地价30%—40%的，高的有达90%的，视各村习惯、土地等次、位置及典出典入双方的谈判情形而定。多数情况下，典价为地价的50%—60%。典当成立，经中人也要提取佣金，习惯上比买卖稍少，一般为"成二破一"，即典入方出典价的2%，典出方出1%。

典出之地只有到事先议定的典期才能赎回，不到期不能赎。赎回手续十分简单，出典人凭契约照原典价即可赎回，别无费用。要赎回时，须于当年清明节前通知对方。到期不赎，典入者并不能立即将土地作为"死当"处理，而是可以延期，称为"转当"，转当由典出者负担转当期间典价的利息。如到期不赎又不转当，或转当到期仍不能赎取，典出之地即成死当，典出者丧失赎回的权利。死当有一个"典绝"的手续，此时在经中人的见证下，原典契作废，双方另立卖契并由典入者找还典价与卖价之间的差额。

清苑地区 20 世纪三四十年代的土地典当关系并不太多。我们研究的东顾庄、何桥、固上、李罗侯 4 个村庄解放前各调查年份均只有为数不多的典当户，典当的耕地数额亦不大，具体见表 22。据调查，在 1937 年以前的典当关系中，70%—80% 的典出最终都成为典绝；全面抗战以后，由于通货膨胀，赎回者较多[1]。

表 22　1930—1946 年清苑县 4 村土地典当情况

年份	典入				典出				备注
	户数（户）	占比（%）	耕地（亩）	占比（%）	户数（户）	占比（%）	耕地（亩）	占比（%）	
1930	13	1.50	49.6	0.25	24	2.77	114.3	0.58	典入：富农 2 户，中农 17 户，贫农 35 户，雇农 2 户；
1936	15	1.61	65.5	0.32	20	2.15	113.1	0.55	典出：富农 5 户，中农 24 户，贫农 14 户，雇农 7 户，其他 1 户
1946	28	2.58	196.8	0.92	7	0.64	93.8	0.44	

注：4 村 1930 年共有 867 户、19573.61 亩耕地；1936 年有 931 户、20458.68 亩耕地；1946 年有 1087 户、21460.70 亩耕地。

（三）分家析产

分家析产也是传统农村地权变化的主要形式之一。中国家庭的传统不同于中古时期的欧洲，家庭财产（包括土地）的继

---

[1]　见河北省统计局《廿八年来保定农村经济调查报告（1930 年—1957 年）》，《中国农业合作史资料》增刊二"解放前后无锡保定农村经济专辑"，第 87 页。

承不是实行长子继承制，而是户主的所有儿子都有继承权，即家庭财产最终是要在家庭的男性后裔之间因分家另过而拆分的。这种分家不一定发生在原来的户主即当家人死亡之后，就是在他生前也是经常发生的。虽然在传统上，中国人的理想家庭是数世同堂的大家庭，但在实际上，当一户人家几个儿子都已成家，各自都有了自己的小家庭经济，大家庭人口逐渐增多时，各个小家庭之间的矛盾必然发展，往往就要导致分家的发生，而与之相伴的，自然是家庭财产包括地产的分割。

在历史上，分家析产一直是农村土地集中发展的主要缓冲因素之一。清代人李调元曾作《卖田说》，借四川一个佃农之口描述了由分家析产而导致原来的大地产逐渐演变成小地产的现象："予家曾祖父以来，置田不下千亩，而蜀俗好分，生子五人，而田各二百亩矣；子又生孙五人，而田各五十亩矣；孙又生孙五人，而田各十亩矣；……而十亩五分，各耕不过二亩……"[①] 这种现象，在传统的中国农村，时时处处都在发生。

在我们研究的清苑农村，分家现象也是很普遍的。只要稍微仔细观察一下各调查村的历年户口变化数据就会发现：虽然各村的户数和人口数在解放前的十几年间都是呈不断增长态势，但户数的增长要比人口数的增长快得多，户均人口规模不断缩小。例如 11 村的汇总数据，1930 年有 2119 户 11199 人，1936 年有 2272 户 11258 人，1946 年有 2596 户 12485 人。1936 年与1930 年相比，户数增长 7.2%，人口数只增长 0.5%，户均人口从大约每户 5.3 人下降到不足 5 人。1946 年与 1936 年相比，户数增长 14.3%，人口数只增长 10.9%，户均人口数进一步下降到 4.8 人。若以期终的 1946 年与期初的 1930 年相比，户数增长 22.5%，人口数只增长 11.5%，增长率相差近一倍。户数增

---

① 见《童山文集补遗（一）》，丛书集成初编本。

长快过人口数增长，平均家庭规模缩小，说明存在着比较多的分家现象①。

但是更使我们感兴趣和值得注意的是，进一步观察又发现，虽然从地主到雇农的农村各阶层都普遍存在户均人口规模缩小的现象，但比较起来，这一现象以地主和富农表现得最为突出（见表 23）。

表 23　1930—1946 年 11 村各阶层户均人口变化情况

单位：户，人

人户类别	1930 年			1936 年			1946 年		
	户数	人口数	户均人口	户数	人口数	户均人口	户数	人口数	户均人口
地主	70	498	7.1	72	447	6.2	71	390	5.5
富农	169	1365	8.1	173	1184	6.8	147	913	6.2
中农	742	4199	5.7	906	4875	5.4	1285	6651	5.2
贫农	915	4315	4.7	917	4069	4.4	996	4251	4.3
雇农	161	623	3.9	132	487	3.7	46	130	2.8
其他	62	199	3.2	72	196	2.7	51	150	2.9
合计	2119	11199	5.3	2272	11258	5.0	2596	12485	4.8

地主和富农的户均人口变化大过普通农民家庭，表明在这两个阶层中存在着更多的分家现象。这一判断对不对呢？在这方面，1958 年调查对所有被调查农户都作了家庭谱系调查并在户编号上予以体现，使我们可以直接观察不同阶层的分家情况。河北省统计局公布的 11 村汇总结果如表 24 所示。由于这个汇

———————

① 一个地域的户、口及户均人口变化受人户的迁入、迁出、灭绝、分家和人口的出生、死亡等多种因素影响。解放前清苑各地农村人口流动并不频繁，人户迁入造成的户数增加很少，户数大量增加只能是不断的分家所致。户均人口减少的现象在出生率大于死亡率因而总人口不断增加的情况下，由于人户的迁入、迁出、灭绝这些扰动因素的影响很小且互相抵消，主要的原因也只能是分家。

总资料将地主和富农合并统计，对贫农、雇农等阶层也未作区分，为更细致地观察各阶层的分家情况，我们将东顾庄和何桥两村人户分家情况的统计也一并列出（见表 25）[1]。

表 24 显示：1930—1936 年，地主和富农的分家情况还少于普通农民及其他人户，但到 1937—1946 年，他们的分家户数明显增多，期终的分家户数占期初总户数的近一半，分家占比高出各类人户的平均分家占比近 2 倍。农民方面，中农的分家占比在 1930—1936 年高出各种人户的平均分家占比大约 1 倍，到 1937—1946 年较前一时期有所下降，仅比平均占比稍高；贫农、雇农及其他人户的分家情况不多，但后一时期较前一时期分家占比有所升高。

表 24　1930—1946 年 11 村人户分家情况

单位：户，%

人户类别	1930—1936 年			1937—1946 年		
	期初户数	分家户数	占比	期初户数	分家户数	占比
地主、富农	239	9	3.8	245	110	44.9
中农	742	185	24.9	906	164	18.1
贫农、雇农及其他	1138	52	4.6	1121	96	8.6
合计	2119	246	11.6	2272	370	16.3

表 25　1930—1946 年东顾庄、何桥人户分家情况

单位：户，%

人户类别	1930—1936 年			1937—1946 年		
	期初户数	分家户数	占比	期初户数	分家户数	占比
地主	5	1	20.0	8	3	37.5

---

[1]　现存的固上和李罗侯两村的户资料卡片有的年份不全，故未能将这两村也列入统计。

续表

人户类别	1930—1936 年			1937—1946 年		
	期初户数	分家户数	占比	期初户数	分家户数	占比
富农	25	8	32.0	40	5	12.5
中农	118	13	11.0	160	11	6.9
贫农	206	10	4.9	201	16	8.0
雇农	21	—	—	16	—	—
其他	9	1	11.1	6	—	—
合计	384	33	8.6	431	35	8.1

东顾庄村和何桥村人户的平均分家占比低于 11 村汇总统计，但表 25 显示，该二村同样是地主和富农的分家情况大大多于其他人户。有差异的地方是：东顾庄村和何桥村的地主、富农户在 1930—1936 年分家的也不少，分家占比高于其他人户；此外，表 25 中 1937—1946 年中农的分家占比低于贫农的分家占比，也是二表的一个不同点。但表 25 的中农分家占比后一时期较前一时期下降，而贫农的分家占比则在后一时期较前一时期有所上升，这点与表 24 显示的趋势还是一致的。

在传统农村，地主和富农户的家庭规模一般较大，人口较多。这不仅仅是出于数世同堂的理想，而且有着现实的经济原因：尽可能不分家，有助于维持家庭的既有经济地位，在地产规模不是很大的情况下更是如此。但是在我们调查的这个时期，尤其是 1937 年以后的日寇侵华时期，社会动荡不安，捐税苛重，土匪横行，许多地主、富农觉得家大业大不仅好处不多，反而连累自己，因而分家的情况增多。村概况调查表明，不少这一时期分家的地主、富农户，是想通过分家来疏散家财，以避免土匪的绑票勒索，或为了逃避苛捐杂税。在全面抗战时期共产党根据地、游击区以及解放前夕解放区的村庄，一些地主、富农分家除了经济上的考虑（逃避人民政府的统一累进税和合理负担），更有规避将来不可避免的政治清算的企图。

农民的分家占比低于地主、富农户，主要是因为他们分不起家。中农家底不大，数十亩薄地几个兄弟一分，家庭人口多的就很难维持原来的经济地位，因此不肯轻易分家。少数人户分家的原因，多是兄弟们相继结婚以后，几个小家庭之间发生矛盾难以解决；也有的是因为灾年歉收或遇到婚丧大事，经济条件恶化，兄弟们不得不分家各奔前程；还有的是因为家里青壮年男丁较多，在兵荒马乱的情况下为逃避抓壮丁而分家。但正如表 24 和表 25 显示的，在社会最动荡不定的日寇侵华时期，中农的分家情况反而有所减少，说明传统的小农即使在极端艰难困苦的条件下仍然顽强地维护自己的经济地位。至于贫农和雇农，虽然有的家庭也人口较多因而有分家的需要，但他们根本分不起家，比如缺地少房，有的甚至一旦分家连做饭的炊具也无法解决。正因为如此，贫雇农分家的很少。1937 年以后贫雇农分家的情况稍见增多，是因为这一时期生活变得极端艰难，一些家庭在天灾人祸的打击下，再也无法维持，不得不分开各谋生计。如李罗侯村的贫农刘峰、刘栋、刘焕兄弟三人，解放前只有 3 亩地，因无法生活，被迫分开，刘焕留在家乡，刘峰和刘栋则去"闯关东"，在东北给人做饭、种地。

不断地分家析产尤其是地主、富农户分家情况的增多是导致解放前清苑农村土地分配呈分散化发展趋势的重要原因之一。差不多在每个调查村都可以找到地主、富农因分家而家庭经济地位发生变化的例证。如何桥村 1930 年时的地主田慎修，当时有地 124 亩，全家 12 口人，雇佣长工 2 人。到 1936 年，原来的 1 户分成了 7 户，田慎修本人及几个儿子各分到耕地 20 亩左右（1936 年田家共有地 136.5 亩，比 1930 年稍多，应是陆续买入的），于是原来的大地产就变成了与普通中农户相当的小

地产①。同村的富农张云路，1930 年时有地 147 亩余，全家 15
口人，雇长工 2 人，到 1936 年时分成 6 户，各分耕地 11—29.5
亩不等，原来的大地产也变成了小地产。东顾庄村的富农刘老
言，1936 年以前有耕地 200 余亩，到土改前已分成 4 户，其中
3 户虽土改定案时仍划为富农，但也不过有地 50—60 亩，还有
一户仅有地 19.8 亩，被定为中农。根据东顾庄、何桥、固上和
李罗侯 4 村的汇总统计，在 1930—1936 年，共计有 69 户经济
地位下降，约占期初 867 户的 8%。其中，地主、富农 25 户，
占 36.2%；中农 33 户，占 47.8%；贫雇农 11 户，占 15.9%。
下降的原因，25 户地主、富农中有 14 户是因为分家，占 56%；
11 户因为其他原因，占 44%。33 户中农中有 23 户因为分家，
占 69.7%；10 户因为其他原因，占 30.3%。11 户经济地位下
降的贫雇农均因为"被剥削或投机失败"，无一户因为分家。
1936—1946 年，共计有 77 户经济地位下降，占期初 931 户的
8.3%。其中，地主、富农 41 户，占 53.2%；中农 36 户，占
46.8%。下降的原因，41 户地主、富农中有 32 户因为分家，
占 78%；9 户因为其他原因，占 22%。36 户中农中有 30 户因
为分家，占 83.3%；6 户因为其他原因，占 16.7%。十分明显，
分家是导致原来较富有的一部分人户经济地位下降的主要原因，
而他们经济地位的下降，当然就意味着地权的分散化。

（本文曾发表于《中国经济史研究》2002 年第 3 期）

---

① 后来土改时，田义方、田玉峰、田林、田子丰几户都被划为中农。实则按
田义方、田玉峰、田林、田子丰几户当时的经济条件（田子丰 1946 年有
土地 40.9 亩，其余几户都不到 20 亩，但家庭人口较少），至多能算中农。
田慎修本人在土改前已去世。

20 世纪三四十年代华北平原农村的租佃关系和雇佣关系

——以河北省清苑县 4 村为例

史志宏

本文是《20 世纪三四十年代华北平原农村的土地分配及其变化》一文的姊妹篇。文内使用的数据，仍主要是 1958 年第二次无锡、保定调查后由负责保定调查的河北省统计局保定农村经济调查办公室汇总编辑的《1930—1957 年保定农村经济调查资料》（1958 年 7 月油印本）的东顾庄、何桥、固上和李罗侯 4 村部分，以及保存下来的当年调查的 4 村分户卡片。同时，写作中还参考了历次调查的村概况报告及张培刚的《清苑的农家经济》、河北省统计局的《廿八年来保定农村经济调查报告（1930 年—1957 年）》等公开、未公开发表的文献。

一 租佃关系

（一）土地租佃的一般情况

租佃关系是中国传统封建土地制度下一种基本的剥削关系。不过在清苑农村，如同在华北其他地方一样，租佃制度不如南方那样发达和普遍。根据调查汇总数据，1930 年东顾庄、何桥、固上、李罗侯 4 村共有 47 户租入 455.2 亩耕地，另有 20 户租出 740.5 亩耕地。该年 4 村总户数为 867 户，占有耕地总面积为 19573.61 亩，使用耕地总面积为 19223.66 亩①，租地户和出租地户合计仅占总户数的 7.7%，租入耕地面积仅占使用耕地面积的 2.4%，租出耕地面积仅占占有耕地面积的 3.8%。1936 年 4 村总户数为 931 户，占有耕地总面积为 20458.68 亩，使用耕地总面积为 20160.98 亩，共有 29 户租入 341.9 亩耕地、16 户租出 651.65 亩耕地，租地户和出租地户合计占总户数的 4.8%，租入耕地面积占使用耕地面积的 1.7%，租出耕地面积占占有耕地面积的 3.2%。1946 年 4 村总户数为 1087 户，占有耕地总面积为 21460.70 亩，使用耕地总面积为 21430.3 亩，共有 33 户租入 207.3 亩耕地、16 户租出 340.75 亩耕地，租地户和出租地户合计占总户数的 4.5%，租入耕地面积占使用耕地面积的 1.0%，租出耕地面积占占有耕地面积的 1.6%。上述数据表明，租佃关系在这个地区是不普遍的。

在清苑县，多数地主都不专门出租土地，依靠地租剥削过活。出租土地的多是家不在农村的城居地主或者是在农村有地的城市工商业者，他们因不在农村居住，无法直接经营，故将土地出租。有些富农除自己经营大部分土地外，也出租一小部分土地。此外，个别中农和贫农也有出租土地的，这种情况多是由于自家缺乏劳动力并无力雇工经营，以鳏寡孤独户居多。租入土地的绝大部分是中农和贫农。中农租地的都是家里劳动力多，土地不足，因而租入一部分以资弥补。也有个别的地主、富农除自家土地外，还租入一部分从事经营。如 1930 年调查户固上村的富农王老增，自有土地 150 亩，因开粉房发财，又租入土地四五十亩，雇佣 6 个长工，农闲时从事粉房工作，农忙时耕地。解放前 3 个年份 4 村各类人户租入、租出耕地的情况

---

① 使用耕地面积 = 占有耕地面积 + 典入耕地面积 - 典出耕地面积 + 租入耕地面积 - 租出耕地面积。

分别见表1、表2和表3。

表1 1930年清苑县4村各类人户租入、租出耕地情况

人户类别	租入				租出			
	户数（户）	占比（%）	耕地数量（亩）	占比（%）	户数（户）	占比（%）	耕地数量（亩）	占比（%）
地主	2	4.26	31.0	6.81	7	35.00	570.3	77.02
富农	3	6.38	79.5	17.46	1	5.00	30.0	4.05
中农	8	17.02	110.0	24.17	4	20.00	76.1	10.28
贫农	27	57.45	171.6	37.70	3	15.00	18.0	2.43
雇农	7	14.89	63.1	13.86	4	20.00	28.7	3.88
其他	—	—	—	—	1	5.00	17.4	2.35
合计	47	100	455.2	100	20	100	740.5	100

表2 1936年清苑县4村各类人户租入、租出耕地情况

人户类别	租入				租出			
	户数（户）	占比（%）	耕地数量（亩）	占比（%）	户数（户）	占比（%）	耕地数量（亩）	占比（%）
地主	1	3.45	11.0	3.22	1	6.25	379.5	58.24
富农	1	3.45	53.0	15.50	2	12.50	33.75	5.18
中农	10	34.48	113.3	33.14	8	50.00	203.3	31.20
贫农	17	58.62	164.6	48.14	3	18.75	23.8	3.65
雇农	—	—	—	—	2	12.50	11.3	1.73
合计	29	100	341.9	100	16	100	651.65	100

表3 1946年清苑县4村各类人户租入、租出耕地情况

人户类别	租入				租出			
	户数（户）	占比（%）	耕地数量（亩）	占比（%）	户数（户）	占比（%）	耕地数量（亩）	占比（%）
地主	—	—	—	—	1	6.25	103.5	30.37

续表

人户类别	租入				租出			
	户数（户）	占比（%）	耕地数量（亩）	占比（%）	户数（户）	占比（%）	耕地数量（亩）	占比（%）
富农	—	—	—	—	8	50.00	57.0	16.73
中农	10	30.30	88.3	42.60	7	43.75	180.25	52.90
贫农	22	66.67	117.0	56.44	—	—	—	—
雇农	1	3.03	2.0	0.96	—	—	—	—
合计	33	100	207.3	100	16	100	340.75	100

　　清苑县多数地主不将土地出租，而是雇工经营，除了这里素来缺乏租佃传统外，主要经济原因是农业生产力水平比较低，天灾频繁，出租土地对地主来说地租难有保证，对一般贫穷农户来说也租种不起；而雇工经营，由于这里人工费用较低，比出租更为有利。清苑县地势低平，又处在半干旱季风气候区，降雨集中且雨量不稳，故水旱灾害较多。在这种条件下出租土地，地主为避免遇灾收不到地租的风险，多采用"上打租"即预先收租的办法，这对于一般贫穷农户来说难以承受，因此租地种的不多①。贫农租地种的少，自然也就限制了租佃制的发展。

　　出租土地和雇工经营的比较，可以这样举例说明：假设一户地主有耕地 100 亩，平均亩产粮食 100 斤，那么，如果他将土地出租，地租率为 50%，一年的地租收入约为 5000 斤。而若雇工经营，这样的土地规模在当地最多用两个长工就足够了。一个长工每年的工资和伙食折算成粮食大约 700 斤，用两个长

---

① 在我们调查的村庄里，如何桥村，当地就有解放前"贫农不租地，中农才租地"的说法。其原因，据解释是"地主怕贫农租地种不起，把地糟蹋了；中农家里有车，能租地"（《清苑县何家桥经济概况调查实录》，1987年访谈记录稿）。这说明经济条件对于租佃能否成立是十分重要的。

工一年的成本约为1400斤；再加上农忙雇请短工的费用，总人工成本可以估算为2000斤。100亩耕地一年的其他生产成本如种子、肥料、农具损耗等都加上1000斤也已足够。这样，雇工经营在支出人工和各种其他生产成本之后，地主可以获得净收入7000斤，即得到100亩耕地总产量的70%，比出租收入多得耕地总产量的20%。除了这样的好处，由于当地的长工还保留了较多的对雇主的封建人身依附残余，雇主还可以得到雇工额外服务的好处。按照当地习惯，长工平时在种地之外，雇主家的各种杂务劳动如盖房、赶车、挑水、碾米、做饭、喂牲口、养鸡甚至洗衣服、抱孩子等，也都要承担。这些额外好处，使地主更愿意雇工经营。

清苑的土地租佃手续比较简单，一般由租地人与承租人订立契约，规定租种亩数、租额、期限及交租办法，就可以领地耕种了。对经济条件较好、出租人比较熟悉的佃户，有时只口头约定条件，并不订立契约。订约一般在每年秋季收获之后、冬闲之前，租期多为一年，到期再续，长租的不多。

（二）地租形式及地租率

1. 分成租

清苑的地租形式以定额租居多，分成租很少。分成租在当地也叫"客租"，多发生于亲邻之间，较少明订契约，一般只是口头议定条件，租期亦不限定。分成租下的不少出租人并非经济条件优裕的大地产所有者，而只是由于自家缺乏劳动力，才将土地出租。有时承租人的经济条件反比出租人要好。分成的比例，如果地主只出土地，其他什么都不供给，收获后一般得土地正产品的一半，这种情况最多；如果地主还提供农具、牲畜、种子、肥料等项生产资料，则有主六佃四、主七佃三及主八佃二几种分成比例，视地主提供的生产资料多少而定。交租办法，最普通的是收获时地主亲到打谷场与承租人当面分割；也有不当面分割而由承租人自己或委托他人送到地主家的[1]。

2. 定额租的两种形式及地租率

定额租有实物租和货币租两种，也称"粮租""钱租"。清末及民国初年，华北农村仍十分流行粮租[2]，但 20 世纪 30 年代初调查时，钱租占比已经超过粮租。1937 年以后，因通货膨胀，币值暴跌，实物租出现回潮，在一些村庄超过钱租重新成为主要的地租形式。本文研究的 4 个村庄的粮租和钱租比重消长的情况，参见表 4 和表 5[3]。这两个表中，表 4 只是 3 个村庄人户租入耕地的统计，表 5 虽是对全部人户租入、租出耕地的统计，但只限于一个村，因此结果不一定十分准确，但粮租比重在 3 个调查年份逐次上升的大趋势还是显示得很清楚的。

---

[1] 上述清苑分成租佃方式的特点，参见张培刚《清苑的农家经济（上）》，《社会科学杂志》第 7 卷第 1 期，1936 年，第 27—28 页。

[2] 参见魏泽瀛《五十年前华北农业情状的一个观察》，《天津盖世报农村周刊》第 99 期。转自张培刚《清苑的农家经济（上）》，《社会科学杂志》第 7 卷第 1 期，1936 年，第 25 页。

[3] 我们把东顾庄、何桥、李罗侯 3 村与固上村分开统计，是因为前面 3 村的调查表设计与固上村不同。前面 3 村的调查表在"租入耕地""租出耕地"两项内容之下，均各只有面积、粮租额、钱租额 3 项指标，这样当某户的租入、租出耕地中既有粮租，又有钱租时，就无法确定其中有多大面积是收粮租的，又有多大面积是收钱租的，因此只能从总数中剔除；又有的调查表在租入租出面积之下未写明租额，无法确定其为粮租或钱租，也只能剔除。固上村调查表的租入、租出面积是按粮租面积、钱租面积分别列列的，每项下再写明租额，因此每户都可以将粮租和钱租分开统计。但当某户既有粮租，又有钱租时，户数不好计算，为使两种租地面积的统计尽量完整，在表 5 中我们未对户数指标进行统计。还需说明的是：表 4 之所以只统计租入耕地，未统计租出耕地，是因为调查表中"租出耕地"项下多数只有面积，没有租额，只统计少数有租额的意义不大，也难保证结果真实。

表4　1930—1946年东顾庄、何桥、李罗侯3村人户租入
耕地的粮租和钱租比重

单位：户，亩

年份	粮租		钱租		钱租：粮租（粮租=1）	
	户数	耕地面积	户数	耕地面积	户数	耕地面积
1930 *	10	51.5	12	72.5	1.2	1.4
1936 **	5	31	3	23	0.6	0.7
1946 ***	7	29.8	2	9	0.3	0.3

　　*本年总计有25户租入耕地，其中3户无法确定粮租、钱租面积，未计入。

　　**本年总计有13户租入耕地，其中5户无法确定粮租、钱租面积，未计入。又本年李罗侯村调查户卡片大部分已经缺失，故未对该村进行统计。

　　***本年总计有21户租入耕地，其中12户无法确定粮租、钱租面积，未计入。

表5　1930—1946年固上村人户租入、租出耕地的粮租和钱租比重

单位：亩

年份	租入耕地面积			租出耕地面积		
	粮租	钱租	钱租：粮租（粮租=1）	粮租	钱租	钱租：粮租（粮租=1）
1930	35	272	7.8	38.3	595.4	15.5
1936	37.5	220.5	5.9	54	458	8.5
1946	41	42.8	1.0	34.55	177.2	5.1

　　下面来看定额租的地租量和地租率。现存4个村分户卡片的个别样本的地租量是有很大差异的。例如同是粮租地，每亩租额有的只有10余斤，有的则在100斤以上；同是钱租地，每亩租额低的仅有1元多，高的为10余元甚至20元以上。由于耕地的等次不同，收益差别很大，租额自然不会相同。同样收益的耕地，在不同村庄之间，以及不同的出租人和承租人之间，租额也会有一定差异。为了得到4个村定额租的地租量的一般概念，我们根据它们的租入、租出耕地面积及粮租、钱租总租

额，分别计算出粮租和钱租的每亩平均租额（见表6）。

表 6　1930—1946 年清苑县 4 村的平均租额

年份	粮租			钱租		
	总面积（亩）	总租额（斤）	亩均（斤）	总面积（亩）	总租额（元）	亩均（元）
1930	185.00	9844	53.2	939.90	6130.80	6.52
1936	132.50	6310	47.6	701.50	4350.53	6.20
1946	105.35	6170	58.6	269.00	1883.76	7.00

从表6可看出这4个村的定额地租的一般水平，在20世纪30年代中期以前粮租大约为每亩50斤，钱租为每亩6元多；1946年，粮租涨到接近每亩60斤，钱租涨到每亩7元。其粮租水平与4个村多数样本的情况是符合的，钱租水平由于除固上村以外的几村可供计算的样本数太少且基本都是高租额的，要稍微高一些。如果只计算固上村平均每亩的钱租额，1930年为5.99元，1936年为5.82元，1946年为6.63元。

在上述地租水平下，地租率是多少呢？首先看粮租。清苑县耕地绝大部分都是种植粮食的，因此实物租以交粮为主，故称粮租。粮租平均每亩的租额我们已经知道，只要再知道当地粮食作物平均每亩的产量就可以计算出粮租的地租率了，即：

粮租地租率 =（亩均粮租额 ÷ 粮食作物平均亩产量）× 100%

在现有的调查指标中，有包括粮食作物在内的各种作物的播种面积及其总产量，因此比较简单的做法是按播种面积计算每亩产量。但是由于播种面积包含复种因素，这种计算的结果只能是近似的。更准确的计算方法应该用耕地面积而不是用播种面积。从现有的调查指标中虽然不能直接得到种植粮食作物的耕地面积，但可以通过耕地总使用面积和总播种面积求得总复种指数，然后在假定粮食作物的复种指数与总复种指数相同的前提下，通过粮食作物播种面积计算出其耕地面积。清苑县的耕地绝大部分都种粮食，其他作物占的比重很小，这样计算得到的结果应该是基本符合实际的。用上述方法，我们计算得到 4 个调查村解放前各年份的粮租平均地租率（见表 7）。

表 7　1930—1946 年清苑县 4 村的粮租平均地租率

年份	粮食作物播种面积（亩）	复种指数（%）	粮食作物耕地面积（亩）	粮食总产量（斤）	粮食平均产量（斤/亩）	粮租平均租额（斤/亩）	粮租平均地租率（%）
1930	21251.71	110.5	19232.32	2295389.4	119.4	53.2	44.56
1936	22317.25	110.7	20160.12	2481571.3	123.1	47.6	38.67
1946	23093.93	107.8	21422.94	2782315.0	129.9	58.6	45.11

注：复种指数 =（总播种面积÷耕地总使用面积）×100%，根据 4 村汇总数据计算。粮食作物耕地面积 = 粮食作物播种面积÷复种指数。

钱租的平均地租率可用亩均钱租额除以耕地的每亩平均产值得到，耕地的每亩平均产值则可通过植物栽培总收入和耕地总使用面积两项调查指标求得。计算结果如表 8 所示。

表 8　1930—1946 年清苑县 4 村的钱租平均地租率

年份	植物栽培总收入（元）	耕地总使用面积（亩）	每亩平均产值（元）	亩均钱租额（元）	钱租平均地租率（%）
1930	233458.59	19223.66	12.14	6.52	53.71
1936	274393.25	20160.98	13.61	6.20	45.55
1946	304218.65	21430.30	14.20	7.00	49.30

表 7 和表 8 显示，粮租的平均地租率为 40% 上下；钱租略高，为 45.55% —53.71%。不过，上文说过，由于样本关系，

这里用于计算的 4 村平均钱租额要比实际数据大一些。如果用固上村的平均租额计算，则钱租的平均地租率 1930 年为 49.34%，1936 年为 42.76%，1946 年为 46.69%。无论粮租还是钱租，地租率都比分成租通常情况下的 50% 要低一些。这是符合逻辑的：分成租 50% 的普通地租率一般仅指土地的正产品（通常为大秋作物）而言，而实际上，除正产品之外，农户从土地上总还有其他收入，这些额外收入按习惯是不交租的。所以，考虑到农户的额外收入，分成租的实际地租率要低于 50%。此外，在分成租下，地租量随年成好坏而高低不同，遇到歉收，地主的收入是要减少的。而在定额租下，清苑的传统习惯是即使歉收租额一般不减，这也会使定额租在租额的确定上较通常年景的分成租租额要稍低一些。

以上讨论的都是正租。实际上，在正租之外，有的佃户还要受到额外剥削，特别是发生在大户地主与贫穷农民之间的租佃关系。额外剥削包括劳役性质的，如白给地主家干些杂活；也有实物性质的，如给地主送些时鲜水果、蔬菜等。这些额外剥削，可以视为附加地租。附加地租一般不出现在租约上。

3. 押租及"上打租"

清苑地区的租佃有些在订约时要收取押租，数额一般相当于一年的地租。收押租的都是较长期的租佃，如 3 年、5 年或更长期的，一年租期的不收押租。押租在承租人退耕时返还，如有欠租则作抵。

交租时间除分成租外普遍实行"上打租"，尤其钱租差不多都是上打租。所谓"上打租"，就是先交地租，承租人于订约时就预先把一年地租交清（有的分两次），然后才领地耕种。上打租使地主既避免了佃户欠租的风险，还可以额外占有一年租金的利息。但这种制度加重了佃户的负担，不但要借债先付地租，而且要承受遭灾歉收的全部后果。清苑地区许多缺地贫农并不租地耕种，而是宁愿为人雇工或寻求其他谋生之路，上打租制度使其"租种不起"是一个重要原因。抗战时期，一些根据地村庄在共产党领导下经过斗争，废除了这一制度。

地租并不是佃户的全部负担。按照清苑租地的习惯，出租的土地虽田赋仍归地主负担，但杂捐杂税要由租种者缴纳。抗战以后，税捐日多，土地负担加重，因此有的地主减少地租甚至不收租，但一切税捐都由租种者代为缴纳。调查资料中 1946 年的数据很多只有租地面积但没有租额，多数是这种情况。

二 雇佣关系

（一）一般情况

雇佣关系是清苑农村最基本的剥削关系，比租佃关系普遍得多。在各调查村，地主可以不出租土地，但很少有不雇工的，富农当然更是依靠雇工剥削。农民各阶层中，一部分中农和贫农在农忙时也雇佣人工。出雇者绝大部分是贫农、雇农，少数中农也要出卖一部分劳动力。

清苑的雇工按照工作时间区分主要有长工和短零工两种，其中长工又分"整年工"和"十月一工"两种。"整年工"是除过年回家几天，全年都吃住在雇主家的长工。"十月一工"每年阴历正月初六上工，秋后十月一下工回家，一年约在雇主家工作 9 个月。这两种长工在各村都以后者居多，因为秋后农闲活少，地主是不愿意白白养活雇工的。故当地长工有言："场光地净回家转，挨饿受冻一冬天。"无论"整年工"还是"十月一工"，都按年计算工资。短零工为农忙时的临时工，一般按所做工作种类及工作天数计算工资，也有按工作量计算工资的，即所谓计件工资。其中又分"散短"和"长短"两种：前者为事先没有约定雇主，临时到"人市"，即雇佣短零工的劳动力市场上去找工作者；后者是平时借了人家的钱或得到某种好处，因而约定农忙时为其做工，属于以人工还债的性质，这种雇工的工作时间不像长工那样长，也不像一般短工那样雇主和工作时间都不固定，故称"长短"。长工及短零工之外，还有"季节工"，为农忙时工作几个月的雇工，按月计算工资。这种雇工在清苑不多。

长工通常只出现在地主、富农家（极少数中农也有雇长工的），短零工则既存在于地主、富农的雇佣中，也存在于一般农民之间的雇佣关系中。长工在雇主家的工作除承担各种农活外，往往还要为雇主做各种家务杂活，提供零星服务，吃住也在雇主家里，与雇主的关系较为紧密。长工不完全是本村人，其中一部分是外村甚至外乡人，经人介绍而与雇主认识并为其雇佣，但外县的基本没有。短零工也绝大部分是本地人（本村人或邻近村人），因系临时雇佣，一般只做约定的某种农活，工作完毕即与雇主解除雇佣关系。就人数而言，由于地主、富农有限，各村的长工不是很多，但每年农忙季节临时给人打短工以补贴家用的相当普遍。各调查村的绝大部分贫农（雇农不用说），以及一部分中农，解放前都有过给人打短工出卖劳动力的经历。正因为短零工雇佣如此普遍，各地农忙季节都有"人市"。如位于东顾庄村中心的现村委会前面的一片地方，解放前就是一个"人市"，凡欲给人打短工的都集中在那里，谁家要雇人就去"人市"上找。短零工的工价一般由主雇双方当面议定，但也有的村庄由地主操纵，天天挂牌定价，曾引起过雇工的反抗（见河北省统计局调查报告）。

下面看调查数据所反映的雇佣关系情况。根据汇总资料，3 个年份 4 村各类人户中有雇工（雇人或出雇）的户数及其所占比重分别如表 9、表 10 和表 11 所示。

表 9　1930 年 4 村各类人户中有雇工（雇入或出雇）的
户数及其所占比重

单位：户，%

人户类别	总户数	雇入				出雇			
		长工		短零工		长工		短零工	
		户数	占比	户数	占比	户数	占比	户数	占比
地主	19	12	63.2	9	47.4	—	—	—	—
富农	57	47	82.5	31	54.4	—	—	—	—
中农	297	19	6.4	42	14.1	14	4.7	64	21.5
贫农	400	—	—	6	1.5	67	16.8	149	37.25
雇农	76	—	—	—	—	45	59.2	43	56.6
其他	18	—	—	—	—	—	—	4	22.2
合计	867	78	9.0	88	10.1	126	14.5	260	30.0

表 10　1936 年 4 村各类人户中有雇工（雇入或出雇）的
户数及其所占比重

单位：户，%

人户类别	总户数	雇入				出雇			
		长工		短零工		长工		短零工	
		户数	占比	户数	占比	户数	占比	户数	占比
地主	18	16	88.9	15	83.3	—	—	—	—
富农	67	44	65.7	33	49.3	—	—	—	—
中农	392	27	6.9	41	10.5	11	2.8	74	18.9
贫农	383	—	—	2	0.5	66	17.2	137	35.8
雇农	55	—	—	—	—	32	58.2	16	29.1
其他	16	—	—	—	—	—	—	2	12.5
合计	931	87	9.3	91	9.8	109	11.7	229	24.6

表 11　1946 年 4 村各类人户中有雇工（雇入或出雇）的户数及其所占比重

单位：户，%

| 人户类别 | 总户数 | 雇入 | | | | 出雇 | | | |
| | | 长工 | | 短零工 | | 长工 | | 短零工 | |
		户数	占比	户数	占比	户数	占比	户数	占比
地主	26	18	69.2	12	46.2	—	—	—	—
富农	68	37	54.4	26	38.2	—	—	—	—
中农	572	15	2.6	28	4.9	20	3.5	69	12.1
贫农	398	—	—	2	0.5	33	8.3	125	31.4
雇农	18	—	—	—	—	14	77.8	4	22.2
其他	5	—	—	—	—	—	—	—	—
合计	1087	70	6.4	68	6.3	67	6.2	198	18.2

从这 3 个表中可以看出如下几点。

第一，在我们研究的这 4 个村庄，雇佣关系比租佃关系要普遍得多。根据上文表 1、表 2 和表 3，1930 年、1936 年、1946 年 4 村分别有 67 户、45 户、49 户租入或租出土地，分别占各该年总户数的 7.7%、4.8%、4.5%。而这 3 个年份 4 村有雇工（雇入或出雇）的户数分别为 552 户、516 户、403 户[①]，分别占 3 个年份总户数的 63.7%、55.4%、37.1%，远远超出租入租出土地户在总户数中的占比。

第二，雇工户有地主、富农、中农和贫农，但主要是地主和富农，不仅占总户数的比重大，而且雇工的绝对数量也

---

① 以上均为长、短工合计。这里有部分重复计算，因为雇工户中有的户既雇长工，也雇短工；出雇户中有的户既出雇长工，也出雇短工，不过这两种情况都不是很多。

多①；中农和贫农雇工的占比很小。地主、富农雇工以长工为主，中农和贫农雇工以短零工为主，尤其贫农，所雇皆为短零工。

第三，出雇户全部为农民。其中除雇农外，以贫农所占比重最大，各年均有 1/3 左右贫农出雇短零工；出雇长工的贫农 1930 年占贫农总户数的 16.8%，1936 年占 17.2%，1946 年占 8.3%。中农出雇长工的比重不超过总户数的 5%，属个别情况；出雇短零工的比重 1930 年为 21.5%，1936 年为 18.9%，1946 年为 12.1%。

第四，从各表"合计"一栏看，无论雇入还是出雇，长工和短零工占总户数的比重均呈下降趋势；1946 年与 1936 年比较，这两种雇工不仅占总户数的比重下降了，而且绝对数量也下降了（雇入的长工和短零工绝对数 1936 年比 1930 年增加，出雇的长工和短零工绝对数 1936 年比 1930 年减少）。这种情

---

① 从逻辑上说，除出租土地的地主外，其他地主和富农均应雇工，否则不成其为地主、富农。但在我们研究的这 4 个村庄，有的富农户没有雇工数据，反映在汇总统计中就是有的村富农的雇工户数少于富农总户数。例如河北省统计局汇总的 1946 年固上村调查资料，总计有富农 13 户，其中雇长工户 3 户，雇短零工户 3 户，即使不考虑雇长工的户有的同时还雇短零工的情况，二者加起来也只有 6 户，说明至少有 7 户富农没有雇工数据。该年何桥村的资料也有 7 户富农没有雇工数据。固上村的情况因现存分户卡片已经不全，无法分析其中原因。何桥村 7 户富农没有雇工，从分户卡片看，他们的土地都比较少：7 户中 1 户有地 64.45 亩，全家 6 口人，有 4 个劳动力（男 3 女 1）；4 户土地不足 30 亩，2 户不足 20 亩，各户均至少有 1 个男劳力。这种情况，在当地完全可以自耕而不需要雇工，按其实际经济地位应属中农，之所以被定为富农（土改定案成分），可能是在土改前 3 年中曾经雇工，当然也可能是户资料卡片漏载雇工数据。为尊重资料的原始性，我们在统计中未对这些没有雇工的富农户的成分加以改变。表 11 中富农总户数 68 户，但雇入长工和短零工的户数合计只有 63 户（因这两项合计有重复计算，故只比总户数少 5 户），就是这个原因。另外，这 4 个村资料中有的雇农户没有出雇数据，为尊重资料的原始性，我们也未对他们的成分做出改变，因此有的年份雇农出雇户的数量可能小于雇农总户数。

况，应该与这一时期土地分配趋于分散化，地主富农和贫雇农在总户数中的比重下降、中农比重上升有关。就是说，从1930—1946 年的变化总趋势看，随着土地分配的分散化、平均化发展，雇佣关系如同租佃关系一样，也呈缩小趋势。

（二）长工的雇佣及长工工资

根据调查数据，各村地主户雇佣的长工人数一般为 2—3人，富农户为 1—2 人，中农雇佣的长工大多只 1 人，个别的还不到 1 人（与人合雇）。每名长工的耕作面积，地主、富农户多为 60—70 亩或更多，中农户一般只有 30—50 亩。具体统计结果按年份分别列为表 12、表 13 和表 14。这 3 个表之所以只选东顾庄和何桥两村来做统计，是因为做是项统计要分别计算各雇工户的耕地面积，需使用分户卡片（河北省统计局的各村汇总资料没有雇工户耕地面积的单独汇总），而现存的 4 村分户卡片只有这两村的比较完整（固上村的 1930 年和 1946 年卡片、李罗侯村的 1936 年卡片都缺失甚多）。由各表看出：富农户雇工的平均耕作面积要比地主户雇工的平均耕作面积多一些，这是因为富农本身也参加劳动，雇工数量一般较地主户为少，而在计算时又不能扣除富农自己耕作的土地面积。考虑到富农自己也参加劳动这个因素，地主和富农户雇工的平均耕作面积应该相差不多。中农户雇佣长工属个别情况，多是耕地较多而家里缺乏劳动力，其雇工的耕作面积比地主、富农户的雇工要少得多。

表 12　1930 年东顾庄、何桥 2 村雇工户平均雇佣长工人数
及每名长工的平均耕作面积

人户类别	雇主户数（户）	使用耕地面积（亩）	雇工人数（人）	户均雇佣人数（人）	雇工人均耕地（亩）
地主	5	941.79	14	2.8	67.27

人户类别	雇主户数 （户）	使用耕地面积 （亩）	雇工人数 （人）	户均雇佣人数 （人）	雇工人均耕地 （亩）
富农	23	2206.61	27	1.2	81.73
中农	5	154.00	5	1.0	30.80
合计	33	3302.40	46	1.4	71.79

表 13　1936 年东顾庄、何桥 2 村雇工户平均雇佣长工人数及每名长工的平均耕作面积

人户类别	雇主户数 （户）	使用耕地面积 （亩）	雇工人数 （人）	户均雇佣人数 （人）	雇工人均耕地 （亩）
地主	8	1089.50	18	2.3	60.53
富农	32	2187.45	35.8*	1.1	60.97
中农	5	250.80	5	1	50.16
合计	45	3527.75	58.8	1.3	59.91

＊有一户雇佣 0.5 人、一户雇佣 0.3 人。这种情况，一般是两户或三户合雇 1 人，但在分户卡片上只有一户有雇工数据。

表 14　1946 年东顾庄、何桥 2 村雇工户平均雇佣长工人数及每名长工的平均耕作面积

人户类别	雇主户数 （户）	使用耕地面积 （亩）	雇工人数 （人）	户均雇佣人数 （人）	雇工人均耕地 （亩）
地主	10	1103.38	20	2.0	55.17
富农	28	1853.02	25	0.9	74.12
中农	2	69.00	1.5*	0.8	46.00
合计	40	3025.40	46.5	1.2	65.06

＊有一户雇佣 0.5 人。

长工的工资水平可以利用村汇总资料进行统计，统计结果如表 15、表 16、表 17 所示。

表 15　1930 年 4 村雇入、出雇长工的平均工资

人户类别	雇入			出雇		
	长工人数（人）	工资总额（元）	平均工资（元／人）	长工人数（人）	工资总额（元）	平均工资（元／人）
地主	28	1842.42	65.80	—	—	—
富农	58.5	3770.17	64.45	—	—	—
中农	18.5	958.08	51.79	15	880.83	58.72
贫农	—	—	—	83	4815.45	58.02
雇农	—	—	—	56	3476.37	62.08
合计	105	6570.67	62.58	154	9172.65	59.56

表 16　1936 年 4 村雇入、出雇长工的平均工资

人户类别	雇入			出雇		
	长工人数（人）	工资总额（元）	平均工资（元／人）	长工人数（人）	工资总额（元）	平均工资（元／人）
地主	35	2097.22	59.92	—	—	—
富农	50.83	3466.86	68.20	—	—	—
中农	25	1231.19	49.25	15	814.08	54.27
贫农	—	—	—	77.5	4695.11	60.58
雇农	—	—	—	39	2797.07	71.72
合计	110.83	6795.27	61.31	131.5	8306.26	63.17

表 17　1946 年 4 村雇入、出雇长工的平均工资

人户类别	雇入			出雇		
	长工人数（人）	工资总额（元）	平均工资（元／人）	长工人数（人）	工资总额（元）	平均工资（元／人）
地主	31	2446.01	78.90	—	—	—
富农	34	2693.15	79.21	—	—	—
中农	12.5	800.58	64.05	20	1560.64	78.03
贫农	—	—	—	34.5	2114.21	61.28

人户类别	雇入			出雇		
	长工人数（人）	工资总额（元）	平均工资（元/人）	长工人数（人）	工资总额（元）	平均工资（元/人）
雇农	—	—	—	16	1008.32	63.02
合计	77.5	5939.74	76.64	70.5	4683.17	66.43

就表 15、表 16、表 17 的统计数据来看，地主、富农户长工的工资差别不大（各表中存在差异是因为样本数量小，平均计算的结果易受个别样本的影响），但中农户雇佣的长工的工资普遍要比地主、富农户的低一些（约低 10 元或稍多）。从出雇方面计算的长工工资，总平均的结果与从雇入方面计算的结果大体一致（1946 年出雇数据与雇入数据有较大差距）。纵向来看，工资的总水平是趋向于逐渐提高的：雇入、出雇合计，长工工资 1930 年为 60.79 元，1936 年为 62.32 元，1946 年为 71.78 元。1946 年与 1930 年相比，约提高 18.1%。这种变化，应主要与通货膨胀有关，不一定是实际工资水平的提高。

需要说明的是，上述长工的工资，不是其为雇主工作所得的全部，只是其中的货币部分。长工是吃住都在雇主家的，因此这部分吃住费用也是其工作所得。不过这些很难计量：长工一般是与雇主家人一同吃饭，伙食好坏因雇主家生活条件而不同；雇主为长工提供的生活设施及用品（如被褥等）也各不相同。此外，雇主为刺激长工的工作积极性，有时会向长工提供一些额外的待遇，如送些小物品（一条毛巾、一双袜子、一双鞋等）、节年放假并供给较好的伙食、向长工提供烟草（多为种烟的雇主）、在工资外给些类似奖金的钱等。这些有的属于惯例，有的则因雇主而不同，没有一定标准。

（三）短工的雇佣及短工工资

按人户类别统计的 4 村各阶层平均雇佣短零工天数或出雇天数及短零工日工资平均水平等项指标如表 18、表 19 和表 20 所示。

表 18　1930 年 4 村各类人户雇入、出雇短零工天数及短零工的日均工资情况

人户类别	雇入					出雇				
	户数（户）	天数（天）	工资总额（元）	户均雇佣天数（天）	日均工资（元）	户数（户）	天数（天）	工资总额（元）	户均雇佣天数（天）	日均工资（元）
地主	9	1370	802.62	152.2	0.59	—	—	—	—	—
富农	31	2102	1049.70	67.8	0.50	—	—	—	—	—
中农	42	1600	721.35	38.1	0.50	64	4101	1346.19	64.1	0.33
贫农	6	150	64.58	25.0	0.43	149	12687	5534.93	85.1	0.44
雇农	—	—	—	—	—	43	3222	1784.66	74.9	0.55
其他	—	—	—	—	—	4	166	63.59	41.5	0.38
合计	88	5222	2638.25	59.3	0.51	260	20176	8729.37	77.6	0.43

表 19　1936 年 4 村各类人户雇入、出雇短零工天数及短零工的日均工资情况

人户类别	雇入					出雇				
	户数（户）	天数（天）	工资总额（元）	户均雇佣天数（天）	日均工资（元）	户数（户）	天数（天）	工资总额（元）	户均雇佣天数（天）	日均工资（元）
地主	15	2222	1114.20	148.1	0.50	—	—	—	—	—
富农	33	1717	925.73	52.0	0.54	—	—	—	—	—
中农	41	1357	649.44	33.1	0.48	74	4413	1960.58	59.6	0.44
贫农	2	138	68.48	69.0	0.50	137	12156	5144.21	88.7	0.42
雇农	—	—	—	—	—	16	1885	893.51	117.8	0.47

续表

人户类别	雇入					出雇				
	户数（户）	天数（天）	工资总额（元）	户均雇佣天数（天）	日均工资（元）	户数（户）	天数（天）	工资总额（元）	户均雇佣天数（天）	日均工资（元）
其他	—	—	—	—	—	2	35	13.93	17.5	0.40
合计	91	5434	2757.85	59.7	0.51	229	18489	8012.23	80.7	0.43

表 20　1946 年 4 村各类人户雇入、出雇短零工天数及
短零工的日均工资情况

人户类别	雇入					出雇				
	户数（户）	天数（天）	工资总额（元）	户均雇佣天数（天）	日均工资（元）	户数（户）	天数（天）	工资总额（元）	户均雇佣天数（天）	日均工资（元）
地主	12	2625	1116.44	218.8	0.43	—	—	—	—	—
富农	26	990	521.38	38.1	0.53	—	—	—	—	—
中农	28	1030	401.81	36.8	0.39	69	3998	1878.68	57.9	0.47
贫农	2	16	7.05	8.0	0.44	125	9824	4431.81	78.6	0.45
雇农	—	—	—	—	—	4	540	283.94	135.0	0.53
合计	68	4661	2046.68	68.5	0.44	198	14362	6594.43	72.5	0.46

从雇入方面看，各年各类雇主雇佣短零工合计的总户均天数为 59—69 天，即相当于两个月或稍多一些。但不同类别雇主的户均雇佣天数相差甚大：地主雇佣短零工天数最多，1930 年为总户均天数的 2.6 倍，1936 年为 2.5 倍，1946 年更是达到3.2 倍；地主以下，富农、中农、贫农的雇工天数中，除 1930 年富农的雇工天数略多于总户均天数外，其余均少于总户均天数并依等递减（1936 年贫农的雇工天数多于中农）。3 个年份平均而计（算术平均数），地主每年每户雇佣短零工 173 天，富农雇佣 52.6 天，中农雇佣 36 天，贫农雇佣 34 天。这种情况，显然与各阶层的经济地位有关：地主土地多，又不参加劳动，全

靠剥削生活，因此除雇佣长工外，农忙时还必须雇佣较多的短零工；富农参加部分劳动，土地又一般较地主少，雇工天数自然要少于地主；中农和贫农都是依靠自家劳动力从事生产的农民，农忙季节雇佣短零工是不得已的事，雇工天数当然更少。

从出雇方面看，地主、富农户是不出雇劳动力的，出雇者都属农民各阶层，且愈是贫穷的阶层，户均出雇短零工的天数愈多，与雇入方面的户均天数高低排列顺序正好相反。其中，中农和贫农都属既有雇入也有出雇的阶层，但出雇的天数都远多于雇入。中农雇入、出雇的不平衡，说明调查村的中农大都不是自耕有余的上中农（富裕中农），而是经济地位达不到完全自耕的下中农。不过，从变化的趋势看，中农和贫农的户均出雇天数总体是减少的。这与前面观察到的这一时期农业雇工趋于减少的变化合拍，其根源，就在于土地分配的分散化、平均化发展。

从各年的总雇入、出雇天数看，出雇都多于雇入，1930 年多 2.9 倍，1936 年多 2.4 倍，1946 年多 2.1 倍，反映出我们研究的这 4 个村庄，属于短零工劳动力输出类型，即出雇的劳动力除少部分为本村人打短外，大部分都是为外村人打短。

短零工的日工资水平，按雇入数据计算的总平均数 1930 年和 1936 年均为 0.51 元，1946 年为 0.44 元；按出雇数据计算的总平均数，1930 年和 1936 年为 0.43 元，1946 年为 0.46 元。这里，按雇入数据计算的结果只是反映 4 村的情况，而按出雇数据计算的结果除 4 村外，还包括了 4 村以外地区的情况，故有所差别。不过，这种差别不是很大：1930 年和 1936 年，出雇的短零工日工资总平均数比按雇入数据计算的结果低 15.7%，1946 年则高 4.5%。

以上数据只是反映了短零工工资的平均情况。实际上短零工的工资依工作内容不同，差别很大。张培刚根据第一次调查资料计算，1930年清苑县短工的日工资，按工作种类平均而计，灌溉为国币0.21元，播种为0.22元，中耕和间苗为0.25元，秋收为0.29元，割麦为0.51元，拔麦为0.53元[①]。换算成人民币[②]，大约为灌溉0.38元，播种0.4元，中耕和间苗0.45元，秋收0.53元，割麦0.93元，拔麦0.96元。可见，不同的工作种类工资差别还是很大的。短工工资不一定按货币计算，有的地方也流行实物工资。工资计算标准，既有按工作天数计的，也有按工作量计的。如在东顾庄村，据1987年调查时访谈，当地解放前给人打短挣的多是小麦、玉米："打一落坯得1斗玉米"，"拔一天小麦，挣1斗小麦"。

雇人打短一般也要管饭，如不管饭则所给工资要较管饭的同等工资高一些。饭食标准，割麦、拔麦较好，其他则普通。张培刚根据调查资料计算，1930年短工工资如果将饭食折价合计，不同工作种类的平均标准如表21所示[③]。

表21　清苑短零工将饭食折价合计的平均日工资

单位：元

工作种类	日工资（国币）	合人民币
灌溉	0.43	0.78
播种	0.49	0.89

---

① 见张培刚《清苑的农家经济（上）》，《社会科学杂志》第7卷第1期，1936年，第40页。

② 30年代初清苑地区通行的货币有银元、铜元和纸币（即国币），1935年11月货币改革后通行法币。其时国币（法币）与银元每元大体等值。按照当时保定地区几种主要农产品（小麦、玉米、高粱、谷子、小米等）的零售价格与1957年相同农产品的零售价格比，30年代初银元或国币（法币）与50年代人民币的比值约为0.55∶1。这只是为方便说明问题所做的粗略估计，并非两种货币间的精确比值。

③ 参见张培刚《清苑的农家经济（上）》，《社会科学杂志》第7卷第1期，1936年，第41页。

工作种类	日工资（国币）	合人民币
中耕、间苗	0.50	0.91
秋收	0.54	0.98
割麦	0.80	1.45
拔麦	0.83	1.51

1930—1946 年短零工工资的变化情况，根据表 18、表 19、表 20，将雇入、出雇合计计算，短零工日工资平均水平 1930 年约为 0.448 元，1936 年约为 0.45 元，1946 年约为 0.454 元。前后相比，略呈升势，与前述同期长工工资的变化趋势相同，但变化的幅度要小一些。

（本文曾发表于《中国经济史研究》2003 年第 1 期）

20 世纪三四十年代华北平原农村土地以外主要生产资料的占有状况

—— 以河北省清苑县 4 村为例

史志宏

中国农村直到土地改革以前，仍然由前资本主义的封建、半封建生产关系占据统治地位，即地主、富农占有大部分生产资料并凭借其垄断生产资源的优势地位，实现对缺乏生产资料因而无法独立生产的劳动农民的经济剥削，占有他们的剩余劳动产品。农业生产资料中最重要的是土地，农村经济关系的性质主要是由土地的所有制决定的。但是土地以外的生产资料如牲畜、农具等也在决定农村经济关系方面起着重要作用。一个没有土地的农民如果拥有其他必要的生产资料，他就有条件去租种地主的土地，以交纳地租的方式从事生产；但如果连其他必要的生产资料也不具备，他就不可能成为租地生产的佃农，而只能成为向地主或富农出卖劳动力的农业雇工。在《二十世纪三四十年代华北平原农村的土地分配及其变化》一文中，笔者根据 1958 年河北省统计局对清苑县 4 个村 1930 年、1936 年和 1946 年 3 个年份农户家庭经济状况的追溯调查资料，考察了当时的土地分配问题。本文将依据同一批资料，讨论这一时期土地以外的主要生产资料在不同农村居民间的分配状况。上述资料的形成背景及简要评价，请参看笔者前文的引言部分。

一 大牲畜

这里的大牲畜指役畜。清苑地区农业役用大牲畜有牛（黄牛）、马、驴、骡 4 种。根据分村汇总的资料，3 个调查年份 4 村各类人户拥有大牲畜的情况分别如表 1、表 2 和表 3 所示。从中不难看出，各类人户平均拥有大牲畜的多少是按其经济地位高低排列的，即地主比富农多，富农比中农多，中农又比贫农多，雇农则基本上没有大牲畜。大牲畜是当时农业生产所必需，也是衡量一户贫富的重要家庭财产之一。在大牲畜的拥有上，各类人户的区别是鲜明的。

表 1　1930 年 4 村各类人户拥有大牲畜情况

人户类别	户数（户）	牲畜总数（头）	牛		马		驴		骡		户均（头）
			数量（头）	占比（%）	数量（头）	占比（%）	数量（头）	占比（%）	数量（头）	占比（%）	
地主	19	33	1	3.0	10	30.3	2	6.1	20	60.6	1.74
富农	57	100	5	5.0	21	21.0	22	22.0	52	52.0	1.75
中农	297	208.83	46.33	22.2	20	9.6	121.5	58.2	21	10.1	0.70
贫农	400	59.53	14.03	23.6	4.5	7.6	33	55.4	8	13.4	0.15
雇农	76	0.5	—	—	—	—	0.5	100	—	—	0.01
合计	849	401.86	66.36	16.5	55.5	13.8	179	44.5	101	25.1	0.47

表 2　1936 年 4 村各类人户拥有大牲畜情况

人户类别	户数（户）	牲畜总数（头）	牛		马		驴		骡		户均（头）
			数量（头）	占比（%）	数量（头）	占比（%）	数量（头）	占比（%）	数量（头）	占比（%）	
地主	18	33	3	9.1	6	18.2	4	12.1	20	60.6	1.83
富农	67	84.5	6	7.1	20	23.7	16	18.9	42.5	50.3	1.26
中农	392	257.07	64.07	24.9	16.5	6.4	149	58.0	27.5	10.7	0.66
贫农	383	68.33	15.33	22.4	4.5	6.6	44.5	65.1	4	5.9	0.18
雇农	55	2	1	50.0	—	—	1	50.0	—	—	0.04
合计	915	444.9	89.4	20.1	47	10.6	214.5	48.2	94.0	21.1	0.49

表3　1946年4村各类人户拥有大牲畜情况

人户类别	户数（户）	牲畜总数（头）	牛		马		驴		骡		户均（头）
			数量（头）	占比（%）	数量（头）	占比（%）	数量（头）	占比（%）	数量（头）	占比（%）	
地主	26	37	4	10.8	6	16.2	9	24.3	18	48.6	1.42
富农	68	64	7	10.9	1	1.6	26	40.6	30	46.9	0.94
中农	572	337.7	82.5	24.4	22	6.5	206.7	61.2	26.5	7.8	0.59
贫农	398	88.8	20.5	23.1	4	4.5	57.3	64.5	7	7.9	0.22
雇农	18	0.5	0.5	100	—	—	—	—	—	—	0.03
合计	1082	528	114.5	21.7	33	6.3	299	56.6	81.5	15.4	0.49

　　从大牲畜的种类方面分析更能看出这种区别。作为役畜，这4种牲畜的工作能力是不一样的，其中骡、马用于耕地和拉车，力气最大，价值也高；牛其次；驴最小，也最便宜。从各年的合计数量看，4村大牲畜中数量最多的是驴，其次为骡、牛，马的数量最少。然而不同经济地位的人户拥有这几种大牲畜的情况不同：地主、富农拥有数量最多的是骡，其次为马和驴，牛排末位，而且总的来说，地主马比驴多，富农驴比马多；中农和贫农则驴的拥有量最多，其次为牛，骡、马排在后面。为更精确地比较不同人户拥有大牲畜的情况，我们将上面3表各类人户拥有的不同种类大牲畜按工作能力折算成统一的"畜力单位"，并计算户均拥有量，然后以各年的地主户均数为基准，分别计算各类人户户均拥有大牲畜的数量和畜力单位的指数，以进行比较。畜力单位的折算标准：骡、马为1，牛为0.8，驴为0.6①。折算结果如表4所示。户均拥有大牲畜的数

---

① 折算标准参见张培刚《清苑的农家经济（上）》，《社会科学杂志》第7卷第1期，1936年，第47—48页。张培刚将每头驴的畜力单位标准定为0.7，似嫌稍高，尤其当用于耕地时，驴的工作能力要比骡、马和牛差得多。出于这个考虑，我们这里将驴的畜力单位标准稍微调低。

量指数和畜力单位指数见表 5。从表 5 看出：各类人户的户均
畜力单位指数均低于数量指数，反映出按照畜力单位标准，这
些人户在大牲畜的拥有上与地主的差距更大。在各类人户彼此
之间比较，则以中农为分界线，地主与富农之间、富农与中农
之间的畜力单位指数差距比数量指数差距更大，而中农与贫农
之间及贫农与雇农之间的后者差距比前者要小。

表 4　按畜力单位折算的 1930—1946 年 4 村各类人户拥有大牲畜情况

单位：户

人户类别	1930 年			1936 年			1946 年		
	户数	畜力单位	户均	户数	畜力单位	户均	户数	畜力单位	户均
地主	19	32	1.68	18	30.8	1.71	26	32.6	1.25
富农	57	90.2	1.58	67	76.9	1.15	68	52.2	0.77
中农	297	151.0	0.51	392	184.7	0.47	572	238.5	0.42
贫农	400	43.5	0.11	383	47.5	0.12	398	61.8	0.16
雇农	76	0.3	0.004	55	1.4	0.03	18	0.4	0.02
合计	849	317.0	0.37	915	341.3	0.37	1082	385.5	0.36

表 5　1930—1946 年 4 村各类人户拥有大牲畜数量和畜力单位的户均指数

人户类别	1930 年		1936 年		1946 年	
	数量	畜力单位	数量	畜力单位	数量	畜力单位
地主	100	100	100	100	100	100
富农	100.6	94.0	68.8	67.3	66.2	61.6
中农	40.2	30.4	36.1	27.5	41.5	33.6
贫农	8.6	6.5	9.8	7.0	15.5	12.8
雇农	0.6	0.2	2.2	1.8	2.1	1.6

　　大牲畜作为役畜的主要作用是耕地。下面再看看按各类人
户平均每百亩使用耕地面积计算的畜力单位拥有量（见表 6）。

表6　1930—1946 年 4 村各类人户平均每百亩使用耕地
面积的畜力单位拥有量

单位：百亩

人户类别	1930 年			1936 年			1946 年		
	使用耕地面积	畜力单位总数	百亩平均畜力单位	使用耕地面积	畜力单位总数	百亩平均畜力单位	使用耕地面积	畜力单位总数	百亩平均畜力单位
地主	22.1	32	1.45	24.8	30.8	1.24	22.7	32.6	1.44
富农	51.6	90.2	1.75	51.1	76.9	1.50	34.9	52.2	1.50
中农	77.3	151.0	1.95	92.1	184.7	2.01	121.0	238.5	1.97
贫农	38.0	43.5	1.14	32.7	47.5	1.45	35.8	61.8	1.73
雇农	2.3	0.3	0.13	1.8	1.4	0.78	0.8	0.4	0.50
合计	191.3	317.0	1.66	202.5	341.3	1.69	215.2	385.5	1.79

从表6看出：与按户均数比较的结果不同，按百亩平均畜力单位拥有量，地主、富农并不是最多的。在3个调查年份中，中农的此项指标都超出其他人户而居第一位。地主除1930年排第二位外，1936年居末位，1946年也仅排在雇农前面，居倒数第二位。富农1930年居第三位，1936年居第二位，1946年退回到第三位。贫农1930年居倒数第二位，1936年居第三位，1946年仅排在中农之后，居第二位。雇农1930年和1946年居末位，1936年居倒数第二位。上述结果，当然并不能证明农民各阶层拥有比地主、富农更充分的畜力。比如贫农，拥有大牲畜的只是少数户，只是因为耕地少，按使用耕地面积平均下来的畜力单位拥有量才不算低。雇农也是这种情况。但是，上述统计至少说明，在这4个村，从单位耕地面积拥有畜力多少的角度看，地主、富农并不是比所有农民阶层更优越。中农的百亩平均畜力单位拥有量在3个年份中都居第一位，这个结果我们认为是能说明问题的。此外，按耕地面积平均，富农比地主拥有更多的畜力，表6显示的这一结果也是可信的。

以上分析都是从各类人户整体做出的。而实际上，除地主、富农基本上户户有大牲畜外，农民中即使是中农也有相当一部分是没有大牲畜的，更不必说贫农和雇农了。因此，为了更清楚地反映各类人户拥有大牲畜的情况，还应该统计其中有多少户没有大牲畜及这些户在各阶层总体中所占比重。表 7 是根据现存东顾庄和何桥村分户卡片所做的统计，从中看出：尽管大牲畜为当时农业生产所必需，但多数人户还是不具备这个条件的。然而分阶层来看，地主、富农没有大牲畜的只是极个别户，基本上户户都有；而农民各阶层，中农户没有大牲畜的约占总数的百分之二三十，贫农户这一占比更是高达百分之七八十，雇农则仅极个别户有大牲畜（3 个年份均各只 1 户），其经济地位的差异是十分明显的。

表 7　东顾庄和何桥村各阶层没有大牲畜的户数及其所占比重

单位：户，%

人户类别	1930 年			1936 年			1946 年		
	总户数	无大牲畜户数	占比	总户数	无大牲畜户数	占比	总户数	无大牲畜户数	占比
地主	5	0	0	8	1	12.5	9	1	11.1
富农	25	1	4.0	40	1	2.5	43	4	9.3
中农	118	35	29.7	160	54	33.8	184	50	27.2
贫农	205	169	82.4	201	157	78.1	197	144	73.1
雇农	20	19	95.0	16	15	93.8	15	14	93.3
合计	373	224	60.1	425	228	53.6	448	213	47.5

更进一步观察，当时清苑农村即使是有大牲畜的农户，有一些其实也不是自己完全拥有，而是与别人共同拥有，即几户合养一头大牲畜。仍以东顾庄和何桥村为例，合养大牲畜的户数及其在有大牲畜户中所占比重如表 8 所示。从中看出：除地

主户没有合养的以外，其他人户都有合养的情况。不过，合养
情况以农民各阶层较为突出，农民中贫农户的合养占比又高于
中农，反映了其经济地位的差别。合养的牲畜，以牛、驴居多，
骡、马较少。正因为有合养的情况，所以前面 4 村汇总统计的
大牲畜数量不总是整数。许多农户由于自家没有牲畜，急需时
只好求助于有牲畜的人家，向其临时借用或者租用。

　　借用多在亲朋好友之间，属人情关系，没有专门的报偿。
租用则须付出一定的租赁费。大牲畜的出租者主要是地主和富
农。租赁者则主要是中农和贫农，以贫农居多。根据 1930 年分
户调查资料统计，该年东顾庄、何桥、固上、李罗侯 4 村计有
中农 4 户租赁大牲畜，租赁费总计 15.5 元，户均 3.88 元；贫
农 16 户租赁大牲畜，租赁费总计 28.19 元，户均 1.76 元[①]。

表 8　东顾庄和何桥村合养大牲畜的户数及其在有大牲畜户中所占比重

单位：户，%

人户类别	1930 年			1936 年			1946 年		
	有大牲畜户数	合养户数	占比	有大牲畜户数	合养户数	占比	有大牲畜户数	合养户数	占比
地主	5	—	—	7	—	—	8	—	—
富农	24	—	—	39	4	10.3	39	14	35.9
中农	83	16	19.3	106	24	22.6	134	34	25.4
贫农	36	7	19.4	44	18	40.9	53	22	41.5
雇农	1	1	100	1	—	—	1	1	100
合计	149	24	16.1	197	46	23.4	235	71	30.2

　　最后再从大牲畜的价格方面做些分析。根据 1930 年分村调

---

　　① 固上村租赁大牲畜的人户有 7 户不明成分，未加统计。李罗侯村有 2 户租
　　　赁大牲畜的贫农，1 户付出租赁费 30 元，1 户付出 144 元，数据过大，疑
　　　有误，亦未加统计。统计所用货币单位为当时的国币元，而非人民币元。

查资料，这 4 种牲畜在当时的普通价格及最高、最低价如表 9 所示①。表中的"普通价"，指该种牲畜壮年（一般为"6 岁口"）中等的平均价格。换算成人民币（按 0.55 元国币等于 1 元人民币比率换算），骡的价格约为 178 元，马为 111 元，牛为 93 元，驴为 69 元。可见，不同种类牲畜的价格相差很远。按此普通价计算，以骡的价格为 1，则 4 种牲畜的价格比值为 1：0.62：0.52：0.39，比前面我们按工作能力折算畜力单位时所用比率（1：1：0.8：0.6）要高得多。显然，如果按价格标准来统计各类人户的畜力拥有情况，各阶层之间的差距又要比按照畜力单位标准统计的结果大（见表 10）。

表 9 1930 年清苑大牲畜价格

单位：国币元

种类	最高价	最低价	普通价
骡	151	50	98
马	96	35	61
牛	75	31	51
驴	50	19	38

表 10 1930 年 4 村各类人户拥有的大牲畜的资本额

单位：户，元

人户类别	户数	大牲畜资本总额	户均大牲畜资本额	户均大牲畜资本额指数
地主	19	5275.00	277.63	100

---

① 此表系根据张培刚发表的数据做出，见《清苑的农家经济（上）》，《社会科学杂志》第 7 卷第 1 期，1936 年，第 49 页。又据张培刚说，该年分户调查的大牲畜价格与分村调查数据稍有不同。分户调查的平均价格为骡 71.3 元、马 46.3 元、牛 42.5 元、驴 31.4 元，均比分村调查资料相应耕畜的普通价格要低一些。张培刚解释说这是因为农家饲养的耕畜以中等及中等以下者为多，故其平均价较分村调查资料的中等耕畜普通价低一些。按照分户调查数据，4 种耕畜的价格比值为 1：0.65：0.6：0.44。

续表

人户类别	户数	大牲畜资本总额	户均大牲畜资本额	户均大牲畜资本额指数
富农	57	13289.00	233.14	84.0
中农	297	18672.88	62.87	22.6
贫农	400	5461.60	13.65	4.9
雇农	76	55.50	0.73	0.3
合计	849	42753.98	50.36	

与前面表 5 户均大牲畜的数量指数及畜力单位指数相比，显然户均大牲畜资本额指数反映的不同阶层之间的差距更大。与地主相比，中农的户均大牲畜资本额仅为其 1/5 稍多一点；贫农不及其 5%；雇农甚至只是其 1/380，可以说微不足道。

二　农具

4 村各类人户解放前 3 个年份拥有大农具的情况分别如表 11、表 12 和表 13 所示。

表 11　1930 年 4 村各类人户拥有大农具情况

人户类别	户数（户）	水车		铁轮大车		犁、耪子		种什		耙、盖	
		数量（辆）	百户平均（辆）	数量（辆）	百户平均（辆）	数量（个）	百户平均（个）	数量（架）	百户平均（架）	数量（个）	百户平均（个）
地主	19	1.5	7.9	14.5	76.3	23	121.1	20	105.3	15	78.9
富农	57	13.75	24.1	54	94.7	76	133.3	57	100.0	45	78.9
中农	297	17.25	5.8	109.1	36.7	181.5	61.1	136.5	46.0	99	33.3
贫农	400	2	0.5	26.1	6.5	75.5	18.9	37.5	9.4	32	8.0
雇农	76	—	—	—	—	3.5	4.6	—	—	1	1.3
合计	849	34.5	4.1	203.7	24.0	359.5	42.3	251	29.6	192	22.6

表 12　1930 年 4 村各类人户拥有大农具情况

人户类别	户数（户）	水车		铁轮大车		犁、秸子		种什		耙、盖	
		数量（辆）	百户平均（辆）	数量（辆）	百户平均（辆）	数量（个）	百户平均（个）	数量（架）	百户平均（架）	数量（个）	百户平均（个）
地主	18	3.5	19.4	19	105.6	22	122.2	17	94.4	13	72.2
富农	67	19.7	29.4	50.5	75.4	72.5	108.2	52.5	78.4	43	64.2
中农	392	33.35	8.5	160.5	40.9	292	74.5	133.6	34.1	118	30.1
贫农	382	4.45	1.2	23.24	6.1	71.8	18.8	26.33	6.9	20	5.2
雇农	55	—	—	2	3.6	4.5	8.2	—	—	3	5.5
合计	914	61	6.7	255.2	27.9	462.8	50.6	229.4	25.1	197	21.6

注：本年“其他”人户拥有 1 辆铁轮大车、1 个犁（秸子）、1 架种什、1 个耙（盖），均未计入总数

表 13　1946 年 4 村各类人户拥有大农具情况

人户类别	户数（户）	水车		铁轮大车		犁、秸子		种什		耙、盖	
		数量（辆）	百户平均（辆）	数量（辆）	百户平均（辆）	数量（个）	百户平均（个）	数量（架）	百户平均（架）	数量（个）	百户平均（个）
地主	22	5.5	25.0	16	72.7	28	127.3	22	100	14	63.6
富农	63	27.13	43.1	41.32	65.6	70	111.1	44	69.8	14	22.2
中农	571	74.22	13.0	214.38	37.5	362	63.4	176.5	30.9	148	25.9
贫农	401	6.15	1.5	20.6	5.1	87	21.7	24	6.0	19	4.7
雇农	22	—	—	—	—	—	—	—	—	—	—
合计	1079	113	10.5	292.3	27.1	547	50.7	266.5	24.7	195	18.1

以上 3 表显示，就所列几种大农具来说，4 村解放前每百户平均拥有量最多的是犁、秸子，其次为铁轮大车和种什，再次为耙、盖，拥有量最少的是水车。犁、秸子、种什和耙、盖是耕地、播种等田间工作常用的大农具，铁轮大车则为运输拉脚所必需。水车为灌溉工具，虽然必要，但价格不菲，只有极少数富户才置备得起，故平均拥有量很少。当时更常用的汲水

灌溉工具是价格远较水车为低的辘轳，拥有者比较多。据张培刚对清苑 500 个农户所做的统计，拥有辘轳农户的占比，地主为 53%，富农为 82%，中农为 63%，贫农为 44%，雇农为 27%，总平均数为 50%[1]。

按人户类别比较，无论哪种农具，均为地主、富农的平均拥有量最多，农民中即使中农也与其相差很大，更不必说贫农了。事实上，在当时的清苑农村，大农具主要由比较富裕的农户拥有；一般农户即使有大农具，也多是数家合买，共同拥有，少有单独置办的（富裕农户的大农具也有几家共有的情况）。1987 年村概况调查的东顾庄访谈记录记载了当地人对解放前普通中农户拥有的生产工具情况的描述：

> 那时中农户一般没有什么大件生产工具，所有的生产工具大概是择筐 2 个，背筐 1 个，小车、大车个别户有，耢子 1 个，盖磨 1 个，耧不是都有。牲口大多是有个小驴。其他的，就是还有个木杈子、几把锄、2 把镰刀、2 把手锄、2 把铁锨、1 把大镐。没有犁。

又根据张培刚对 500 个农户的统计，1930 年拥有比重超过 50% 的农具有：大镐、小镐、大铁锨、辘轳、柳罐、大锄、小锄、镰刀、木杈、筛子。种类不过 10 种，均为价值不高的小农具。其中，以大锄和镰刀的拥有率最高，均超过 90%，几近户户都有。

各类人户的小农具数量也是不平均的。根据我们对现存 4 村农户 1930 年调查数据过录卡片的统计，该年小农具的户均拥

---

① 见张培刚《清苑的农家经济（上）》，《社会科学杂志》第 7 卷第 1 期，1936 年，第 55 页表 23。

有量，地主为 25.3 件，富农为 21.1 件，中农为 11.8 件，贫农为 7.3 件，雇农为 2.8 件，各类人户总平均数为 9.2 件。

下面再看各类人户拥有农具的资本值情况。张培刚统计的 1930 年清苑农村大农具和拥有率超过 50% 的小农具的拥有情况如表 14 所示，这些农具在当时的价格如表 15 所示[1]。按照表 15 的价格，将表 14 的农具数量单位折算成货币单位，就可得到 1930 年 500 个农户按人户类别平均的农具资本值统计（见表 16）。从这个统计看出，在 500 个农户中，地主和富农的农具资本值相差不多，平均为每户 120 元左右。各类农民户则与其相差悬殊：中农的农具资本值仅约为地主、富农的一半，贫农的农具资本值仅约为地主、富农的 1/6，雇农因只有一些价值不高的小农具，其农具资本值更是仅约为地主、富农的 1/10。对照表 15 的农具价格可以知道，贫农和雇农是连最常用的小农具也不可能齐备的。

由于一家一户拥有的农具种类不全，解放前清苑农村互相借用农具的现象很普遍。据张培刚调查，借用农具的各种人户都有，但以各类农民为主，农民中又以中农、贫农较为普遍；雇农因主要是为地主、富农工作，必要的生产工具由雇主提供，故借用农具者反不及贫农户多，但仍多于地主和富农。被借用的农具，各种都有，但以需用最多而一般农家置备较难者如种什、碡、秸子、耙、盖、大车、锄刀、辘轳等最为普遍。其实

---

[1]　分据上引张培刚《清苑的农家经济（上）》第 57 页表 24；第 59 页表 26。张书表 26 所列农具价格为 30 年代初的市场平均价格。又张书第 60 页表 27 开列的 1935 年冬入户调查所得部分农具的价格与此有所不同，差距较大的几种：老式水车（车斗）1930 年价 140 元，1935 年价 115 元；小水车 1930 年及 1935 年价均为 35 元；大车 1930 年价 80 元，1935 年价 55 元（均包括皮套 5 元在内）；小车（拖车）1930 年价 2 元，1935 年价 1.5 元；犁 1930 年及 1935 年价均为 5 元（犁尖 3 元，犁身 2 元）；大锄 1930 年及 1935 年价为 1 元。

这些农具的价格，除大车较高外，其他在当时不过几元一件，全置备齐按当时国币价格不过 10 余元，折算成人民币约合 20 余元。这些常用而价格又不算太高的农具仍为许多农户所不齐备，需互相借用，足以反映出当时清苑农户普遍贫困。农户借用农具，多为互通有无性质，一般是无偿的。①

表 14　1930 年清苑农村大农具及拥有率超过 50％的小农具的拥有情况

农具种类	按拥有该种农具户数平均						按全体户数平均					
	地主	富农	中农	贫农	雇农	总计	地主	富农	中农	贫农	雇农	总计
水车	1.00	0.61	1.00	—	—	0.83	0.18	0.05	0.01	—	—	0.01
大车	1.00	0.97	0.81	4.22	—	0.98	0.59	0.84	0.46	0.07	—	0.24
小车	0.50	1.00	1.00	0.72	1.00	0.81	0.06	0.03	0.03	0.02	0.02	0.02
犁	1.29	1.02	0.90	1.00	—	1.05	0.53	0.47	0.05	0.01	—	0.07
耠子	1.00	0.98	0.84	0.93	1.00	0.89	0.41	0.63	0.56	0.17	0.02	0.30
种什	1.09	0.98	0.89	0.87	—	0.23	0.71	0.83	0.39	0.09	—	0.23
耙	1.00	0.77	0.91	0.93	—	0.88	0.59	0.53	0.32	0.03	—	0.16
盖	1.00	0.96	0.93	1.00	—	0.96	0.59	0.82	0.47	0.10	—	0.26
大镐	1.20	1.44	1.10	1.08	1.00	1.13	0.71	1.33	0.87	0.60	0.47	0.72
小镐	1.73	1.65	1.21	1.15	1.13	1.23	1.12	1.44	0.96	0.68	0.68	0.80
大铁锹	1.60	1.70	1.12	1.07	1.03	1.16	0.94	1.62	0.99	0.74	0.52	0.85
辘轳	1.33	1.60	1.16	1.18	1.01	1.16	1.00	1.32	0.73	0.45	0.28	0.58
柳罐	1.33	1.71	1.19	1.07	0.96	1.18	0.71	1.54	0.90	0.64	0.33	0.74
大锄	2.00	2.24	1.55	1.35	1.29	1.49	1.41	2.18	1.51	1.20	1.08	1.35
小锄	1.56	1.70	1.10	1.10	1.17	1.18	0.82	1.31	0.84	0.61	0.42	0.71
镰刀	2.15	2.38	1.70	1.31	1.46	1.65	1.65	2.26	1.31	1.36	1.23	1.49
木杈	6.46	4.42	2.74	1.54	1.04	2.36	4.94	4.31	2.64	1.13	0.39	1.82
筛子	2.00	1.94	1.33	1.06	1.00	1.33	1.41	1.74	1.09	0.37	0.23	0.69

---

① 关于当时清苑农村借用农具的情况，参见张培刚《清苑的农家经济（上）》，《社会科学杂志》第 7 卷第 1 期，1936 年，第 56 页及第 58 页表 25。

表 15　1930 年清苑县农具价格

单位：元

农具名称	国币	人民币	农具名称	国币	人民币	农具名称	国币	人民币
水车	120.0	218.18	耙	1.9	3.45	柳罐	0.6	1.09
大车	40.3	73.27	盖	1.4	2.55	大锄	2.1	3.82
小车	5.8	10.55	辘轳	2.0	3.64	小锄	0.5	0.91
犁*	2.4	4.36	大镐*	0.8	1.45	镰刀	1.7	3.09
耠子*	2.1	3.82	小镐*	0.3	0.55	木杈	0.5	0.91
种什	3.1	5.64	大铁锨	0.9	1.64	筛子	0.5	0.91

注：有 * 号的农具右列价格为其铁制部分的价格。

表 16　1930 年清苑 500 个农户平均拥有农具资本值

单位：人民币元

人户类别	地主	富农	中农	贫农	雇农	总平均
农具资本值	118.11	121.49	64.97	22.41	12.45	42.43

　　1930 年调查的数据还包括了该年各农户购置和修理农具费用项目。根据 4 村 1930 年数据的过录卡片计算，各类人户年内购置和修理农具的费用支出如表 17 所示[①]。从表 17 看出：就户均支出而言，这两项费用也是地主最高，依次递减。各类人户合计，户均农具购置费和修理费均在国币 1 元（约合人民币 1.8 元）上下，大致相当于购置一件小农具的费用。

表 17　1930 年 4 村各类人户购置及修理农具费用

单位：户，国币元

人户类别	户数	农具购置费		农具修理费	
		总数	户均	总数	户均
地主	7	77.00	11.00	55.00	7.86

---

① 现存 4 村过录卡片总计 649 户，其中"其他"类人户 13 户，因其无购置及修理农具费用支出，故未计入总户数内。

续表

人户类别	户数	农具购置费		农具修理费	
		总数	户均	总数	户均
富农	40	107.75	2.69	166.15	4.15
中农	184	316.01	1.72	229.43	1.25
贫农	363	153.36	0.42	162.75	0.45
雇农	42	—	—	3.00	0.07
合计	636	654.12	1.03	616.33	0.97

三　水井

解放前清苑农业除依赖天然降水外，人工灌溉主要利用地下水，因此水井也是重要的农业生产设备之一。清苑的水井有砖井和土井两种。根据调查资料，解放前 3 个调查年份 4 村各类人户拥有水井的情况如表 18 所示。关于水井中土井所占比重，因何桥村资料缺土井数据，故只能统计其他 3 村，结果如表 19 所示。

表 18　解放前 4 村各类人户拥有水井情况

单位：户，眼

人户类别	1930 年			1936 年			1946 年		
	户数	水井数	百户平均	户数	水井数	百户平均	户数	水井数	百户平均
地主	19	15.92	83.8	18	19.15	106.4	26	18.2	70.0
富农	57	63.15	110.8	67	75.43	112.6	68	53.29	78.4
中农	297	210.21	70.8	392	248.77	63.5	572	283.78	49.6
贫农	400	103.56	25.9	383	90.26	23.6	398	88.43	22.2
雇农	76	10.61	14.0	55	7.25	13.2	18	—	—
合计	849	403.45	47.5	915	440.86	48.2	1082	443.7	41.0

表 19　解放前东顾庄、固上、李罗侯 3 村各类人户水井中的土井占比

单位：眼，%

人户类别	1930 年			1936 年			1946 年		
	水井总数	土井数	土井占比	水井总数	土井数	土井占比	水井总数	土井数	土井占比
地主	13.25	—	—	16.8	2	11.9	16	0.5	3.1
富农	53.78	7	13.0	70.53	11	15.6	50.29	32.79	65.2
中农	199.35	122	61.2	233.63	122.12	52.3	265.78	71.78	27.0
贫农	95.35	59.99	62.9	82.83	47.49	57.3	81.43	39.43	48.4
雇农	10.61	3.45	32.5	6.25	2	32.0	—	—	—
合计	372.34	192.44	51.7	410.04	184.61	45.0	413.5	144.5	34.9

从表 18 看出，在 4 村各阶层平均拥有水井的数量上，各个年份均为地主、富农多于农民，且差距明显，而农民中又中农多于贫农，贫农多于雇农。以地主与富农比较，则各年均富农多于地主，但除 1930 年外，其他两个年份二者差距不大。从各年份的合计一栏看，水井数是逐渐增加的，尤其 1936 年比 1930 年增加较多。

从表 19 进一步看出：在水井总数不断增加的同时，土井数及其占水井总数的比重却呈下降趋势，反映出水井的质量逐渐提高（砖井增加）。水井数量增多及质量提高，表明灌溉条件得到改善。

从表 18、表 19 还可看出，各年的水井数量均非整数，这是因为同大牲畜一样，同一眼水井为许多户共同拥有的情况非常普遍，尤以农民户为甚。自中农以下，2 户、3 户、4 户甚至更多户拥有一眼水井的很多；地主、富农户也有这种情况，但比较少。

由于各村均只有部分人户拥有水井，对水井的拥有情况除做各阶层的汇总统计外，还应统计其中各有多少户没有水井及

其占各阶层人户的比重。表 20 就是根据东顾庄和何桥村分户卡片做出的统计。从中看出：与各阶层经济地位相关，愈是贫穷的阶层，没有水井人户的占比愈大。从前后变化看，从 1930 年到 1946 年，无水井人户的总占比趋于下降；分阶层则地主、富农无水井人户的占比上升，中农和雇农下降，贫农变化不大。

表 20　解放前东顾庄和何桥村无水井户数及其在各类人户中所占比重

单位：户，%

人户类别	1930 年			1936 年			1946 年		
	总户数	无水井户数	占比	总户数	无水井户数	占比	总户数	无水井户数	占比
地主	5	0	0	8	1	12.5	9	2	22.2
富农	25	4	16	40	7	17.5	43	9	20.9
中农	118	51	43.2	160	72	45	184	69	37.5
贫农	205	146	71.2	201	138	68.7	197	139	70.6
雇农	20	20	100	16	14	87.5	15	11	73.3
合计	373	221	59.2	425	232	54.6	448	230	51.3

四　生产用房

生产用房指用于生产目的之房屋、棚舍等建筑物。清苑农户的生产用房有堆房、牲口棚、猪圈、鸡舍、车棚及碾坊、磨坊等种类。解放前 3 个年份 4 村各类人户生产用房情况如表 21 所示。

表中的砖房包括全砖房和砖表房两种。全砖房因造价较贵，在清苑的生产用房中所占比重很小，大概不超过总数的 1%。据张培刚调查，一般只有堆房才有全部用砖建造的。其他所谓砖造的生产用房多为砖表房，即外面用砖，内里用土建造。较

表21 解放前4村各类人户生产用房情况

人户类别	1930年					1936年					1946年				
	户数（户）	总间数（间）	户均间数（间）	砖房间数（间）	砖房占比（%）	户数（户）	总间数（间）	户均间数（间）	砖房间数（间）	砖房占比（%）	户数（户）	总间数（间）	户均间数（间）	砖房间数（间）	砖房占比（%）
地主	19	123	6.5	99	80.5	18	122	6.8	104	85.2	26	110	4.2	102	92.7
富农	57	250	4.4	132.5	53.0	67	210.5	3.1	98.5	46.8	68	141.5	2.1	57.5	40.6
中农	297	374	1.3	92.5	24.7	392	401	1.0	106.5	26.6	572	510	0.9	110.5	21.7
贫农	400	174.5	0.4	21.5	12.3	383	108	0.3	9.5	8.8	398	110.5	0.3	25.5	23.1
雇农	76	16	0.2	4	25.0	55	12	0.2	4	33.3	18	—	—	—	—
其他	18	4	0.2	2	50.0	16	4	0.3	2	50.0	5	—	—	—	—
合计	867	941.5	1.1	351.5	37.3	931	857.5	0.9	324.5	37.8	1087	872	0.8	295.5	33.9

砖表房更次一等的是土坯房。土坯房造价低廉，占生产用房的多数。一般牲口棚、猪圈、鸡舍等大都是土坯的，车棚、碾坊、磨坊等也有不少是土坯的。不过从表 21 可以看出，总体而言，地主、富农的砖房占比较大，中农和贫农的砖房占比都在按全体户数总平均的占比之下。

按户均生产用房数量比较，也是地主、富农占有优势。地主的户均数在 3 个年份分别为 6.5 间、6.8 间和 4.2 间，富农分别为 4.4 间、3.1 间和 2.1 间。而农民各阶层的户均数量，除中农在 1 间上下外，贫农和雇农均连半间都不到。在不同年份间比较，总体上各类人户的户均数呈下降趋势（1936 年地主户平均拥有生产用房数量比 1930 年略有增加），因此按全体人户平均的生产用房数量也是下降的：1930 年为 1.1 间，1936 年为 0.9 间，1946 年为 0.8 间。

上述生产用房均指被调查户使用的房屋，既有自家所有的，也包括租入、典入、借入的。其中租入、典入、借入的究竟有多少？4 个村中仅固上村 1958 年的调查数据资料有此项内容。根据固上村资料，1930 年该村的全部生产用房（347.5 间）中，只有 6 间属租入、典入或借入的，占 1.7%。其中，中农户有 2 间，占中农生产用房总数（98.5 间）的 2%；其他人户 4 间，全部为租入、典入或借入的。1936 年该村 345 间生产用房中，仅 4 间属此种情况，且全部为其他人户的房屋。1946 年该村有 2 间贫农的生产用房是租入、典入或借入的，约占全村生产用房总数（295 间）的 0.7%，占贫农生产用房总数（30 间）的 6.7%。由固上村的数据判断，当时农户的生产用房绝大多数都是自家所有的，租入、典入或借入的当属个别情况。

1930 年调查设计了年内生产用房修理费和建筑费项目。根据该年 4 村数据过录卡片，有关情况如表 22 所示。

表 22　1930 年 4 村各类人户修理、建造生产用房情况

人户类别	总户数（户）	修房				建房			
		户数（户）	占比（%）	修理费（国币元）	户均修理费（国币元）	户数（户）	占比（%）	建筑费（国币元）	户均建筑费（国币元）
地主	7	4	57.14	71.00	17.75	1	14.29	50.00	50.00
富农	40	11	27.50	15.45	1.40	1	2.50	70.00	70.00
中农	184	20	10.87	44.23	2.21	1	0.54	60.00	60.00
贫农	363	19	5.23	23.33	1.23	2	0.55	18.00	9.00
合计	594	54	9.09	154.01	2.85	5	0.84	198.00	39.60

注：本年另有雇农 42 户、其他人户 13 户，因其没有修房、建房情况，均未计入总户数内。

以上就是清苑农户历史调查所反映的解放前农村社会各阶层对土地以外主要生产资料的占有情况。这些数据表明：亦如对土地的占有一样，不同农村社会阶层对土地以外主要生产资料的占有也是不平均的，地主和富农的优势地位明显。地主、富农对基本生产资源的垄断是他们维持其剥削地位的前提条件，而这也正是当时农村生产关系封建、半封建性质的根本特征。

（本文曾发表于《中国经济史研究》2005 年第 3 期）

20 世纪 30 年代以来中国农村土地①经营规模研究

——以无锡、保定为例

朱文强

　　20 世纪中国农业经营规模经历了一个非常有趣的变化轨迹：在 20 世纪上半叶，农业经营规模呈现出小型化趋势，直至中华人民共和国成立前后实行的历史上最彻底的平均分配耕地的土地改革，中国大陆农业成为清一色的个体农业。此后，农业经营规模又从 1953 年起开始向相反方向转化，即向集体所有制的规模经营转变。从 1953 年到 1956 年底，仅用四年时间，就基本上改变了中国几千年实行的家庭经营，到 1958 年，这种农业生产合作社又迅速过渡到"政社合一"的人民公社。但是，这种集体经营从 1956 年算起，只维持了二十五年时间，到 1981 年全面推行家庭联产承包责任制后，又重新回到家庭经营的轨道上去。如果从每个家庭平均占有的耕地数量看，由于人口的增加，其规模甚至还低于 1956 年农业合作化前，这种状况一直延续至今。怎样看待这种种植业历经曲折最终仍然回归小型化的历史趋势？它将怎样走向适度规模经营？其条件是什么？本文拟通过对无锡、保定七十年来的农户跟踪调查资料，来探讨这个问题。

---

① 农村土地包括耕地、林地、草地、农田水利用地、养殖水面等，本文的研究对象为其中的耕地。

一　无锡和保定七十年来农村土地经营规模的变化

（一）人均占有耕地面积的变化

七十年来，中国农业发展的一大矛盾就是人地矛盾，即人口的增长和耕地的减少。这一趋势见表 1。

表1　无锡、保定农民七十年来人均占有耕地面积情况

单位：亩

年份	无锡	保定
1929（保定 1930）	1.60	3.71
1936	1.59	3.64
1948（保定 1946）	1.58	3.33
1957	1.48	2.55
1986	0.79	1.17
1997	0.40	1.02

注：1957 年人均占有耕地面积包括被调查农户私有的和入社的耕地。1997 年人均占有耕地面积即农户承包集体耕地面积，其中部分农户自留地已计入承包集体耕地，部分农户自留地未计入承包集体耕地。

资料来源：根据四次无锡、保定农村经济调查资料整理。

从表 1 可以看出，七十年来，无锡和保定人均占有耕地面积逐渐减少的情况非常明了，这与中国整个农村人地矛盾日益尖锐的情况是一致的。

（二）人均经营耕地面积的变化

由于农民经营的耕地并非皆为己有，比如，解放前和解放初存在着土地典当及租佃的情况，现在亦有承包他人耕地和把耕地转包他人的情况。因此，实际上真正反映经营规模的是

"经营耕地面积"。

土地典当分为典入和典出，租佃分为租入和租出。在土地私有的情况下，经营耕地面积的计算公式为：

$$经营耕地面积 = 占有耕地面积 + 典入面积 - 典出面积$$
$$+ 租入面积 - 租出面积$$

在农村实行家庭联产承包责任制后，计算公式为：

$$经营耕地面积 = 承包集体耕地面积 + 自留地面积$$
$$+ 承包他人面积 - 转包他人面积$$

据此计算出的无锡和保定被调查农户人均经营耕地面积的情况见表 2。

表 2　无锡、保定农民七十年来人均经营耕地面积情况

单位：亩

年份	无锡	保定
1929（保定 1930）	1.62	3.75
1936	1.57	3.67
1948（保定 1946）	1.54	3.40
1957	1.29	2.55
1986	0.79	1.17
1997	0.46	1.03

注：1986 年人均经营耕地面积沿用人均占有耕地面积。1997 年人均经营耕地面积包括部分农户的自留地面积。

资料来源：根据四次无锡、保定农村经济调查资料整理。

从表 2 来看，无论是无锡还是保定，农民的经营耕地面积皆越来越小，呈现出经营小型化的趋势。这显然与人均耕地面积越来越小有很大关联。

二 关于农村土地适度规模经营的问题

20 世纪 80 年代初期，中国农村普遍实行了家庭联产承包责任制。这一方面促进了农作物特别是粮食产量的提高，创造了巨大成就；另一方面给推广农业机械化带来了很大困难，成为进一步提高农业劳动生产率的一个障碍。因此，一些理论工作者开始提出土地规模经营的问题，认为应引导和组织农民向土地规模经营方向发展。在现实生活中，已经有一些地方开始实行土地适度规模经营。但是，也有许多人主张，现阶段不宜实行土地适度规模经营，认为推行土地适度规模经营将引起农民的恐慌和经营上的短期行为，造成社会不稳定并导致地力破坏及农作物减产。

那么，到底应如何看待这一问题？据调查，以无锡、保定二地来说，目前，无锡的土地适度规模经营已发展到相当高的程度；而保定的土地适度规模经营发展程度却很低。这种巨大的差异正说明问题的实质所在。

无锡县是 1982 年春天实行家庭联产承包责任制的。由于无锡县乡镇企业发达，大部分农民都进了乡镇企业。又由于种责任田既劳累又不挣钱，一部分农田出现了抛荒和半抛荒现象，而另一部分种田能手则很难发挥自己的特长。在此情况下，从 1983 年 10 月开始，责任田由种田大户耕作的规模经营（一般指户均 15 亩以上）就应运而生了。至 1989 年全县共发展各种形式的规模经营单位 248 个，承包粮田面积 9263 亩，其中种田大户占 230 个，经营面积 8052 亩，占规模经营面积的 86.9%。

经过几年的实践和总结，种田大户日益暴露出种种弊端：一是种粮补贴过高，致使乡村集体背上了沉重的经济包袱，而且这种补贴只会增加消费资金；二是种田大户不够稳定；三是种田大户自身抗灾能力差，依靠其本身来建设现代农业有很大的局限性。1989 年，中共无锡县委、县政府开始引导发展以村办农场形式为主的土地适度规模经营。到 1993 年底，全县土地规模经营单位已达 1501 个，经营面积 11.7 万亩，占全县承包粮田面积的 18%，占全县承包责任田面积的 54%，规模经营中有村办农场 704 个，经营面积 7.5 万亩，村办农场在土地规模经营面积中所占比重已从 1989 年的 13.1% 上升到 64%，成为全县规模经营的主要形式。到 1994 年 9 月，无锡县土地适度规模经营试验通过了由农业部农村改革试验区办公室等单位组织的领导、专家、学者的考察、论证和验收。

此后，无锡县以及无锡市的土地适度规模经营继续发展。1997 年底，锡山市（即原无锡县）基本实行规模经营的村占农业村总数的 30% 以上，经营面积占责任田面积的 60% 以上。无锡市粮菜规模经营面积 34.7 万亩，其中菜地 3.1 万亩，商品粮田规模经营占比达到 52%。1998 年锡山市农业规模经营机制进一步完善，全市土地规模经营面积达 14.3 万亩。

近年来，无锡市的土地适度规模经营又有新的变化。一方面，种田大户的形式仍然存在，而且有的村办农场又变为由种田大户经营。另一方面，无锡市又开始建设"现代都市农业"。自 2003 年至今，有 20 多亿元的工商业资本投资到无锡的农业，建起了一批观光农业园区、生态农业园区、科技农业园区等，使无锡的农业又上了一个新台阶。这些农业园区从土地经营规模来讲，少则几百亩，多则数千亩甚至上万亩。土地集中的方式，多采用"反包倒租"的形式，即以行政村为单位，把几十户甚至更多农户的土地集中起来租给办农业园区的企业（租期二三十年或更长），租地补偿款全部发放给农户。目前，无锡已初步形成南部丘陵山区高效茶果产业集群、锡东澄东经济林木产业集群、三沿（沿江、沿湖、沿河）特种水产产业集群、近郊精细蔬菜产业集群、环湖名优果品产业集群和环太湖休闲观光产业示范带，从而为无锡现代都市农业的建设打下了初步基础。农业产业集群的形成，有效带动了区域农业的发展。已涌现出果蔬特色镇、奶牛之乡、苗木特色镇、水蜜桃之乡等特色农业镇 38 个，特色种养基地 121 个，培育出一大批省、市名牌农产品。全市 50 家国家级、省级和市级农业龙头企业，2005 年完成销售收入 169 亿元，实现利税 8.35 亿元，带动农户 85 万人，增加了农民收入。2005 年，无锡农民人均纯收入已突破 8000 元。

保定土地经营情况与无锡县大相径庭，至今保持着小农经济的特色，即使有过种田大户，也是凤毛麟角。那么，为什么在无锡效果非常好的土地适度规模经营在保定却没有出现呢？我们认为，这是由无锡和保定两地经济发展的状况不同所决定的。

第一，无锡市经济实力非常强大。1991 年，无锡市的经济发展水平在全国 289 个地级及以上城市中居第 7 位。无锡市的无锡县乡镇工业发展程度自 1980 年起连续 10 年位居全国各县之首之后，又连续三届（1991、1992、1994）位居国家统计局评定的全国农村综合实力百强县之首。无锡市的江阴市和宜兴市也在历届评定中位居百强县的前列。地方经济实力强大，就会为推行一项政策（如土地适度规模经营）提供一定的物质支持。

第二，在无锡市农村社会总产值中，第二、三产业占的比重很高，农业占的比重很低。20 世纪 80 年代后期，无锡市农村社会总产值的构成详见表 3。

表 3　1985—1990 年无锡市农村社会总产值（按当年价格计算）

单位：万元，%

产业	1985 年		1986 年		1987 年		1988 年		1989 年		1990 年	
	产值	比重	产值	比重	产值	比重	产值	比重	产值	比重	产值	比重
农业	149624	12.6	181708	12.0	212234	10.6	280369	10.2	281755	9.5	296052	9.0
工业	917228	77.5	1187937	78.1	1598187	79.9	2222931	81.1	2449867	82.6	2761346	84.0
建筑业	75780	6.4	93436	6.1	116189	5.8	145835	5.3	138336	4.7	129103	3.9
运输业	17572	1.5	25444	1.7	32758	1.6	37321	1.4	36274	1.2	36918	1.1
商业饮食业	23157	2.0	31710	2.1	40480	2.0	55004	2.0	59903	2.0	62523	2.0
合计	1183361	100.0	1520235	100.0	1999848	100.0	2741460	100.0	2966135	100.0	3285942	100.0

资料来源：无锡市地方志编纂委员会编《无锡年鉴（1986—1990）》，上海人民出版社，1992。

从表 3 可以看出，无锡农村第二、三产业的产值从 20 世纪 80 年代末期就已经占到农村社会总产值的 90% 左右。因此，无锡农村的第二、三产业就可以吸收大量的农业中的剩余劳动力。这是无锡推行土地适度规模经营的一个重要条件。

保定市农村社会总产值的情况详见表 4。

表 4　1989 年、1990 年保定市农村社会总产值（按当年价格计算）

单位：亿元，%

产业	1989 年		1990 年	
	产值	比重	产值	比重
所有产业	16.77	100.0	19.02	100.0
农业	8.24	49.1	8.72	45.8

资料来源：根据《保定市年鉴（1991）》，第 85 页资料整理。

从表 3、表 4 可以看出，1990 年，无锡市农业产值占农村社会总产值的比重仅为 9.0%，而保定市农业产值占农村社会总产值的比重高达 45.8%。保定农业产值占农村社会总产值的比重比无锡高得多，表示保定农村第二、三产业不发达，农业中的剩余劳动力转移不出去，因此，更多的人会依赖土地而生活。

第三，无锡农民已经很少依赖农业的收入。七十年来，无锡、保定农民的种植业收入在农民家庭总收入中的比重变化情况见表 5、表 6。

1949 年以后，无论是无锡还是保定，虽然种植业收入在家庭总收入中的比重都是逐渐下降的，但是，保定种植业收入在家庭总收入中的比重始终高于无锡。1986 年无锡种植业收入在家庭总收入中的比重为 17.31%，保定为 36.45%；1997 年无锡种植业收入在家庭总收入中的比重为 7.44%，保定为 22.37%。这表明无锡的农户在收入方面已经很少依赖种田了。

表5　无锡七十年来种植业收入在农民家庭总收入中的变化

单位：元，%

年份	人均家庭总收入	其中：种植业收入	种植业收入在家庭总收入中的比重
1929	89.17	37.59	42.16
1936	85.37	38.60	45.21
1948	73.28	37.43	51.08
1957	101.05	44.77	44.30
1986	1213.68	210.11	17.31
1997	5317.40	395.7	7.44

注：（1）无锡1929—1957年收入数据低于"总收入"但高于"纯收入"，1986年收入数据近似于"纯收入"，1997年收入数据为"纯收入"。

（2）1929年、1936年、1948年、1957年收入在1958年第二次无锡、保定调查时已统一换算成1957年人民币价格。1986年和1997年收入为当年人民币价格。

资料来源：根据四次无锡、保定农村经济调查资料整理。

表6　保定七十年来种植业收入在农民家庭总收入中的变化

单位：元，%

年份	人均家庭总收入	其中：种植业收入	种植业收入在家庭总收入中的比重
1930	66.42	51.31	77.25
1936	69.18	53.94	77.97
1946	61.91	51.64	83.41
1957	91.96	72.49	78.83
1986	584.68	213.10	36.45
1997	2189.9	489.90	22.37

注：（1）保定1930—1957年收入数据为"总收入"，1986年收入数据近似于"纯收入"，1997年收入数据为"纯收入"。

（2）1930年、1936年、1946年、1957年收入在1958年第二次无锡、保定调查时已统一换算成1957年人民币价格。1986年和1997年收入为当年人民币价格。

资料来源：根据四次无锡、保定农村经济调查资料整理。

　　无锡的乡镇企业极其发达，许多农户把土地转包给他人，自己到乡镇企业工作。这样做不仅劳动强度低，而且收入高，农户何乐而不为呢？这为许多农户放弃土地经营提供了条件。

保定情况有所不同。保定乡镇企业很少，农民很难在乡镇企业找到工作。许多人在农活少的时候外出打工，但是由于没有什么技术，打工收入非常低。因此，对许多农户来说，农业收入还是很重要的。特别是对于没有外出打工人员的家庭，农业收入的实物形态就是他们用以活命的口粮，所以，耕地是不能转让出去的。

上述比较说明，无锡能够实行土地适度规模经营是以当地经济发展水平为基础的，是以农户有 10 多倍于种植业收入的非农产业收入为后盾的。

保定农村的经济发展水平在我国属于中等，该地区农民至今还不愿放弃土地，可想而知在那些第二、三产业发展水平更低的地区，即其他收入来源更少的地区，土地对农民该有多么重要。

对于无锡实行土地适度规模经营，我们并不反对，而且从长远的观点来看，我们甚至认为它是许多地区将来的发展方向。但从目前全国农村的经济发展水平来看，能达到无锡市经济发展水平的地区还很少，因此，无锡的土地适度规模经营在全国应看作特例。如果现在就普遍推广这一做法，特别是在责任田具有维持基本生活条件功能的农村将可能引起巨大震动，对稳定农民、农业生产是不利的。因此，目前尚不宜在全国提倡发展规模经营，仍应贯彻中央土地承包期再延长三十年的政策，切实保证土地家庭承包制度长时期的稳定。

三 "小农经济"下如何实行农业机械化

农业小规模家庭经营无疑存在着许多问题，最明显的一个就是如何发展农业机械化的问题。实行家庭联产承包责任制之初，北方许多农户家里买了驴，南方许多农户家里添了牛，只有部分农户购置了小型拖拉机，配套农机具也很少。至于大中型拖拉机，一般都是分田到户时公社或大队把一些拖拉机作价卖给个别农户的。由于都是旧机器，技术状态不是太好，加上初次分田时为了把好地、坏地、远地、近地分配到每一家，土地分得非常零碎，人们当时也还没有形成有偿服务的概念，所以，仅有的一点大中型拖拉机也没有为农民发挥出应有的作用。除了少数农业机械化基础较好的地区，当时农村的农业机械化水平比人民公社时期一下倒退了许多年。

不发展农业机械化，不仅大忙季节农民非常辛苦，农业的劳动生产率也很难提高，农业的现代化也不可能实现。发展机械化，根据以往的经验，必须扩大土地规模，搞土地适度规模经营。但是，如前文所述，对于中国大部分地区来说，还不能实行土地适度规模经营。那么，农业机械化与小农经济的矛盾应当怎样解决呢？

无锡走的是发展土地适度规模经营，自己购置农业机械，建立村社会化服务组织，为村办农场和村农户共同服务的道路。其农业机械化水平在某些方面甚至已经超过了有的发达国家的水平，它的农业正在向现代化迈进。无锡发达的乡镇工业已经开始反哺农业，无锡已经走上自力更生以工建农的路子。以无锡市的无锡县为例，据统计，1987—1993 年全县共投入农业建设资金 4.9 亿元，其中为添置农业机械投入 7791 万元。7 年间全县农机化技术装备水平不断提高，平均每年增加上海 50 型拖拉机 150 台，累计保有量已达到 1951 台；每年增加桂林 2 号联合收割机 210 台，累计保有量已达 1702 台；每年新增插秧机 60 台，累计保有量已达 471 台。全县农机总动力已达 57.67 万千瓦，每百亩耕地拥有 69 千瓦。全县中型拖拉机机耕率已达 97.9%，"三麦"联合收割率达 91%，机插秧面积超过 4.5 万亩。除水稻收割以外，全县已基本实现了耕地、耙田、排灌、植保、脱粒、运输、田间管理和农副产品加工的机械化和半机械化[①]。农业机械化达到如此高的程度无疑是令人高兴的。这不仅是广大农民的理想，也是广大农村发展的方向。

可是，中国广大农村目前仍没有无锡那样的经济实力，因此，都要走无锡式的农业机械化道路是不可能的。那么，在经济不发达的农村，农业机械化的路该怎么走呢？

我们看到，在保定农村，农业机械化的发展呈现多种形式：一是有农机的农户自我服务；二是农机大户和农业机械化组织为本地农户有偿服务；三是保定市农机管理部门组织农机大户和农业机械化组织参与小麦跨区机收这样的跨地区的社会化服务。笔者认为，保定的这些农业机械化服务方式，可能更适合中国大部分地区的实际情况。

四　几点启示和政策建议

中国地域广大，各地的自然条件、社会情况和经济水平千差万别，在推广农业政策时绝不可以一刀切，一哄而上。

中国的人地矛盾极为尖锐，这是一条基本国情，因此，凡涉及农民的土地问题必须极为谨慎，否则将会引起农民的波动，进而对中国的农业产生巨大影响。

在推进中国农业现代化、进行土地适度规模经营，以及关于农民合作组织等问题上，绝不能再次犯推动农业合作化时急于求成的错误。

---

① 吴耀良主编《锡山市农业现代化道路探索》，中国农业出版社，1995，第75—76页。

对于利用各种机会、各种办法侵占农村耕地,从中谋私的行为必须严厉打击。应把保护土地列为各级领导部门的考核内容。

（本文曾发表于《河北学刊》2006 年第 5 期）

20 世纪三四十年代无锡与保定经营式农业发展状况比较研究

隋福民　吴天彪

引　言

　　农业现代化在新中国成立后不久就作为四个现代化目标之一被提出，2017 年党的十九大报告首次提出乡村振兴战略后，农业现代化问题再一次引起人们的研究兴趣。尽管大家对于农业现代化的重要程度已经达成了共识，但对如何推进农业的现代化则争论不已。有些人认为农业应该发展规模经营，提高效率，即发展经营式农业，获得农业的规模经济报酬。也有些人认为，现阶段实施规模经营有着很大的局限性，"小农经济"才是中国农业现代化道路的基石，应该以小农户为主体，发展适应能力更强的农户家庭经济。这两种思路截然不同，甚至可以说是相互对立的，争论的焦点在于中国的农业是否应该实施规模经营，孰优孰劣、孰好孰坏我们不好判断，但我们可以对历史上经营式农业的发展状况进行研究，总结历史经验。

　　考虑到经营式农业在不同地区的发展状况可能不一样，地区多样性也是未来推进农业现代化所必须考虑的因素之一。因此，本文着重对经营式农业在工商业发展程度不同的无锡、保定两地进行比较研究。本文所使用的主要是第一、二次"无锡、保定农村调查"资料。1929—1930 年开始第一次"无锡、保定农村调查"，随后三次的调查分别是在 1958 年、1987 年、1998 年进行。第一次调查的领导者是当时的国立中央研究院社会科学研究所副所长陈翰笙，如他所言，发起无锡、保定农村调查的初衷是认识中国农村社会的特性。1929年7—9月，无锡的调查率先进行，清苑①的调查在1930年的夏初开始，8月结束。1958年进行第二次调查时，组织领导者是中国科学院经济研究所所长兼国家统计局副局长孙冶方和国家统计局局长薛暮桥。与第一次有所不同，第二次调查的目的是进行今昔对比，反映无锡、保定自第一次调查后二十多年的社会性质变化以及经济变迁。本文研究的农户样本包括保定的8个村②和无锡的11个村③。保定的资料中，1930年共有733户，4245人；1936年共有796户，4274人；1946年共有916户，4740人。无锡的资料中，1929年共有650户，3135人；1936年共有640户，3051人；1948年共有748户，3598人。问卷调查的内容主要是家庭成员的职业、学历，农地的占有、租佃，作物产量，生产工具，收入情况，负债和消费情况等。

结合这两次"无锡、保定农村调查"资料，本文将分别对无锡、保定两地经营式农业的发展状况予以介绍，并就二者发展差异产生的原因进行分析。在此基础上，推进20世纪三四十年代中国农村经营式农业发展的研究和历史经验的总结，以期对当前中国的农业现代化建设提供历史借鉴。

一　无锡经营式农业的发展状况

一个地区经营式农业的发展受到诸多因素的限制，譬如地

---

① 近代以来，保定的名称、建置和行政区划经过频繁的变动。在1930年调查时，保定是清苑县下属的一个区，当时的调查村均归属于清苑县。

② 保定8个村分别为蔡家营村、东顾庄村、大阳村、谢庄村、李（家）罗侯村、何（家）桥村、固上村、孟庄村。

③ 无锡11个村分别为前进村、吴塘村、马鞍村、庄桥村、太湖村、曹庄村、刘巷村、玉东村、华三房村、利农村、溪南村。

理气候条件、交通条件、农业资源禀赋等。我们首先看这一地区的地理气候条件。无锡历史悠久，位于长江三角洲的走廊地带，北扼长江、南控太湖，境内大部分地势平坦，丘陵山区较少，河流纵横，湖泊密集。在气候条件方面，无锡属于北亚热带季风气候区，四季分明。光热充足，但因夏季降水较多，气候总体温和湿润。多样的气候条件适合种植不同的南北方农作物。但有时也会有自然灾害发生，例如，台风、寒潮以及旱涝灾害等。

除了适宜的地理气候条件之外，无锡也具有较好的交通条件。正如王益厓所言："无锡位于长江三角洲湖沼地域之北侧，南滨太湖，大运河流贯其间，北通武进镇江，南连吴县杭县，西北又可由锡澄运河（名江阴漕河，或江阴运河）往江阴以出长江，南由梁清溪越太湖以连沿边各县，加以境内港汊纷歧，密如蛛网，故交通之利，以水不以陆，即远至上海，亦可由运河与吴淞江相通，换言之，无锡者太湖北岸之水运中心地也。"[①] 除京杭大运河贯穿其间以外，京沪高速、沪宁高速也贯穿无锡，使其成为苏南地区的交通枢纽。无锡东邻苏州，距上海只有百公里之遥；南控太湖，与浙江省接壤；西接常州，距南京近200 千米；北扼长江，与靖江市隔岸相望。

总体上，无锡农业具有人多地少、人口压力大的特点。以下我们将分别从人口构成、作物种植、农业耕作、农地分配及租佃等方面对民国时期无锡的农业总体情况进行观察。

在人口构成方面，无锡常住人口的比重要远高于外出人口。1929 年无锡全部人口中外出人口的比重为 8.74%，1936 年 10%的人口外出，到了 1948 年，外出人口的比重上升到了 14.29%。在常住人口中，劳动力的比重超过了半数，且绝大多数都是农

---

① 王益厓：《无锡都市地理之研究》，《地理学报》第 2 卷第 3 期，1935 年。

民。1929 年无锡常住人口的 59.87% 为劳动力，而从事非农职业①的农户只占到全部常住劳动力的 7.88%；1936 年 59.18% 的常住人口为劳动力，其中从事非农职业的农户占 9.60%；1948 年常住人口中的 56.61% 为劳动力，常住劳动力中非农人口的比重为 5.67%。可以看出，在 1929 年、1936 年、1948 年三个年份中，无锡外出人口所占的比重是比较低的，而占绝大多数的常住人口中接近 60% 的为劳动力，但其中从事非农职业的劳动力人口则很少，比重不超过 10%。这说明无锡的农村人口还是以农民为主，农户都在土地上谋生，这对土地的压力很大。一般而言，人口压力较大的地区家庭小农经济就会占主体，经营式农业很难与家庭小农经济抗衡，经营式农场的数量也就比较少。

在作物种植方面，无锡可谓物产丰饶。无锡属于农业水作区，总体以水稻种植为主，也会种植一些其他农作物，其中种植面积较大的是小麦，但规模仍不如水稻（见图 1）。在"无锡、保定农村调查"资料中，无锡 1929 年水稻种植面积为 5202.08 亩，户均②种植 9.21 亩，人均③种植 1.66 亩；1936 年种植水稻 3231.17 亩，户均种植 5.91 亩，人均种植 1.06 亩；1948 年为 3880.58 亩，户均种植 5.78 亩，人均种植 1.08 亩。相比水稻，小麦在无锡种植的则要少一些④。无锡 1929 年小麦

---

① 包括手工业者、产业工人、教师、医生、小商贩、工商业主及其他自由职业者等职业。
② 计算方法是将每户的种植面积求平均，下同。
③ 计算方法是水稻总种植面积除以总人口，下同。
④ 种植小麦面积少的原因是：（1）大多数农户缺乏生产资金购买肥料；（2）种植小麦以后会对秋熟的水稻产量产生影响；（3）小麦容易遭受涝灾，当地缺乏有效的排水系统；（4）种植成本高、风险高；（5）当地农户普遍不重视种植小麦，种水稻的产量更高，因此更愿意种植水稻。摘自《江苏省无锡市（县）近卅年来农村经济调查报告》（初稿），内部资料（未出版）。

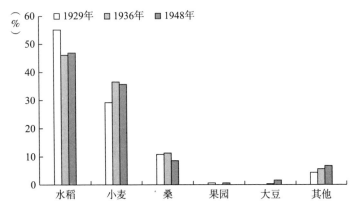

图 1　无锡各年份的农地使用占比

资料来源：第一、二次无锡保定农村调查数据库（内部资料）。

种植面积为 2760.59 亩，户均种植 4.98 亩，人均 0.88 亩；1936 年种植小麦 2573.34 亩，户均种植 4.78 亩，人均种植 0.84 亩；1948 年为 2971.08 亩，户均种植 4.47 亩，人均种植 0.83 亩。小麦平均每个年份的种植面积为 2768.34 亩，比水稻要少 32.56%；平均每个年份户均种植小麦 4.74 亩，相比水稻要少 31.99%；各年份人均种植小麦 0.85 亩，相比水稻也要少 33.07%。除了水稻、小麦这两种主要的粮食作物以外，无锡当地还种植桑树、果树、大豆等，尤其是桑树的种植，为蚕丝业的发展打下了坚实的基础，无锡当地就有"一年两熟蚕，相抵半年粮""蚕业丰，一年足"的说法。

此外，我们也对"无锡、保定农村调查"资料中无锡的口粮消费情况进行了测算，1929 年无锡户均消费糙米 1663.18 斤，按照当时 322.73 斤糙米的水稻亩产量，可折合为 5.15 亩水稻的产量，而水稻播种面积在 5.15 亩以下的农户占比为 53.98%[①]，这说明 1929 年无锡有超过 50% 的农户农地不足。

---

① 有效样本数为 565 个，水稻播种面积在 5.15 亩以下的农户样本数量为 305 个。

按照同样的方法，1936 年、1948 年这一占比分别为 42.78％ 和 46.35％。可以看出，无锡在 1929 年、1936 年、1948 年三个年份中平均每年 50％ 左右的农户农地不足，人口压力是比较大的，并不利于经营式农业的发展。

在农业耕作方面，无锡还是有些落后的。农户从事农业生产的工具主要有抽水机、水车、旧式犁、打谷机、耙等，但数量都比较少。例如，就种植水稻所必需的抽水机而言，1929 年有 2.33 部抽水机，户均 0.0036 部；1936 年有 4.6 部，户均 0.0072 部；1948 年共有 1.57 部，户均 0.0021 部。实际上，在无锡绝大多数的农活都是由人力完成的。比如，在翻地方面，农户长期使用钉耙翻地，很少用牛耕地①，生产工具比较落后。此外，当地也经常发生涝灾、旱灾、病虫害等自然灾害。1934 年，曹庄、庄桥村②发生了严重的大旱灾，河水枯竭，造成了大面积的蝗虫灾害；1940 年，刘巷村③蝗虫遍地，白莠严重；1941 年，华三房村④发生了严重的旱灾；1946 年，太湖村⑤也发生了严重的蝗虫害⑥。落后的生产技术再加上经常发生的自然灾害，阻碍了生产力的发展，使得无锡的农业生产水平一直处于停滞状态。

在农地分配方面，无锡也很不均衡，农地主要集中在地主手

---

① 无锡供生产用的牲畜数量很少，1929 年牛、马、骡共有 62.6 头，1936 年和 1948 年有 38.31 头和 54.71 头。有一些农户为了降低养殖成本合伙养牛、马、骡。造成这种现象的原因是，当时农户的农地较少，使用畜力成本较高，再加上当时的反动政权经常搞破坏，使得农户的生产情绪不高。引自《江苏省无锡市（县）近卅年来农村经济调查报告》（初稿），内部资料（未出版）。

② 1929 年、1958 年为苏巷村。

③ 1929 年、1958 年为前刘巷村。

④ 1929 年、1958 年为张塘巷村。

⑤ 1929 年、1958 年为龚巷村。

⑥ 《江苏省无锡市（县）近卅年来农村经济调查报告》（初稿），内部资料（未出版）。

里（见表1）。地主人口占比平均为 5.50%，但却占据着 44.42%
的农地。我们对 1929 年、1936 年、1948 年三个年份的农户占
有农地面积的基尼系数也进行了测算。以家庭总人口数为权重，
1929 年农户占有农地面积的基尼系数为 0.75947，1936 年和
1948 年分别为 0.77819、0.67636。从各年份农户占有农地面积
基尼系数的数值来看，无锡的农地分配非常不合理。

表1　1929—1948 年无锡的农地分配情况

单位：%

人户类别	1929 年		1936 年		1948 年	
	人口比重	农地比重	人口比重	农地比重	人口比重	农地比重
地主	4.72	45.34	4.95	42.48	6.84	45.44
富农	9.44	18.16	6.69	10.21	4.89	9.37
其他	85.84	36.5	88.36	47.31	88.27	45.19

资料来源：第一、二次无锡保定农村调查数据库（内部资料）。

　　农户占有农地面积的悬殊造就了当地发达的农地租佃市场，
具体体现在较高的地租率、出租率。无锡农村农地租佃形式主
要包括灰肥田、押田、转佃田、借种田、典田五种形式①。地
租形式以谷租为主，钱租极少。在 1929 年、1936 年、1948 年
三个年份中，无锡粮租的地租率平均为 41.62%，即出租农地
的农户可以获得作物总产量的 41.62%，相比保定 19.06% 的地

---

① 灰肥田亦称"租米田"，指的是田底权属于业主（绝大部分是地主、富
农），田面权属于佃户，如果拖欠租额超过田面价格时，业主即强行收回；
押田又名"活卖田"，大都由借债而生，如果债务逾期不还，随即转为灰肥
田；转佃田亦称"三租田"，又名"盖头田"，享有永佃权佃户将灰肥田
转租给第三者耕种，数量不多；借种田指的是田底权与田面权均属于业
主，并且佃户没有永佃权；典田是指农户因借贷关系将农地出典给债主耕
种，典价高低因时限长短而定，在出典期间，地不起租，钱不生息，满期
不赎即行结田。摘自《江苏省无锡市（县）近卅年来农村经济调查报告》
（初稿），内部资料（未出版）。

租率，这一占比是比较高的。较高的地租率促使经营农地①较多的农户倾向于将农地出租，而非雇工经营。1929 年、1936年、1948 年这三个年份无锡经营农地较多的农户中出租农地的比重均在 20% 以上，而同期保定这一占比最多不超过 3%。一般来说，一个地区的经营式农业是否发达，主要取决于农地较多的农户如何处理多余的农地，若大多选择出租农地，那么当地的小农经济就占主体，经营式农业发展程度较低；若大多选择雇工经营，经营式农业在与小农经济的对抗中就占据上风。而从以上观察可以看出，无锡的情况可能属于前者。

从以上的分析可以看出，20 世纪三四十年代无锡的经营式农业并不发达，经营式农场数量比较少，但具体的发展状况是怎样的呢？接下来，我们利用第一、二次"无锡、保定农村调查"资料中的无锡资料做进一步的统计分析。要理清一个地区经营式农业的发展状况，首先就必须了解什么是经营式农业。关于经营式农业，黄宗智认为，雇佣 3 个及以上长工经营百亩以上农地的农场才算得上经营式农场。

按照这一标准，我们对第一、二次"无锡、保定农村调查"中的无锡资料进行了测算，结果表明 1929 年、1936 年、1948 年三个年份中无锡并没有经营式农场的存在，这与黄宗智关于长江三角洲地区没有经营式农业存在的观点相吻合②。但

---

① 经营农地指的是农户实际上经营的农地，将农户的占有农地面积加减典租农地面积后的农地面积。这里选择经营农地而非占有农地的原因是，在"无锡、保定农村调查"资料中，存在农户将租入的农地转租出去的现象。

② 黄宗智对长江三角洲地区 8 个村子的农户微观数据样本资料进行了测算，发现当地并没有经营式农场的存在，并且在华东军政委员会 1949 年在苏南地区的调查资料和卜凯的分县资料中也没有发现长江三角洲地区有经营式农场存在。在 1929 年无锡的农户微观样本资料中，有 3 户的农地面积在百亩以上，1936 年农户面积达百亩的有 5 户，1948 年只有 2 户拥有百亩以上的农地。而在雇佣长工方面，1929 年雇佣 3 个及以上长工的有 8 户，1936 年、1948 年分别为 8 户、2 户。但这 3 个年份中并没有同时符合这两个条件的农户。

各年份的资料中也有一些农户与黄宗智所定义的"经营式农场"相接近。有一些是经营农地面积达百亩，但雇入长工人数不足，例如：

1929 年，是林照，地主，常住人口 11 人，其中劳动力 7 人，无在外人口。占有农地 128.5 亩，典入 70 亩，租出农地 90 亩，地租为 11.86 斤糙米和 2808 斤小麦，经营农地面积为 108.5 亩。雇入长工 2 人，工资开支 182.86 元[①]；雇入短工 100 工，工资开支 68.57 元。全年收入合计 2668.53 元。

1936 年，是林照，地主，常住人口 7 人，其中劳动力 5 人，在外人口 3 人。占有农地 181 亩，典入 120 亩，租出农地 142.5 亩，地租为 17784 斤糙米和 4430 斤小麦，经营农地面积为 158.5 亩。雇入长工 2 人，工资开支 142.35 元；雇入短工 80 工，工资开支 56.94 元。全年收入合计 2581.96 元。

也有一些是雇入长工人数达到 3 人，但经营农地面积不足百亩，例如：

1948 年，管月英，地主，常住人口 5 人，其中劳动力 3 人，在外人口 1 人。占有农地 56 亩，租出农地 30 亩，地租为 3276 斤糙米，经营农地面积为 26 亩。雇入长工 3 人，工资开支 464.024 元；无短工雇入。全年收入合计 1314.984 元。

二 保定经营式农业发展状况

我们也从地理气候条件、交通条件、农业总体情况这三个方面对保定经营式农业所处的环境进行分析，总结经营式农业

---

① 工资数值已按照朱文强的纠正方法换算为 1957 年人民币，下同。具体换算方法参见《怎样认识 20 至 50 年代无锡农民的纯收入——对〈第二次无锡、保定农村经济调查报告〉的再研究》，《中国经济史研究》1998 年第 3 期。

在保定的整体发展状况。

在地理气候方面，保定与无锡差异较大，二者有着典型的南北差异。保定历史悠久，春秋战国时期即已出现城镇，宋代为保州，元代为保定路。从地理气候上看，保定地处冀中平原西部，地势西南高，东北低，缓缓倾斜，气候温和，属于北温带半湿润半干旱大陆性季风气候区，四季分明，适宜耕作，因此，农业发展历史较长。总体上看，东部由于地势低洼，经常发生涝灾，农业生产条件不好，劳动力就业向非农业领域转移较早，因此，工副业较为发达。西部地势较高，水患影响较小，因此，农家生计主要依靠农业，副业相对不发达。南部地区的农业条件不好，沙碱土地较多，农户多种植一些经济作物（如花生、棉花等），农闲时节也会经常从事副业来增加收入。北部距保定城区较近，因此外出人口多，就业机会多，生活水平也相对较高。

交通方面，保定也拥有比较好的水利条件。保定市位于太行山东麓，地处京（北京）津（天津）石（石家庄）三角腹地，与京津成三足鼎立之势。保定地理位置极其重要，水路交通四通八达，陆路通过纵横交错的车马大道，东向可经沧州到达山东沿海；西向可通晋、陕、甘、内蒙古；南向可通河南、湖广和云贵；北向可径趋京师并进入东北。水路主要有府河及其支流一亩泉河、侯河、白草沟、漕河、黄花沟、唐河等。府河属于大清河水系，既是附近各州县商旅货物进出保定城区的主要通道，又是联结保定和天津的桥梁，可谓"北控三关，南通九省，地连四部，雄冠中州"[1]。

在农业总体情况方面，保定相比无锡人口压力要稍小一些。接下来，我们也从人口构成、作物种植、农业耕作、农地分配

---

[1] （光绪）《畿辅通志》卷六十七《舆地略·关隘一》。

及租佃等方面对保定的农业情况进行分析。

在人口构成方面，1930 年保定外出人口占总人口的比重为 6.45%，1936 年总人口中 8.14% 外出，1946 年外出人口的占比为 7.53%。可以发现，与无锡逐渐增加的外出人口占比不同，保定的外出人口占比在 1930 年、1936 年、1946 年三个年份相差不大，并且都比无锡的占比低，这体现了两地工商业发展水平的不同，工商业更发达的地区农村人口的外出占比就越高。与无锡的情况相似，保定一半以上的常住人口为劳动力，且农民占多数。1930 年常住人口中劳动力的占比为 56.03%，其中主业从事非农职业的人口比重为 2.07%；1936 年常住人口中的 57.22% 为劳动力，其中非农劳动力为 2.13%；1946 年常住人口中的 57.08% 为劳动力，非农劳动力的比重为 1.36%。可以发现，保定常住劳动力中的非农劳动力占比很低，而且低于无锡的非农劳动力占比，这也在一定程度上说明保定的工商业发展水平不如无锡。

保定的作物种植也呈现多样性的特点。保定属于农业旱作区，农作物种植以小麦为主，复种玉米。在"无锡、保定农村调查"资料中，保定 1930 年小麦种植面积为 5794.38 亩，户均种植 7.91 亩，人均种植 1.36 亩；1936 年种植小麦 6449.48 亩，户均种植 8.10 亩，人均种植 1.51 亩；1946 年共种植 5913.05 亩小麦，户均种植 6.46 亩，人均种植 1.25 亩。相比小麦，玉米在保定复种的则要少些。保定 1930 年玉米种植面积为 3454.45 亩，户均种植 4.71 亩，人均种植 0.81 亩；1936 年种植玉米 6249.33 亩，户均种植 7.85 亩，人均种植 1.46 亩；1946 年种植玉米 3473.83 亩，户均种植 3.79 亩，人均种植 0.73 亩。可以看出，在保定，对玉米种植的重视程度是不如小麦的。在作物产量方面，小麦和玉米的亩产量也有区别。小麦的亩产量要稍高一些，平均为每亩 109.21 斤，要比玉米亩产量高出 4.48%。

除了小麦、玉米以外，保定当地还种植谷子、高粱、大豆、棉花、薯类等其他作物。尤其是棉花的种植，清苑县临近当时纺织业比较发达的高阳县，棉花可就近销往那里，农户也大多在农闲时节从事纺织行业来增加家庭收入。

在农业耕作方面，保定也比较落后，甚至可能比无锡还要落后。当地农户从事农业生产的主要工具有水车、铁轮大车、胶轮大车、犁、耙等，但供生产用的大牲畜不多，所以绝大多数的农活都是由人力完成的。此外，保定发生自然灾害的频率也很高，甚至可能要高于无锡。在 1930 年、1936 年、1946 年三个调查年份中，保定经常发生自然灾害。其中，1930 年有涝灾发生，1946 年发生旱灾后又发生涝灾，而 1936 年则稍好一点，但也有一些地区遭受涝灾。① 旱涝灾害给农户带来了很大的损失，造成了不同程度的作物减产。例如，何桥村的张云路、李云乐和田子丰就因自然灾害受到严重的损失，1930 年张云路种植的 20 亩玉米因受涝灾颗粒无收；1936 年李云乐的所有农地遭受涝灾而减产，其中 2 亩谷子更是没有收成；1946 年田子丰种植的 10 亩玉米也是因涝灾而无收成。其他农户的情况与这三个农户类似，都因受灾而遭受了不同程度的损失。频繁而严重的灾荒，对近代保定的商业发展也产生了很严重的影响。由于自然灾害频仍，大量灾民流离失所，每日在死亡线上挣扎，根本就没有多余的精力去追求最基本需求之外的消费。再加上工商业的发展也主要依赖于农业生产，农作物因自然灾害歉收或绝收后，以其为主要原材料的市场就会受到直接冲击，工商业的日益萧条也就无法避免。

在农地分配方面，保定也与无锡类似，存在分配不均的情况，人口占一小部分的地主、富农占据着大量的农地（见表 2）。

① 第一、二次无锡保定农村调查数据库（内部资料）。

我们对 1930 年、1936 年、1946 年三个年份的农户占有农地面
积的基尼系数也进行了测算。以家庭总人口数为权重，1930 年
保定农户占有农地面积的基尼系数为 0.58243，1936 年、1946
年的基尼系数分别为 0.56508 和 0.44673。可以看出，保定农户
占有农地面积的基尼系数是低于无锡的，而且也是逐渐降低的，
这说明保定的农地分配要比无锡更加均衡。均衡的农地分配有
利于经营式农业的发展，因为合理的农地分配减少了"少地
户"和"无地户"租入农地的动力，经营农地较少的农户在保
证自家农地基本生产的前提下，会通过外出佣工来增加家庭收
入，外出佣工人数的增加为经营式农业的发展提供了条件。

表 2　1930—1946 年保定的农地分配情况

单位：%

人户类别	1930 年		1936 年		1946 年	
	人口比重	农地比重	人口比重	农地比重	人口比重	农地比重
地主	5.84	19.19	5.71	18.1	4.49	12.57
富农	13.22	26.12	10.6	22.09	7.38	15.89
其他	80.94	54.69	83.69	59.81	88.13	71.54

资料来源：第一、二次无锡保定农村调查数据库（内部资料）。

　　"少地户"和"无地户"租入农地动力的缺乏，也导致了保
定农地租佃市场的不发达，具体体现在较低的地租率、出租率。
1930 年、1936 年和 1946 年保定谷租的地租率平均为 19.06%，即
农户出租农地的收益为农地作物总产量的 19.06%。较低的地租
率也直接造成了出租率的不高，平均每年仅有 2.44% 的农户出
租农地，而经营农地较多的农户出租农地的比重最高的年份也
仅有 2.21%。一般来说，经营农地较多的农户处理多余的无法
耕种的农地主要有三种方式：雇工经营、出租农地或者二者兼
有。当农户较少出租农地时，就只能选择雇更多长短工来帮助

自己耕种，这就为经营式农业的发达提供了可能。

从以上分析可以看出，相比无锡，保定拥有更有利于经营式农业发展的条件，农业规模经营的比重高于无锡，经营式农业肯定也更发达。按照黄宗智的定义，我们对保定资料测算后发现，1930 年保定有 7 个经营式农场①，农场主分别为王廷臣、王洛泉、石之梅、石之锁、石之泉、张桂申、石之雄。其中，张桂申的农场规模最大，石之雄雇入的长工人数最多。

1930 年，张桂申，地主，常住人口 6 人，其中劳动力 2 人，无在外人口，占有农地 400 亩，无农地典租，经营农地 400 亩。雇入长工 5 人，工资 363.8 元；雇入短工 500 工，工资 272.85 元。

1930 年，石之雄，地主，常住人口 10 人，其中劳动力 6 人，在外人口 1 人，占有农地 261 亩，无农地典租，经营农地 261 亩。雇入长工 6 人，工资 486.22 元；雇入短工 700 工，工资 254.66 元。

1936 年有 9 个经营式农场②，农场主分别为钟振声、孟继勋、王洛泉、田润波、王玉三、石以鸿、王伏、张桂申、石之雄。其中，张桂申的农场规模最大，石之雄雇入的长工人数最多。

1936 年，张桂申，地主，常住人口 7 人，其中劳动力 5 人，无在外人口，占有农地 525 亩，无农地典租，经营农地 525 亩。雇入长工 5 人，工资 249.8 元；雇入短工 450 工，工资 172.94 元。

1936 年，石之雄，地主，常住人口 11 人，其中劳动力 5

---

① 在 1930 年保定的农户微观数据样本资料中，雇入 3 个及以上长工的农户有 9 户，其中的 7 户农地面积超百亩。

② 1936 年有 9 户雇入 3 个及以上长工，农地面积均超百亩。

人，在外人口 1 人，占有农地 261 亩，无农地典租，经营农地 261 亩。雇入长工 6 人，工资 447.71 元；雇入短工 750 工，工资 187.5 元。

1946 年经营式农场的数量只有 1 个①，农场主为张桂申。

1946 年，张桂申，地主，常住人口 10 人，其中劳动力 3 人，无在外人口，占有农地 465 亩，无农地典租，经营农地 465 亩。雇入长工 3 人，工资 214.64 元；雇入短工 350 工，工资 152.6 元。

三 两地经营式农业差异产生的原因

从以上分析可以看出，20 世纪三四十年代经营式农业在保定发展比较好，且优于无锡。但这也使我们产生了一些疑问。无锡工商业发展水平明显要高于保定，但为什么经营式农业在工商业发展水平较高的无锡消失，反而在工商业发展水平较低的保定得到一定程度的发展呢？除了前面分析的两地环境差异以外，工商业发展水平的高低会对经营式农业的发展产生影响吗？若有影响，影响是什么样的？接下来，我们基于第一、二次"无锡、保定农村调查"资料来探析导致经营式农业在不同地区发展产生差异的原因。

首先，我们从经营式农场运营成本的角度进行分析。忽略农场普遍存在且差距不大的种子、肥料、农具等成本，经营式农场的运营成本主要包括雇工成本和监督管理成本，雇工成本又可分为工资成本和伙食成本。在工资成本中，长工的工资是最高的，其中，无锡在 1929 年、1936 年、1948 年三个年份中长工的平均工资大约为 100 元，而保定在 1930 年、1936 年、

---

① 1946 年 2 户雇入 3 个及以上长工的农户，农地面积在百亩以上的只有 1 户。

1946 年三个年份中长工的平均工资只有不到 70 元。可以看出，无锡的长工工资是比较高的，要高出保定 30 多元。虽然雇入长工可以保证农场的基本农业生产，但是在农忙时节农场主还要雇入短工来抢收抢种。相比长工工资，短工的工资虽然比较低，但对农场主来说也是一笔不小的开支。在无锡已雇入长工的农户中，平均有 70% 以上的农户雇入短工，短工的工资开支在 28 元以上。而保定雇入长工的农户对于短工的需求量更大一些，相比无锡平均要高出 50% 以上。在短工工资方面，保定与无锡相差不大。更大的需求量增加了农户在短工工资方面的开支，保定各年份短工的工资开支在 42 元以上。除了工资成本以外，长短工的伙食开支也是一笔不可忽略的开支。根据黄宗智关于长江三角洲地区和华北平原雇工伙食成本的描述，我们对第一个调查年份中无锡、保定的伙食成本进行了测算。结果表明，无锡的雇工伙食成本要高出保定近 40 元。从以上分析可以看出，无锡、保定两地的长短工工资和伙食成本都是有差异的。不论是在工资成本还是在伙食成本方面，无锡的成本都更高。

除雇工成本以外，农场的监督管理成本也是农场主所需要考虑的。与出租农地的农户不同，雇工经营的农户还需要对农场的大小事务进行管理，尤其是关于农作物的种植。除此之外，农场主还需安排专人（一般是自己或其家庭成员）对长短工进行监督，否则长短工的懈怠会严重损害农场的利益。例如，大阳村有一个叫田润波的地主在山西省通税局工作，通过置买土地成为地主，但该户自己家人的劳动力并不参加农业劳动，对农事不闻不问，只靠户主的姑爷管理农场。虽然农场主也可以通过雇入"工头"来帮助自己对农场进行监督管理，但其较高的工资也会增加农场的运营成本。例如，东顾庄村一个叫钟振声的富农在 1936 年共经营农地 310 亩，农场主难以管理大规模农地，遂雇入 3 个长工，其中的领工是刘福兴，他的工资肯定是要比普通长工更高的。但一般情况下农场的管理还是由农场主自己负责。实际上，无锡、保定两地监督管理成本的差异本质上还是两地的农场主发展经营式农业的机会成本之差异。

在发展经营式农业的机会成本方面，工商业水平较高的无锡肯定高于保定。这里的机会成本指的就是农户因发展经营式农业而无法获得的其他非农经营活动的最高收益，可以用农户从事其他非农职业的最高收益来表示。我们对"无锡、保定农村调查"资料进行分析后发现，在常住人口从事的非农经营活动方面，无锡最高收益的平均值为 700 多元，而保定为 500 多元，无锡的最高收益是高于保定的；在外出人口从事非农经营活动的最高收益方面，无锡的平均值（600 多元）也要高于保定的平均值（200 多元）。由此可见，无锡农户发展经营式农业的机会成本是很高的，而且也高于保定，这种高昂的机会成本使得那些具有企业家才能的农场主纷纷抛弃农业而进入收益更高的非农行业，经营式农业在无锡消失也就不足为奇了。

实际上，无锡较高的雇工成本也是由"少地户"机会成本的增加造成的。无锡较高的工商业水平对经营式农业的发展造成了伤害，城市更多的非农就业机会促使"少地户"大批进入城市寻找机会，农村的劳动力供给不足，供不应求的劳动力市场提高了长短工的工作待遇，削薄了经营式农场主的利润，促使大批"多地户"将多余的农地出租。在无锡经营农地较多的农户中，1929 年、1936 年、1948 年出租农地的比重就在 20% 以上，而同期保定出租农地的比重仅为 1%—2%。

综合以上分析，我们可以得出结论：经营式农业在无锡、保定发展状况的差异是由两地工商业发展程度不同导致的，较高的工商业发展水平提高了无锡农户发展经营式农业的成本，导致经营式农业消失，但当地的工商业发展水平又没有足够高，若大规模发展经营式农业，不足够发达的劳动力市场难以吸收消化人数众多的从农业分离出去的劳动力，导致经营式农业在发展过程中会遇到非常大且难以克服的阻力。在这里我们可能还会有一个疑问，经营式农业对于农业农村的影响到底是怎样的呢？是好的还是坏的？我们对 20 世纪三四十年代无锡、保定两地的农户收入水平进行了比较。1929 年、1936 年、1948 年三个年份中无锡的人均纯收入明显要高于同一时期保定的人均纯收入，平均要高出 70% 以上①。这足以说明，经营式农业发展落后的无锡农村并不一定是落后的农村，而经营式农业相比小农经济也未必更先进。

结　语

本文主要利用第一、二次"无锡、保定农村调查"资料，研究了无锡、保定两个地区经营式农业的发展情况。之后，我们又从雇工成本和机会成本的角度对 20 世纪三四十年代经营式农业在无锡、保定发展状况的不同做出了解释。我们认为，两地农业发展差异的根本原因还是工商业发展水平的不同。此外，我们通过对无锡、保定农户收入水平的比较发现，经营式农业虽然从形式上看似乎比小农经济更加"先进"，但实际上是落后的。

现阶段我国的农业经济形式还是以家庭小农经济为主，这一点与 20 世纪三四十年代的农业农村是一样的。从历史上的经验来看，发展农业规模经营可能并不会显著提高农户的收入水平。对于当前的农业农村来说，若是大规模经营，会造成一大

---

① 江苏无锡农经队：《江苏省无锡市（县）近卅年来农村调查报告》，1958 年 8 月（内部资料）；河北省统计局：《二十八年来保定农村调查报告（1930—1958 年）》，1958 年 8 月（内部资料）。

批失业人口，这批失业人口在当前的劳动力市场难以得到有效安置，这一点也恰恰是 20 世纪三四十年代经营式农业在保定难以突破瓶颈的重要原因。当然，我们并不认为农业规模经营就是错的，农业规模经营也是实现农业现代化的一种重要形式，未来我国的农业最终还是会走向规模经营的。

[本文曾发表于《河北师范大学学报》
（哲学社会科学版）2021 年第 2 期]

市场发育、非农就业和农户的选择

——20 世纪三四十年代保定农村的证据[*]

隋福民

一 引言

如何认识近现代中国农村一直是经济史研究领域的一个重要主题（郑起东，2012；任放，2011；李金铮、邹晓昇，2003；李金铮，2012；朱英，2007）。其中的一个重要讨论就是商业化、市场化对农户经济行为有什么影响以及农户是如何适应这一历史性变化的，由此引申出来的一个研究就是农户的行为模式具有怎样的特征。

在学术视野中，我们认识农户经济行为常常以两种竞争性理论为分析范式，一种是 Chayanov（1966）的"实体小农"理论，认为农户是一个不同于资本主义企业的独立体系，有自己独特的运行逻辑和规则，其行为动机并非追求利润最大化，而是满足家庭消费所需和生存所需。Scott（1977）继承了 Chayanov 的学术传统，强调以生存为目的的农民家庭经济活动不同于资本主义企业，因为农民家庭不仅是个生产单位，而且是个消费单位。另一种是 Schultz（1964）的"理性小农"理论，认为农户具有类似于企业家的理性计算，可以有效地配置生产资

---

* 本文为国家社科基金青年项目"农村非农就业问题：历史与现实——以无锡、保定为中心"（10CJL008）、中国社会科学院经济研究所创新工程项目"近百年来工业化、城镇化进程中农户经济转型研究"的阶段性成果。

源。他通过利用社会学家、人类学家对危地马拉的帕那加撒尔和印度的塞纳普尔这两个传统农业社会所做的详细的调查资料证明："所看到的贫穷状况并不是要素配置有什么明显的低效率而造成的。"（p. 48）Popkin（1979）继承了这一观点，指出小农是一个在权衡长、短期利益之后，为追求最大化利益而做出合理生产抉择的人。

对于近现代中国农民行为模式的讨论，很多学者基于调查或者其他可得的数据资料也进行了分析，并提出了自己的看法。他们的观点实际上也介于上述两种理论之间。比如，Buck（1930）基于自己的调查得出了与舒尔茨类似的判断①，他不认为农民在经济行为上有什么特殊性，而且从经营的角度，或者说从农业投资、管理、产出、收入这些范畴来分析，中国近代农业经济的主要问题是广义技术上的"落后"，除此以外没有其他特别严重的问题。马若孟（Myers）基于满铁材料的微观研究也得出了类似的观点，他说："华北的农民有理性地、精于算计地利用他的有限的资源，从土地获得生活资料。他对于他周围的外部环境的变化极为敏感，当他对这些变化有足够的了解时，他就会努力调整他利用资源的方法。这种农村经济本质上是一种家庭经济，必须把户看作基本的经济决策单位。农户以最大的能力运用手头的资源和几代人积累起来的农业知识，尽力使其收入最大化。"（马若孟，2013：256）

黄宗智的观点较为综合，他认为中国的农民既不完全是维持生计的生产者，也不完全是追逐利润最大化的"理性小农"，

---

① 这些调查包括：1922 年夏，农林科学生陶延桥在安徽芜湖对 102 户农家进行的调查；1923 年夏，农林科学生崔毓俊在河北盐山县 3 个村庄 150 户农家所做的经济和社会调查；1921—1925 年金陵大学学生和调查员对中国 7 个省 17 处 2866 个农家的经济调查；1929—1934 年受太平洋国际学会委托，卜凯主持的对中国 22 个省 16786 个农场、38256 个农户所做的调查。

中国农民介于两者之间。"一个经济地位上升的、雇佣长工以及生产有相当剩余的富农或经营式农场主，要比一个经济地位下降的、在饥饿边缘挣扎、付出高额地租和领取低报酬的佃、雇农，较为符合形式主义分析模式中的形象。……而一个主要为自家消费而生产的自耕农，则接近于实体主义所描绘的小农。"（黄宗智，2000a：5）

对中国近现代农村经济的认识也呈现出不同画面。比如黄宗智认为，明清以降，华北的农业生产有了增长，但这种增长只是一种"没有发展的增长"，即出现了"过密化"（或者称"内卷化"）。人口的增长速度更快，从而使得人均生产率和人均收入递减。"过密化"或者说"内卷化"也并非只出现在华北，长江三角洲的小农经济发展特点也是如此（黄宗智，2000b）。在持续不断的人口增长压力下，农户家庭经济很难摆脱糊口经济的特征，因此，中国农村经济也不可能有质的变化，换句话说，在人地禀赋结构的压力下，商业化、手工业生产和副业都没有瓦解中国的小农经济，反而使它得到巩固和增强。

而 Myers（1970）与 Brandt（1987）则认为，尽管中国近现代人口压力非常大，但商业化进程从两方面改变了传统农业经济。一是市场的发展使得农户可以重新配置其多余的劳动力和土地；二是商业化带来商品性农业繁荣，而商业化农产品的种植，比如棉花和烟草作物的种植需要大量密集的劳动力投入，这给劳动力市场的发展提供了更多的就业机会。市场发展和商品性作物的推广共同作用，推动了中国农村经济"质"的进步，而不是"过密化"。Rawski（1989）对农业部门的增长也是持肯定态度的，认为增长动力来源于迅速的商品化和经济活动的日趋专业化。而商品化和专业化是由新的国内外市场机会和贸易条件推动的。其结果就是实际工资的提高。Buck（1930）的统计也显示，实际工资也是日益增加的。换句话说，黄宗智的

"过密化"判断是站不住脚的。

黄宗智认为，中国农村出现"质"的变化仅仅发生在改革开放后的 80 年代，因为那时非农就业机会显著增大，这使得人均收入有了真正的增长。因此他这样评价三四十年代的无锡农村经济："要是无锡的农业外就业继续扩展下去，达到甚至连家庭辅助劳动力都变为稀少可贵的资源的地步，使小农的农业、手工业收入增长，并随之产生的剩余能够转化为资本投入农业生产，小农生活的质的变化也许会在无锡农村发生，如同在 80 年代发生的那样。"（黄宗智，2000b：132）

有趣的是，尽管黄宗智和马若孟所持观点不尽相同，但立论所依据的调查资料有很大的相似性，他们都采用了日本在 20 世纪 30 年代所做的华北农村调查材料，学术界习惯称之为满铁调查资料。这些资料很珍贵，调查也非常细致，然而问题是，为什么采用同样的材料却得出了不同的结论？真的如 Esherick (1981) 所言，这些学者的论证不过是"数字的游戏"吗？我们没有仔细研究满铁的数据，也没有研究他们的论证过程，不敢妄言。但由于我们有 20 世纪 30 年代陈翰笙、钱俊瑞、王寅生等所做的第一次"无锡、保定农村调查"资料和 50 年代孙冶方、薛暮桥等组织进行的第二次"无锡、保定农村调查"资料，我们可以通过另外一条证据链条去描画无锡（江南）和保定（华北）农户的经济行为。实际上，长江三角洲中下游的农户经济行为研究已经有了初步的成果（Kung，2008；Kung et al.，2011a，2011b）。

Kung 等（2011a，2011b）通过研究发现，长江中下游的江南（无锡）农户家庭正在通过一种符合经济理性的方式来分配他们的资源，而且，这里的要素市场是比较活跃的，同时存在着竞争。农户通过要素市场进行合理的资源分配以及非农就业实现了人均收入的持续增长，即该地区的农村已经不是黄宗智所言的"过密化"发展状态了。近代以来，长三角地区属于中国工商业发展比较快速的地区，那么这里的农户经济行为及其引致的结果是不是与这种环境密切相关？其他地区的农村发展是不是就呈现出另外一种状态呢？尽管过去学者对华北地区的农村经济也有诸多的研究，但截至目前关于市场化对农户经济行为的影响仍没有达成共识。因此，我们认为，有必要利用"无锡、保定农村调查"中的保定农户微观数据深化对这一问题的研究。

本文的余下部分是如此安排的：首先对我们所用的"无锡、保定农村调查"数据进行说明和描述，然后通过描述性统计来分析这两地的耕地租赁市场、典当市场、土地买卖市场，以及劳动力市场，包括长工雇佣市场和短零工雇佣市场。接下来我们分析了影响农户家庭在要素市场上进行决策的因素，并借此判断农户的经济行为是否具有一定的经济合理性，即他们是否合理高效地配置了他们的资源。再接下来，我们又讨论了农户的行为选择对其家庭人均收入的影响。最后给出全文的小结。

二 数据

本文所采用的数据来源于"无锡、保定农村调查"。"无锡、保定农村调查"始自1929—1930年，其后在1958年、1987年、1998年又先后进行过3次。第一次调查是由国立中央研究院社会科学研究所副所长陈翰笙组织领导的，无锡的调查是在1929年的7—9月，清苑的调查是在1930年夏初至8月。针对清苑县经济以农业为主、农村地权较为分散的特点，调查团按农作水利情况将该县划分为4个区，每区各选择若干村庄作为典型，在11个村对总共1770个农户做了入户调查，还对72个村庄和

6 个农村市场做了概况考察。第二次调查于 1958 年进行，组织领导者为孙冶方（中国科学院经济研究所所长）、薛暮桥（国家统计局局长）。这次调查仍在第一次调查的村庄进行，并且选择调查起始年（1929—1930 年）、全面抗战前一年（1936年）、解放前一年（无锡为 1948 年，保定为 1946 年）进行追溯调查。在追溯调查中，他们对第一次调查的数据进行了重新核实（史志宏，2007）。

　　这两次调查（实际上也包括后来的第三、四次调查）所形成的数据与其他资料相比，具有一定的特点。第一，数据的质量还相对可靠。参与调查的刘怀溥（1958）曾经撰文回顾了调查过程，从这个过程看，数据质量还具有一定的保障。史志宏（2007）也认为："尽管第二次调查的政治目的性很强，但组织者和参加者的具体工作态度仍是十分严肃、认真的。"当然，起始年份（1929—1930 年）数据的质量更好，因为经过了重新核实，1936 年、1946 年的数据质量相对差一些，因为是根据农户一二十年后的追忆所得。但总体来说，数据还不至于严重扭曲。而同时代的其他数据资料，实际上也或多或少地存在一些瑕疵。比如，当时国民政府收集的资料可能更多是瞒报或者虚报策略的产物。Buck 的调查数据可能也存在覆盖面不完整以及不均衡采样的问题（Esherick，1981；Kung et al.，2011a，2011b）[1]。日本南满洲铁道株式会社在华北进行的满铁调查，是在日军占领的条件下完成的，这难免也会产生调查与回应的偏见问题（Fogel，1987）。第二，"无锡、保定农村调查"是对同一地域

---

① 正如 Kung 所言，在卜凯最初调查的 9 个村庄中，其中有一个村庄调查了102 户家庭，而在另外一个村庄，被调查的农户家庭仅为 2 户。在其第二次调查的 101 个村庄中，有 21 个村庄仅仅调查了 1 户家庭。而"无锡、保定农村调查"数据涵盖了 11 个村的所有家庭。当然，我们并没有完整的11 个村数据，其中 9 个村是比较完整的。

的农户进行的长时段的连续追踪调查。因此，这一数据是农户层面的，属于微观数据范畴。在不同的时间点，如果户主没有变化，那么调查数据就仍然是该农户的家庭经济情况调查，如果户主死亡且有后人，则调查其在村后人家庭的经济情况。如果没有后人，则为绝户。第三，调查数据涵盖两个有代表性的区域。一个是无锡，位于长江中下游三角洲，一个是清苑，属于华北平原地区。这两个地方的农村经济特点不同："无锡是一个代表中国工商业很发达而农民副业很多的地方。保定是一个代表自耕农多而工商业不十分发达的地方。无锡黏土，种稻最多；保定沙土，种麦最多。无锡普通收成一年两熟；保定普通三年两熟。"（陈翰笙，1930）

本文主要利用了"无锡、保定农村调查"的关于保定农村的第一次和第二次调查数据。针对保定农村的两次调查的问卷内容主要有：人口及其职业和文化程度、劳动力数量、农业雇佣、土地占有及租佃、农作物播种面积及产量、房屋和牲畜、占有农业主要生产工具及生活用具、农副业及其他收入、负债情况、主要生活用品消费情况、土改受益户分得财产情况、在反动统治时期所受损失等。这两次调查的数据也曾被其他研究者使用，如武力（2004）利用其研究了土地分散化问题，但与我们相似的量化分析还没有[①]。

三　清苑的土地市场

在本文，我们用农户参与要素市场的比重来衡量要素市场的发育程度。要素市场包括土地市场和劳动力市场。我们在这

---

① 该文所用的农户样本分别为：1930 年为 792 户，1936 年为 1583 户，1946年（解放前一年）为 1896 户。

里讨论的土地市场，既有耕地租赁、典当市场，也有土地买卖市场①。在讨论耕地租赁市场和典当市场时，我们的总样本为4262 户，其中 1929—1930 年为 784 户，1936 年为 1581 户，1946 年为 1897 户，这些农户并未完全覆盖 11 个村（见表 1），原因是调查资料存在遗失，有的村是某年份遗失（如固上村、谢庄村等），有的村则是全部遗失（如东孟庄村）。在研究土地买卖市场时，我们所用的样本数量更少，原因是有一部分问卷在调查时并没有关注这一问题。

表 1　清苑农户样本的分布

单位：户

年份	薛庄	大祝泽	东顾庄	何桥	大阳	李罗侯	固上	谢庄	南邓	蔡家营	合计
1929—1930	156	0	158	225	0	177	0	0	0	68	784
1936	166	110	180	251	267	1	319	0	210	77	1581
1946	175	135	192	266	309	220	154	187	175	84	1897

资料来源：中国社会科学院经济研究所"无锡、保定农村调查"资料（1929—1930，1958）。

基于这些样本，我们可以看到，清苑的耕地租赁市场和典当市场规模都不是很大。租入耕地的农户占总农户的比重不足10%，租出的占比则更小，只有不到 3% 的农户出租了自己的耕地。从时间上看，1936 年的耕地租赁市场相对发达一些，租入租出耕地的农户占比要高一些。在耕地典当市场上，典入耕地的农户占总农户的比重为 5% 左右，小于租入的占比，典出

---

① 保定农村的土地转移主要有八种形式：买进、典进、典进典绝、赎回、卖出、典出、典出典绝及赎出。在我们所研究的 11 个村，土地转移最常见的方式是买卖和典当。

耕地的农户占比不足 4%，但高于租出的占比（见表 2）。租赁市场中，对耕地的需求大于供给，这说明，有一部分农户租入的耕地来源于外村或者不在村的有耕地者，也说明本村的耕地租赁市场上需求大于供给。典当市场相对平衡，但也是需求大于供给，其市场规模总体上不如租赁市场。而且，从 1929 年至 1946 年，典入耕地的户数占比不断提高，而典出户数的占比减少。这一数据所蕴含的趋势与史志宏对东顾庄、何桥、固上、李罗侯村的统计研究结果具有一致性[①]。

相比之下，无锡的耕地租赁市场要发达得多。在无锡，大约有 70% 的农户都有租入耕地的需求，租出耕地的农户占比尽管相对较小，也有 12% 左右（Kung et al.，2011a，2011b）。我们推测，这一方面可能与人均耕地的数量及分配有关，另一方面可能与非农就业机会的多少有关。我们计算了调查样本的人均耕地面积，为 3.17 亩，要高于无锡的 1 亩或者 1.2 亩（Kung et al.，2011a，2011b）。户均耕地面积达到了 16.76 亩[②]，要远远高于长江三角洲农户的户均耕地面积。曹幸穗（1996：102）测算，苏南 5 县 11 村的户均耕地面积平均仅为 5.7 亩。从土地

[①] 史志宏研究了东顾庄、何桥、固上、李罗侯 4 个村的典当情况，他所用的样本数与我们的研究不同，1929 年为 867 户，1936 年为 931 户，1946 年为 1086 户。在耕地典当市场上的典入农户占总农户的比重 1929 年为 1.5%，1936 年为 1.61%，1946 年为 2.58%；典出占比 1929 年为 2.77%，1936 年为 2.15%，1946 年为 0.64%。

[②] 据《1930—1957 年保定农村经济调查资料》可知：1930 年人均占有耕地为 3.71 亩，1936 年为 3.55 亩，1946 年为 3.35 亩，1930 年、1936 年和 1946 年三个时点农户平均占有耕地分别为 19.59 亩、18.03 亩和 16 亩。侯建新也对保定 11 个村的土地进行了计算，其结果是：三个时点的人均占地分别为 3.71 亩、3.64 亩和 3.33 亩。张培刚根据 500 户调查资料统计，认为 1930 年清苑农家平均占有耕地 14.21 亩，人均 2.37 亩。据《清苑县志》，1949 年清苑农民人均占地 3.37 亩，户均占地 15.04 亩。

分配上看，清苑 11 个调查村的土地分配基尼系数也是不低的。以人均耕地面积计算，用我们的农户样本计算出来的结果是 0.475，以户均占有的耕地面积计算，基尼系数达到 0.545，虽然低于无锡（0.6），但土地分配也是不平等的（隋福民、韩锋，2014）。这种不平等引致了土地的供给和需求的不平衡。同时，由于人均耕地或户均耕地数量相对较大，这种供给和需求的规模受到了一定的限制。

非农就业或许是影响耕地市场发育的另外一个因素。非农就业与工商业的发展密切相关。第一次调查选择地点的时候，无锡就是工商业发展较快地区的典型，而"保定是自耕农最多，而工商业不十分发达的地方典型"（陈翰笙，2012：45）。由于没有更好的工商业经营传统和氛围，在土地数量还相对较多的条件下，人们的自然选择就是不轻易放弃自己的土地、经营好自己的土地。

为了验证这一判断，本文还研究了土地买卖市场，不过这不是某一时点的买卖情况，而是 1930—1936 年、1936—1946 年这两个时间段的土地买卖情况。第一时段的 6 年间，买入土地的农户占全部农户的 11.2%，而卖出则占 8.8%。在第二个时间段，这两个占比都有提高，分别为 18.2% 和 12.9%（见表2），当然这个时段跨越的年份也要多一些。总体来看，土地买卖并不是很频繁，而且看不出土地流转频率随着时间的推移有大幅度的提高。在土地买卖市场上，需求同样是大于供给，尽管相差并不大，而且与耕地租赁市场和典当市场相比，土地买卖市场的规模更小。可见，在清苑农村的土地市场里，主要形式为租赁和典当，租赁市场的规模更大一些。

表 2　清苑的土地市场

类别		1929—1930 年	1936 年	1946 年
耕地租赁市场				
租入	户数（户）	56	148	144
	占全部农户的百分比（%）	7.1	9.4	7.6
	平均每户租入耕地的数量（亩）	7.07	8.15	6.76
	平均每户拥有的耕地数量（亩）	13.23	11.58	9.9
租出	户数（户）	18	46	41
	占全部农户的百分比（%）	2.3	2.9	2.2
	平均每户租出耕地的数量（亩）	9.77	22.83	14.28
	平均每户拥有的耕地数量（亩）	21.16	28.88	26.96
耕地典当市场				
典入	户数（户）	36	75	98
	占全部农户的百分比（%）	4.6	4.7	5.2
	平均每户典入耕地的数量（亩）	5.34	4.81	4.77
	平均每户拥有的耕地数量（亩）	11.32	14.33	8.76
典出	户数（户）	30	60	35
	占全部农户的百分比（%）	3.8	3.8	1.8
	平均每户典出耕地的数量（亩）	5.81	4.52	7.85
	平均每户拥有的耕地数量（亩）	17.36	13.7	28.25
土地买卖市场				
买入	户数（户）	N/A	78	143
	占全部农户的百分比（%）	N/A	11.2	18.2
	平均每户买入土地的数量（亩）	N/A	8.17	6.8
	平均每户拥有的土地数量（亩）	N/A	26.6 (25.6)[#]	15.9 (15.22)[#]
卖出	户数（户）	N/A	61	101
	占全部农户的百分比（%）	N/A	8.8	12.9
	平均每户卖出土地的数量（亩）	N/A	10.48	6.97

续表

类别		1929—1930 年	1936 年	1946 年
卖出	平均每户拥有的土地数量（亩）	N/A	21.42 (20.38)#	18.86 (18.06)#

注：1. "租入"代表了租赁耕地的需求；"租出"代表了租赁耕地的供给；"典入"代表了典当耕地的需求；"典出"代表了典当耕地的供给；"买入"代表了买卖土地的需求；"卖出"代表了买卖土地的供给。

2. 在分析土地买卖市场时，1936 年的农户样本总数为 697 户，1946 年的样本总数为 785 户，其他农户由于问卷设计并没有对该项进行调查。而且，在 1929—1930 年的调查中，没有追溯之前时段的土地买卖情况。因此，无法计算相关数据。N/A 表示数据为空。

#每户平均拥有的土地数量既包括耕地数量，也包括非耕地数量。括号中所给出的数据是平均每户拥有的耕地数量。

资料来源：中国社会科学院经济研究所"无锡、保定农村调查"资料（1929—1930，1958）。

四 清苑的劳动力市场

我们还用上述样本研究了清苑的劳动力市场。与耕地租赁市场相比，清苑的农业劳动力市场还是相对发达的（见表 3）。例如，在所调查的年份中，1929—1930 年对农业长工市场的需求是最为旺盛的，有近 10% 的家庭雇佣了这种类型的劳动力，平均每户家庭的雇佣人数为 1.24 人，而在 1936 年，这一数据还略有增大。这一市场的供给也是较充分的。1929—1930 年，有 10.8% 的家庭出雇了自己的劳动力，而且平均出雇的人数为 1.19 人，1936 年，出雇劳动力的家庭占比进一步提高，为 12.1%，而能出雇的劳动力人数均值也达到了 1.24 人。短零工市场则更为活跃。1929—1930 年，有大约 14% 的家庭雇佣了短零工，一年中平均雇佣天数为 38.04 天，而愿意提供这种类型劳动力的家庭占比则达到 31%，平均被雇佣的天数为 75.97 天，1936 年，有 11.4% 的家庭使用了短零工，一年中平均雇佣天数达到

53.43 天，而供给侧的农户家庭占比为 26.6%，平均被雇佣的天数为 77.68 天。从长工的人均工资和短零工的日均工资来看，1936 年都要高于 1929—1930 年。到了 1946 年，长工工资进一步提高，无论是雇佣还是被雇佣，短零工的日工资均有所降低。而且，长工市场和短零工市场在 1946 年都呈现出了衰落的状态①。

与同时期无锡的农业劳动力市场相比，保定清苑的劳动力市场供给更加充分，但需求似乎不旺，尤其是短零工市场，即供给大于需求。无锡情况与之相反，需求大于供给。无锡短零工市场的雇入家庭占比为 37.7%—47.6%，而出雇家庭占比为 23.1%—28.2%。长工市场的雇入家庭占比为 3.7%—7.4%，出雇家庭占比为 1.7%—2.9%（Kung et al.，2011a）。这说明无锡的劳动力供给有一部分是由本村之外的人员（来自更穷的地域的农民）提供的，同时也可能表明，当地农民拥有比出雇劳动力更好的非农就业机会。而清苑没有这样好的非农就业机会。另外，清苑劳动力市场的相对繁荣也许刚好是该地区土地市场不够发达的缘故。史建云（1998）给出了一个相似的分析。她认为："如果租佃制比较发达，劳动力可以通过租佃关系达到与土地的结合，而近代华北恰恰是全中国租佃制最不发达的地区之一，无地少地的农民通过租佃关系与土地结合的机会并不多，相反，由于自耕农经济的发展，使雇佣关系成为劳动力与土地结合的主要方式之一。不仅地主和富农有雇长工的

---

① 据《1930—1957 年保定农村经济调查资料》可知：1930 年、1936 年、1946 年雇入长工的农户占比分别为 9.07%、8.10%、4.48%；出雇长工的农户占比分别为 15.29%、13.20%、4.29%。据丁长青、慈鸿飞（2000，第 287 页）可知：河北清苑 11 村 2096 户中，雇长工户为 205 户（其中 109 户兼雇短工），占农户总数的 9.8%，而雇短工的农户为 310 户（包括 109 家兼雇长工户），占农户总数的 14.8%。

需要，土地稍多的中农有时也需要雇佣长工，此外，经营土地较多的半自耕农和佃农，对雇佣劳动也有相当大的需求。"

表3　清苑的农业劳动力市场

类别		1929—1930 年	1936 年	1946 年
长工市场				
雇入	户数（户）	78	130	92
	占全部农户家庭的百分比（%）	9.9	8.2	4.8
	平均雇佣人数（人）	1.24	1.36	1.06
	人均工资（元）	58.45	61.4	68.6
出雇	户数（户）	85	192	110
	占全部农户家庭的百分比（%）	10.8	12.1	5.8
	平均被雇佣人数（人）	1.19	1.24	1.02
	人均工资（元）	52.91	59.69	63.26
短零工市场				
雇入	户数（户）	109	180	138
	占全部农户家庭的百分比（%）	13.9	11.4	7.3
	平均雇佣天数（天）	38.04	53.43	50.3
	日均工资（元）	0.49	0.56	0.51
出雇	户数（户）	243	421	356
	占全部农户家庭的百分比（%）	31	26.6	18.8
	平均被雇佣天数（天）	75.97	77.68	67.12
	日均工资（元）	0.44	0.61	0.5

注：所有年份的工资都以 1957 年价格折算。
资料来源：中国社会科学院经济研究所"无锡、保定农村调查"资料（1929—1930，1958）。

传统农户家庭总会尽可能多地利用自己的劳动力，以提高家庭的收入。清苑农村也是如此。张培刚（1936）根据 500 家农户资料所做的分析表明，1930 年清苑农村的田间劳作者与非田间劳作者的平均人数几乎相等，田间劳作者占村民总数的

32%，非田间劳作者占28%。侯建新（2000）认为农户有将近30%的产值要在耕地之外实现；而且主要由传统经济中的非农业部门完成。在我们所观察的样本中，大约有10%的农户具有本地非农业工资就业机会，大约有四分之一的农户家庭选择了外出就业（见表4）。我们在这里给出的数据是根据家庭是否有在外人口进行统计的，当然，在外人口中包括求学、参军者，因此，这一占比偏高。外出人口并非全部都赚到了收入，因为在这些外出人口中，只有36.4%的农户有外出人口寄回的收入。

副业也是农户提高家庭收入的选择。在我们所观察的样本里，大约有20%的农户家庭经营着副业，种类有纺纱、织布、小商贩、小菜贩、做豆腐、做粉条、榨油、熬盐、竹木加工、磨坊、拉煤、捉鸟、打苇子、裱糊、做针线活等。20世纪30年代初，中央农业研究所对关内（指山海关以内的地区）22个省的农村副业进行了普遍调查，并且对各类副业按其重要性即所占的经济份额进行了排序，其中纺纱织布排在了首位。清苑11个调查村都分布在高阳织布区内，而20世纪上半叶，河北高阳是中国六大织布中心之一。因此，纺纱织布在清苑农村副业中也同样占据着首位。

我们还从劳动力职业角度观察了清苑农村的副业和本地非农业工资就业情况，发现经营小商业活动的农户比经营手工业活动的农户要多，尽管占比都不大。家庭成员能够选择自由职业的农户则更少。除此之外，还可以发现，从时间上看，非农就业的环境应该是越来越不好，因为无论是本地非农业工资就业、外出工作，还是副业经营，参与的农户家庭都呈不断下降的趋势。这恐怕与当时的抗战形势有关，也与1934年美国"白银收购法案"出台后中国经济出现了通货紧缩的大环境相关。工商业的萎缩让农村的非农就业机会持续恶化（城山智子，2010）。

表4 清苑农村的非农就业结构

单位：户，%

类别		1929—1930 年	1936 年	1946 年
根据收入和人口情况统计				
本地非农业工资就业	户数	98	168	145
	占全部农户家庭的比重	12.8	10.9	7.9
外出就业	户数	210	423	446
	占全部农户家庭的比重	26.8	26.8	23.5
副业经营	户数	180	295	333
	占全部农户家庭的比重	23	18.7	17.5
根据劳动力职业情况统计				
个体手工业者	户数	13	30	27
	占全部农户家庭的比重	1.7	1.9	1.4
小商贩	户数	33	52	47
	占全部农户家庭的比重	4.2	3.3	2.5
自由职业者	户数	6	16	9
	占全部农户家庭的比重	0.8	1	0.5

注：1. 本地非农业工资就业指的是家庭常住人口中有人通过非长工、非短零工的方式获得工资收入。

2. 外出就业指的是家庭人口中有人常年在外或者大部分时间（6 个月以上）在外求学、参军和就业。在所调查的村中，求学、参军的人口数量相对较少，因此，这些在外人口主要是外出就业人口。

3. 个体手工业者指的是利用简单的手工生产工具，从事采掘和加工，并以其收入为主要生活来源的人，如铁匠、石匠、木匠，以及烧石灰、烧砖瓦的人等。

4. 小商贩指的是占有少量资本，向商店或小生产者购入商品，向消费者出卖，自己从事商品流转中的劳动，所得收入作为生活的全部来源或主要来源者，如挑担的货郎、固定的小摊贩等。

5. 自由职业者指的是医生、教师、律师、新闻记者等。

资料来源：中国社会科学院经济研究所"无锡、保定农村调查"资料（1929—1930，1958）。

五　农户家庭在土地市场和劳动力市场上的选择

尽管清苑的土地市场和劳动力市场相对来说规模不是很大，但农户在市场上的选择行为与什么因素有关这一问题仍然值得研究。由于个别样本人口统计数据存在缺失、个别样本的数据质量不好需要剔除等，本小节的分析样本进一步缩减为 3849 户。

对于清苑农户来说，其资源禀赋主要是资本（物质资本、人力资本）、土地和劳动力。我们把在土地市场上的决策选择作为因变量，把其所拥有的劳动力情况、耕地以及物质资本等作为影响因素。为了区分不同劳动力的影响，我们使用性别（男性劳动力、女性劳动力）和年龄（"年幼依赖者"指的是低于一定年龄的依赖者；而"年老依赖者"指的是到了一定年岁的依赖者）来进一步区分劳动力。选择可能不仅仅与劳动力的数量相关，也与劳动力的"质量"或者说人力资本有关，经济学家经常用文化程度来衡量人力资本或者说劳动力的"质量"。我们参照 Kung 的方法计算了家庭的平均教育指数①。我们把大牲畜数量和大农具数量作为家庭物质资本的代表，并合并计算了家庭拥有大牲畜和大农具的指数②。同时我们控制了村庄的地理位置、村庄规模、村庄的土地分配状况、农户负债数量、家庭所拥有的房屋和水井等其他物质资本等因素对家庭决策行

---

① 家庭平均教育指数的计算方法为：文化为初小程度设定水平为 1，高小程度设定水平为 2、初中程度为 3、高中程度为 4，大学程度为 5，每一个水平乘以相应的人口总数（包括年内常住人口和年内在外人口），加总后再除以总人口数，所得到的值即为家庭平均教育指数。

② 家庭拥有大牲畜和大农具的指数的计算方法为：根据 20 世纪三四十年代清苑大牲畜和大农具的平均价格，对家庭拥有的大牲畜和大农具数量进行加权，牛、马、骡、驴、铁轮大车、胶轮大车、水车的权重分别为 2、2、3、1、1、2、2，加权后的总和即为家庭拥有大牲畜和大农具的指数。

为的影响。我们假定各因素对选择的影响模式在不同的时点和村庄之间变化不大，这样我们在加入时间虚拟变量后就可以借助于混合截面数据的 logit 回归模型来对这一问题进行研究。回归的结果显示在表 5 中。

我们发现，家庭拥有大牲畜和大农具的指数、人均耕地数量以及男性劳动力和平均教育指数对于家庭在土地市场上的决策起到了较为重要的作用。例如，大牲畜和大农具的数量越多，典入、租入耕地的激励就越强，反之则越弱。人均耕地数量少的农户更倾向于租入或者典入土地，人均耕地数量多的农户则更有可能租出或者典出土地。男性劳动力的缺乏则导致了对耕地的租出可能性加大，男性劳动力充裕则导致农户家庭更加愿意租入或典入耕地。家庭平均教育指数高则更倾向于典出或者租出耕地。同时，我们也注意到，女性劳动力数量和家庭的人口结构对家庭在耕地市场上的决策影响似乎不是很明显。由于土地买卖市场的数据是某一时段的，我们在本文就不深入研究影响土地买卖的因素了。

表 5　影响家庭在土地市场上决策的因素

因素	耕地典当市场		耕地租赁市场	
	典入	典出	租入	租出
拥有大牲畜和大农具的指数	0.170 * (0.069)	- 0.179 * (0.086)	0.294 *** (0.055)	- 0.421 *** (0.123)
人均耕地数量	- 0.382 *** (0.602)	0.046 * (0.022)	- 0.492 *** (0.054)	0.133 *** (0.034)
年幼依赖者比例#	0.679 (0.417)	- 0.200 (0.524)	0.474 (0.355)	- 0.407 (0.722)
年老依赖者比例##	- 0.210 (0.676)	- 0.941 (0.852)	- 0.728 (0.603)	0.175 (0.921)
男性劳动力	0.196 * (0.077)	0.062 (0.105)	0.116 * (0.071)	- 0.442 * (0.178)

续表

因素	耕地典当市场		耕地租赁市场	
	典入	典出	租入	租出
女性劳动力	0.005 (0.093)	-0.051 (0.119)	-0.070 (0.083)	0.380* (0.165)
平均教育指数	0.212 (0.255)	0.736** (0.244)	-0.163 (0.225)	1.740*** (0.253)
样本数量	3849	3849	3849	3849

注：括号中的数据为估计参数的标准误。我们采用混合截面数据的 logit 回归模型进行估计。在估计中，我们已经控制了家庭负债数量、家庭房屋数量、家庭水井数量、村庄距离清苑县城的距离、村庄土地基尼系数、村庄规模以及时间趋势。

＊＊＊代表 0.1% 的显著性水平；＊＊代表 1% 的显著性水平；＊代表 5% 的显著性水平。

#14 岁及 14 岁以下的家庭人口数量，除以家庭（年内）总人口。

##15—16 岁以及 16 岁以上因残废、年老、久病而失去劳动能力的人口数量，除以家庭（年内）总人口。

在对影响劳动力市场决策的因素的研究上，我们仍然采用了 logit 回归模型，只不过，因变量是农户在劳动力市场上的雇佣行为，结果显示在表 6 中。研究发现，人均耕地数量对于家庭决策有重要影响。如果农户家庭的人均耕地数量大，则雇入长工和短零工的激励增强，同时，出雇的意愿降低。男性劳动力的影响与人均耕地数量的影响方向恰好相反。男性劳动力多的农户家庭，倾向于通过出雇获取经济回报，无论是长工市场还是短零工市场都是如此。家庭拥有的物质资本对于劳动力的分配也有显著影响。拥有更多的大牲畜或和大农具的家庭，出雇劳动力的意愿会较低，而雇入劳动力的意愿则相反。另外一个值得注意的现象是女性劳动力的影响显著了。不同于土地市场，在劳动力市场上，女性发挥的作用要明显一些。女性劳动力多的家庭，雇入长短工的可能性也是较高的，与男性劳动力的影响恰好相反。还有一个发现就是平均教育指数对劳动力市场的影响也是显著的。一般而言，受过良好教育的农户家庭，更有可能在劳动力市场上处于需求方的地位。而在土地市场上，平均教育指数与耕地租出、典出呈正相关关系。对这一现象的一个可能解释就是土地的收益率相对较低，因此，人力资本丰裕的农户家庭，可能更多地选择了非农就业。而为了非农就业，他们需要租出或者典出自己的土地，或者雇佣他人来耕种自己的土地。同时，也说明出雇长工和短零工的收益相对不高，一个受过良好教育的家庭人口有更好的途径获得收入，而不是出雇劳动力。

表 6　影响家庭在劳动力市场上决策的因素

因素	长工市场		短零工市场	
	雇入	出雇	雇入	出雇
拥有大牲畜和大农具的指数	0.705 *** (0.060)	-0.531 *** (0.116)	0.349 *** (0.042)	-0.297 *** (0.050)
人均耕地数量	0.167 *** (0.026)	-0.250 *** (0.050)	0.082 *** (0.018)	-0.190 *** (0.026)
年幼依赖者比例#	0.718 (0.570)	-0.906 * (0.355)	0.415 (0.354)	-0.032 (0.213)
年老依赖者比例##	1.322 **** (0.756)	-0.415 (0.486)	0.525 (0.495)	-0.317 (0.310)
男性劳动力	-0.687 *** (0.112)	0.807 *** (0.069)	-0.538 *** (0.078)	0.267 *** (0.045)
女性劳动力	0.573 *** (0.098)	-0.420 *** (0.091)	0.390 *** (0.071)	-0.099 **** (0.052)
平均教育指数	1.550 *** (0.207)	-2.766 *** (0.472)	1.139 *** (0.158)	-1.539 *** (0.196)
样本数量	3849	3849	3849	3849

注：括号中的数据为估计参数的标准误。我们采用混合截面数据的 logit 回归模型进行估计。在估计中，我们已经控制了家庭负债数量、家庭房屋数量、家庭水井数量、村庄距离清苑县城的距离、村庄土地基尼系数、村庄规模以及时间趋势。

*** 代表 0.1% 的显著性水平；** 代表 1% 的显著性水平；* 代表 5% 的显著性水平；**** 代表 10% 的显著性水平。

#14 岁及 14 岁以下的家庭人口数量，除以家庭（年内）总人口。

##15—16 岁以及 16 岁以上因残废、年老、久病而失去劳动能力的人口数量，除以家庭（年内）总人口。

我们还运用相似的模型研究了影响家庭非农就业行为的因素，结果参见表7。对于外出就业来说，平均教育指数显然是具有正向作用的，即家庭总体教育水平高一些的农户倾向于外出就业。物质资本的匮乏也是促使家庭成员外出的因素之一。在这里我们可以看到的是，人均耕地数量、拥有大牲畜和大农具的指数与外出就业的关系是负向的。男性劳动力多，没有养育孩子负担的家庭往往选择让个别男性外出挣钱。对于本地非农业工资就业，平均教育指数的影响不明显，这说明本地非农业工资就业的水平可能不高，不需要太多的人力资本。物质资本的匮乏、人均耕地数量少会导致农户将更多的精力投入本地非农业工资就业，家庭男性劳动力多、孩子多也会促进非农业工资就业。对于家庭副业而言，平均教育指数的影响是负向的，这说明清苑经营家庭副业的门槛不是很高，因此对人力资本的要求不高，同时也可能说明副业经营的收入相对不是很高，因此，有能力的人更喜欢外出。人均耕地不足、家庭男性劳动力充足让农户更多地选择经营副业，早期农村经济的研究者就已经观察到这一特征。比如，冯和法在《中国的农业经营》（1934）一文中就指出："土地愈小的农民，则副业地位愈为重要。"综合来看，可以发现外出就业、本地非农业工资就业和家庭副业都是以男性为主的。我们还从劳动力职业的角度观察了对非农就业选择的影响，发现耕地不足是影响家庭从事手工业和小商业活动的重要因素，而平均教育指数、女性劳动力与自由职业的选择具有较强的正相关性。

表 7　影响家庭非农就业行为的因素

类别	外出就业	本地非农业工资就业	家庭副业	手工业	小商业	自由职业
平均教育指数	1.408*** (0.131)	-0.082 (0.194)	-0.545** (0.168)	-0.309 (0.529)	0.535* (0.264)	2.179*** (0.331)

续表

类别	外出就业	本地非农业工资就业	家庭副业	手工业	小商业	自由职业
拥有大牲畜和大农具的指数	- 0. 160 ***	- 0. 197 ***	- 0. 068	0. 134	- 0. 088	0. 129
	(0. 039)	(0. 060)	(0. 043)	(0. 150)	(0. 099)	(0. 140)
人均耕地数量	- 0. 101 ***	- 0. 097 **	- 0. 192 ***	- 0. 504 ***	- 0. 188 **	- 0. 049
	(0. 023)	(0. 033)	(0. 027)	(0. 118)	(0. 064)	(0. 082)
年幼依赖者比例#	- 1. 013 ***	1. 033 ***	0. 207	- 1. 621 *	0. 494	0. 789
	(0. 241)	(0. 300)	(0. 228)	(0. 749)	(0. 509)	(1. 214)
年老依赖者比例##	- 0. 181	0. 553 ****	0. 227	- 0. 889	0. 283	- 0. 111
	(0. 357)	(0. 428)	(0. 329)	(0. 999)	(0. 768)	(2. 172)
男性劳动力	0. 638 ***	0. 301 ***	0. 121 **	0. 028	0. 084	0. 028
	(0. 047)	(0. 057)	(0. 046)	(0. 153)	(0. 105)	(0. 203)
女性劳动力	- 0. 011	- 0. 101	0. 067	- 0. 378 *	- 0. 001	0. 608 ***
	(0. 050)	(0. 069)	(0. 052)	(0. 192)	(0. 122)	(0. 175)
样本数量	3849	3849	3849	3849	3849	3849

注：括号中的数据为估计参数的标准误。我们采用混合截面数据的 logit 回归模型进行估计。在估计中，我们已经控制了家庭负债数量、家庭房屋数量、家庭水井数量、村庄距离清苑县城的距离、村庄基尼系数、村庄规模以及时间趋势。

*** 代表 0.1% 的显著性水平；** 代表 1% 的显著性水平；* 代表 5% 的显著性水平；**** 代表 10% 的显著性水平。

#14 岁及 14 岁以下的家庭人口数量，除以家庭（年内）总人口。

##15—16 岁以及 16 岁以上因残废、年老、久病而失去劳动能力的人口数量，除以家庭（年内）总人口。

总体来看，人均耕地数量、劳动力以及平均教育指数（人力资本）和物质资本均对家庭在要素市场上的决策行为有重要影响。在劳动力中，起决定性作用的是男性劳动力。而人均耕地数量对于家庭在要素市场上的决策的影响更是根本性的。我们的描述性分析也表明，清苑农户在要素市场上的经济决策受到了其资源禀赋的制约，也可以说，清苑的农户以一种符合经济理性的方式在调整和配置他们所拥有的资源。至于这种调配对于他们的家庭人均收入有什么样的影响，我们将在下一节进行讨论。

六 土地市场和劳动力市场上的选择对农户收入的 影响

我们在此用农户家庭人均收入作为对选择结果的衡量。在1930—1946年，中国的货币体系发生了变化，既有银元，又有法币，而1946年又处于抗战刚刚结束，国家经济尚不稳定，币值也并不稳定的时刻，这给计算家庭人均收入带来了困难。然而，碰巧的是在进行第二次"无锡、保定农村调查"以及后来的问卷数据整理过程中，当时的调查人员已经将这些时点的数据统一按1957年的价格折算[①]。本文采用了这一调整，这样，我们就可以将这些不同时点的收入数据放置在一个统一的模型下进行研究了。

在这一节，我们采用了两种回归方法。一种是一般线性回归（OLS），一种是 Newey－West 稳健回归。家庭人均收入的对数为被解释变量，家庭是否租入、租出、典入、典出耕地以及是否雇入、出雇劳动力等作为解释变量（二元分类变量）。同时，尽量控制住其他影响因素。估计的结果显示在表8中。我们发现，租入、典入耕地对家庭人均总收入的提高作用是比较显著的，而典出、租出耕地对家庭人均总收入增长的作用并不显著。这似乎表明，农户通过出租耕地并不能明显增加自己的家庭人均总收入。这里存在的一个疑问便是，如果通过租出或者典出耕地不能提高自己家庭的收入水平，那农户为什么还要

[①]　具体的折合办法为：1930年银元每1元折合成人民币1.819元；1936年法币每1元折合成人民币1.9215元；1946年因为币值不稳定，所以先折合成谷子数量，然后按1957年统购不变的价格每百斤7.03元折合成人民币。

租出或者典出自己的耕地呢？一个可以观察到的解释就是有一部分农户租出耕地或者典出耕地是被迫的。在清苑农村有许多这样的案例。一些租出耕地的农户并不是不想种地，而是家庭在农忙时缺少必要劳动力（比如家庭主要劳动力外出或者得病），无力承担田间劳作；典出耕地也有一些农户是迫于无奈，一些耕地典出者都是因为生活贫困或突遇灾祸（比如家庭老人亡故无力安葬）或染上不良恶习（比如赌博或者抽大烟等），由于社会救济和农民自救能力非常微弱，不得不典出耕地，典出者的最后归宿大多为典绝。从劳动力市场的角度进行观察，我们发现雇入长工与家庭的人均总收入水平提高有一定的正相关性，雇入短零工似乎对收入的提高影响不大，而出雇长工和短零工都能明显地提高家庭人均总收入水平。

另外一个提高收入的途径是非农就业。表 8 表明，有在外人口的家庭与有外出人口寄回收入的家庭相比，与收入提高的相关程度要弱一些，但都是正向的。如前文所述，在外人口中有一些是参军或者求学的，他们并不能显著提高家庭的收入水平。另外，在外人口中还有一部分人尽管是工作，但由于多种原因并没有积累下收入，并没有挣到足够的钱可以除了自己消费之外同时补贴家里，因此有寄回收入的农户家庭收入水平更高一些是可以理解的。家庭经营副业、有本地非农业工资就业都会提高农户家庭的收入水平。我们还进一步研究了家庭有手工业者和小商贩以及自由职业者对家庭收入的影响，我们发现有小商贩对家庭人均总收入的影响也明显是正向的，而有手工业者和自由职业者的影响并不明显。

实际上，我们还研究了市场参与对于农户家庭人均总收入的影响。方法是对农户进行分类，一组是参与市场（包括耕地租赁、典当市场和劳动力市场）的，一组是没有参与市场的。我们发现，在控制了人均耕地、家庭人口结构等一系列变量之后，参与市场对其家庭人均总收入的影响是正向的。这说明，尽管只有少数农户参与市场，但总体上看，参与市场对于农户家庭提高自己的收入水平是有帮助的。限于篇幅，在此我们不再详细报告回归结果。

表 8　市场（非农）上的选择对家庭人均总收入的影响

因素		农户家庭人均总收入的对数			
		参与市场的农户		未参与市场的农户	
		一般线性回归（OLS）	Newey – West 稳健回归	一般线性回归（OLS）	Newey – West 稳健回归
家庭是否参与耕地典当市场	典入	0.075 ** (0.024)	0.075 *** (0.022)	0.071 ** (0.023)	0.071 ** (0.022)
	典出	− 0.063 * (0.025)	− 0.063 * (0.031)	− 0.059 * (0.024)	− 0.059 **** (0.031)
家庭是否参与耕地租赁市场	租入	0.047 ** (0.016)	0.047 * (0.019)	0.050 ** (0.016)	0.050 ** (0.019)
	租出	− 0.088 ** (0.035)	− 0.088 (0.062)	− 0.103 ** (0.034)	− 0.103 **** (0.061)
家庭是否参与劳动力（长工）市场	雇入	0.034 * (0.014)	0.034 ** (0.013)	0.028 * (0.014)	0.028 * (0.013)
	出雇	0.069 *** (0.012)	0.069 *** (0.013)	0.091 *** (0.011)	0.091 *** (0.012)
家庭是否参与劳动力（短零工）市场	雇入	0.006 (0.011)	0.006 (0.010)	− 0.002 (0.011)	− 0.002 (0.010)
	出雇	0.036 *** (0.007)	0.036 *** (0.008)	0.042 *** (0.007)	0.042 *** (0.008)
家庭是否有在外人口		0.023 ** (0.008)	0.023 * (0.009)		
家庭是否有外出人口寄回收入				0.134 *** (0.011)	0.134 *** (0.013)
家庭是否经营副业		0.120 *** (0.008)	0.120 *** (0.008)	0.126 *** (0.008)	0.126 *** (0.008)

因素	农户家庭人均总收入的对数			
	参与市场的农户		未参与市场的农户	
	一般线性回归（OLS）	Newey - West 稳健回归	一般线性回归（OLS）	Newey - West 稳健回归
家庭是否有本地非农业工资就业	0.094 *** (0.010)	0.094 *** (0.011)	0.103 *** (0.010)	0.103 *** (0.011)
家庭是否有手工业者	0.033 (0.026)	0.033 (0.033)	0.042 **** (0.025)	0.042 (0.033)
家庭是否有小商贩	0.098 *** (0.018)	0.098 *** (0.023)	0.106 *** (0.018)	0.106 *** (0.023)
家庭是否有自由职业者	0.055 (0.035)	0.055 (0.042)	0.071 * (0.034)	0.071 **** (0.042)
调整后 R^2	0.5541		0.5702	
样本数量	3849	3849	3849	3849

注：括号中的数据为估计参数的标准误。我们采用一般线性回归（OLS）方法、Newey - West 稳健回归两种方法进行估计。在估计中，我们已经控制了家庭男性劳动力数量、女性劳动力数量、年幼依赖者比例、年老依赖者比例、家庭 14 岁以上人口的平均教育指数、人均耕地数量、拥有大牲畜和大农具的指数、房屋数量、水井数量、耕作亩产量、典入与典出耕地数量、租入与租出耕地数量和家庭负债数量、村庄与清苑县城的距离、村庄规模、村庄土地分配的基尼系数以及时间趋势。

*** 代表 0.1% 的显著性水平；** 代表 1% 的显著性水平；* 代表 5% 的显著性水平；**** 代表 10% 的显著性水平。

七　小结

认识农户在市场化中的行为特征是非常重要的，这一方面体现在对中国经济史，尤其是对近现代经济史中重大问题的解释上（比如，中国近代经济为什么没有突破性的发展）；一方面体现在对解决现代"三农问题"的政策建议上（比如，应该如何实现农业现代化，如何实现"四化同步"）。"无锡、保定农村调查"资料恰好给我们提供了用于分析的历史经验证据，这一资料的珍贵性堪与满铁调查与卜凯调查相比拟，而且迄今为止保定（清苑）农户的微观数据还没有被学者系统地使用过。这激发了我们的兴趣。我们通过量化研究更加清楚地审视了该地区农村的要素市场发育以及非农就业情况，并进而分析了农户经济的行为选择模式及其对近现代中国农村经济的可能影响。我们希望，这一研究有助于推动"无锡、保定农村调查"资料的进一步开发利用。我们在本文的发现可以归结为以下三个方面。

第一，对保定（清苑）农村的要素市场以及非农就业市场的认识。通过研究发现，清苑农村的土地市场和劳动力市场规模都不算大（尤其是与长三角地区的无锡农村相比），尽管相对而言，清苑的劳动力市场比土地市场更活跃一些。其原因我们在前文已经有所说明。同时需要指出的是，尽管华北地区的工商业水平总体上相对不高，但清苑农户也面临着一定数量的非农就业机会，主要的非农就业行业就是纺纱和织布。有的农户自己经营，成为家庭副业，有的农户为别人加工，类似于工作在英国工业革命之前的包买商制度之下，成为本地非农就业者。还可以发现，本地的非农就业机会似乎不如外地（北京、天津、东北等），因为平均教育指数高的家庭外出工作的意愿更强，这也合乎逻辑，农村的经济发展水平与城市相比仍有较大的差距。

第二，对清苑农户行为模式的认识。我们认为，从配置资源的角度看，家庭的选择决策总体上是符合经济理性的，即家庭能够根据自身的资源禀赋状况进行合理的调配。当然，在本文我们并没有考虑要素的价格，只是考虑了要素的结构。农业生产需要土地、劳动力和牲畜、农具有一个合适比例的搭配，因此，农户通过市场使得要素配置向合理化占比方向移动能在一定程度上反映出农户家庭的经济理性。要素配置还反映在农户对非农就业的选择上。因为，受供给水平的约束，对于清苑农户来说，并不是所有农户都能满足增加农业生产要素的需求，尤其是耕地，在这种情况下，通过非农就业尽可能地实现人均收入的增长就是一种合理的选择。

第三，对清苑农村经济发展的认识。从对家庭人均收入的影响上看，家庭通过土地和劳动力市场调整要素投入结构对人均收入的提高总体上是具有正向作用的，尽管是租入、典入耕地或者出雇劳动力的作用更为明显一些。非农就业对农户家庭的收入改善也是有显著帮助的。然而，非农就业水平取决于保定地区的工商业发展水平。相对而言，保定的工商业发展程度要落后无锡很多，即便是棉纺织业有一定的发展，但水平仍然难以与无锡比肩。这就使得尽管通过劳动力市场（包括从事非农就业）和土地市场可以改善要素配置，从而提高农户的收入水平，但能够拥有这种改善机会的家庭数量是有限的，多数农户家庭不得不停留在自然的生产要素配置上，不得不以家庭经营的方式继续停留在农业耕作上。在这里我们也观察到要素市场的发育与非农就业所具有的重要联系，无锡之所以能够走出"过密化"，非农就业机会起到了至关重要的作用（Kung et al.，2011a，2011b），从逻辑上看，清苑也应该如此，即非农就业发展水平不断提高，并进而促使农村的要素市场变得更加发达。二者共同作用，最终使得离开农业的农户和不离开农业的农户都获得人均收入的持续提高。

参考文献

卜凯，1937，《中国土地利用：统计资料》，商务印书馆。

曹幸穗，1996，《旧中国苏南农家经济研究》，中央编译出版社。

陈翰笙，1930，《关于保定农村调查的一些认识》，载陈翰笙、薛暮桥、冯和法编《解放前的中国农村》第 3 辑，中国展望出版社，1989，第 39—40 页。

陈翰笙，2012，《四个时代的我：陈翰笙回忆录》，中国文史出版社。

〔日〕城山智子，2010，《大萧条时期的中国：市场、国家与世界经济（1929—1937）》，孟凡礼、尚国敏译，江苏人民出版社。

丁长青、慈鸿飞，2000，《农村现代化新趋势——天津市静海经济社会发展战略》，商务印书馆。

冯和法，1934，《中国的农业经营》，载陈翰笙、薛暮桥、冯和法编《解放前的中国农村》第 2 辑，中国展望出版社，1986，第 548—562 页。

河北省统计局，1958，《1930—1957 年保定农村经济调查资料》（未公开出版）。

侯建新，2000，《民国年间冀中农村产业结构变化与商品化——来自 11 村的一项计量分析》，载张国刚主编《中国社会历史评论第二卷》，天津古籍出版社，第 166—176 页。

〔美〕黄宗智，2000a，《华北的小农经济与社会变迁》，中华书局。

〔美〕黄宗智，2000b，《长江三角洲小农家庭与乡村发展》，中华书局。

李金铮，2012，《中国近代乡村经济史研究的十大论争》，《历史研究》第 1 期。

李金铮、邹晓昇，2003，《二十年来中国近代乡村经济史的新探索》，《历史研究》第 4 期。

刘怀溥，1958，《无锡、保定农村经济调查情况介绍》，《统计研究》第 7 期。

〔美〕马若孟，2013，《中国农民经济：河北和山东的农民发展，1890 ～ 1949》，史建云译，江苏人民出版社。

〔俄〕恰亚诺夫，1996，《农民经济组织》，萧正洪译，中央编译出版社。

任放，2011，《近三十年中国近代史研究视角的转换——以乡村史研究为中心》，《史学月刊》第 4 期。

史建云，1998，《浅述近代华北平原的农业劳动力市场》，《中国经济史研究》第 4 期。

史志宏，2007，《无锡、保定农村调查的历史及现存无、保资料概况》，《中国经济史研究》第 3 期。

〔美〕舒尔茨，2006，《改造传统农业》，梁小民译，商务印书馆。

〔美〕斯科特，2001，《农民的道义经济学：东南亚的反叛与生存》，程立显、刘建等译，译林出版社。

隋福民、韩锋，2014，《20 世纪 30—40 年代保定 11 个村地权分配的再探讨》，《中国经济史研究》第 3 期。

武力，2004，《20 世纪 30～40 年代保定农村土地分散趋势及其原因》，《古今农业》第 3 期。

张培刚，1936，《清苑的农家经济》，商务印书馆。

郑起东，2012，《"整体史观"与近代中国乡村史研究》，《天津社会科学》第 3 期。

朱英，2007，《期待中国近代乡村经济史研究向纵深拓展》，《华中师范大学学报》（人文社会科学版）第 1 期。

Brandt, L., 1987, "Farm Household Behavior, Factor Markets, and the Distributive Consequences of Commercialization in Early Twentieth – Century China", *Journal of Economic History*, 47 (3): 711 – 737.

Buck, J. L., 1930, *Chinese Farm Economy*, Chicago: University of Chicago Press.

Chayanov, A. V., 1966, "Peasant Farm Organization", in Daniel Thorner, B. Kerblay and R. E. F. Smith, *The Theory of Peasant Economy*, Madison: University of Wisconsin Press, Madison, Wis.: 21 – 57.

Esherick, J. W., 1981, "Number Games: A Note on Land Distribution in Prerevolutionary China", *Modern China*, 7 (4): 387 – 412.

Fogel, J., 1987, "Liberals and Collaborators: The Research Department of the South Manchurian Railway Company", *Association for Asian Studies*.

Kung, J. K., 2008, "The Political Economy of Land Reform in China's Newly Liberated Areas: New Evidence from Wuxi County", *The China Quarterly*, 195: 675 – 690.

Kung, J. K., Daniel Yiu - Fai Lee and Bai Nansheng, 2011a, "Chinese Farmer Rationality and the Agrarian Economy of Lower Yangzi in the 1930s", in Ramon Myers and Billy So (eds.), *China's Productive Market Economy and Liturgical State: Institutional Change and Continuity, 1842 - 1937*, Berkeley: University of California Press.

Kung J. K., Nansheng Bai and Yiu - Fai Lee, 2011b, "Human Capital, Migration, and 'Vent' for Surplus Rural Labor in 1930s' China: The Case of the Lower Yangzi", *Economic History Review*, 64 (S1): 117 - 41.

Myers, R. H., 1970, *The Chinese Peasant Economy: Agriculture Development in Hopei and Shantung, 1890 - 1949*, Cambridge, Mass.: Harvard University Press.

Popkin, S. L., 1979, *The Rational Peasant: The Political Economy of Rural Society in Vietnam*, Berkeley: University of California Press.

Rawski, T. G., 1989, *Economic Growth in Prewar China*, Berkeley: University of California Press.

Schultz, Theodore W., 1964, *Transforming Traditional Agriculture*, Chicago: University of Chicago Press.

Scott, J. C., 1977, *The Moral Economy of the Peasant: Rebellion and Subsistence in Southeast Asia*, New Haven: Yale University Press.

（本文曾发表于《经济研究》2018 年第 7 期）

怎样认识 20 至 50 年代无锡农民的纯收入

——对《第二次无锡、保定农村经济调查报告》的再研究

朱文强

引　言

从 1929 年至今，"无锡、保定农村经济调查"（以下简称"无保调查"）已举行四次了，目前，第四次无保调查正在进行之中。

1988 年，《中国农业合作史资料》增刊二发表了 1958 年第二次无保调查的报告，分为无锡报告和保定报告。报告总结了第二次无保调查以及 1929 年第一次无保调查的情况，对解放前后近 30 年来的农村经济关系、农业和副业生产、农村人口和劳动力状况，以及农民的物质和文化生活等许多方面都做了精辟的分析。而且，报告还公布了 20 世纪 20 年代末至 50 年代共 4 个调查年点的农民人均纯收入数据，从而使我们对这两地农民过去的收入水平有了一个数量上的概念。

农民的收入水平，不仅是每次无保调查最重要的内容，而且是各次无保调查进行比较分析的最主要的项目之一。

由于第一次无保调查未能发表调查报告，其原始资料的数据，在第二次调查时才又重新进行核实和整理，并写进第二次调查的报告之中，因而，第二次调查的报告相当于前两次调查的联合报告，对于整个无保调查来说具有相当重要的意义。因为，无保调查的早期数据，包括作为无保调查基期水平的 1929

年的调查数据,都记录在第二次调查的报告之中。"无保调查"作为一个已经形成了"调查系列"的中国社会科学院经济研究所的"特色调查",今后无论再作几次调查追踪,其"基期水平",都是这个报告中的数据。所以,这个报告中的数据正确与否,不仅仅关系到它是否正确地反映了无保调查最初那几个调查年点的经济水平,而且关系到所有以后各次追踪调查与"基期"相比较的真实性。

因此,当我们参与第三、四次无保调查时,回过头来先审视一下我们所依据的基期数据的准确程度,然后再与之作比较分析,似不应当认为是不必要的。

而当我们带着"千万别有问题"的愿望,审查第二次无保调查的报告和各种档案、资料时,偏偏事与愿违,发现关于农民人均纯收入的统计中存在问题。本文拟以无锡调查报告中农民人均纯收入的统计为例,就调查资料的计算、汇总等问题先谈一点自己的意见,抛砖引玉,以期熟悉经济及金融历史和有统计经验的专家能把此问题真正解决好。

1988 年发表的第二次无保调查报告,写于那次调查的当年——1958 年。无锡报告的题目是《江苏无锡县近卅年来农村经济调查报告(1929—1957 年)》。该报告的第四部分——"卅年来物质文化生活的变化情况"一节中,叙述了 11 个调查村 20 至 50 年代的四个调查年点各个阶层农民人均纯收入。为了便于观察和分析,笔者将其制成表 1。

表 1　无锡农民"人均纯收入"

单位:人民币元

阶层	1929 年	1936 年	1948 年	1957 年
中农	87.33	81.94	82.82	108.17
贫农	60.02	58.17	51.36	96.20

阶层	1929 年	1936 年	1948 年	1957 年
雇农	73. 67	72. 80	71. 24	92. 18
地主	357. 11	305. 88	187. 18	99. 95
富农	139. 98	134. 47	104. 32	104. 65
合计	89. 17	85. 39	73. 32	101. 07

资料来源：根据 1958 年第二次无保调查报告中的《江苏无锡县近卅年来农村经济调查报告（1929—1957 年）》公布的数据制表，见《中国农业合作史资料》1988 年增刊二，第 47—48 页。

从表 1 中可以明显地看到这样的规律：1929 年、1936 年、1948 年这三个年点的收入是逐年降低的（除 1948 年中农收入略有提高外）。另外，从四个调查年点的合计纯收入来看，均高于 1957 年全国农民人均纯收入 72.95 元[①]的水平。

果真如此吗？否。经过分析发现，上述两个问题并非由调查过程产生，而是由统计过程产生：前者是由新旧货币换算及实物折价不当引起的；后者则是因报告中使用的"纯收入"指标，与我们现在使用的以及国家统计局所使用的"纯收入"指标，根本不是同一个概念。因此，表 1 所谓的"纯收入"，实际上不能称为纯收入，但它也不是总收入，而是介于这二者之间的一种"不纯的纯收入"。为此，特意将表 1 中的"人均纯收入"加了引号，以示其并非真正的人均纯收入。

为什么人均纯收入会出现统计、汇总方面的错误呢？这首先要从无保调查及其本身的难度说起。

一 一项跨越新旧社会的复杂课题

无保调查课题是一项宏大而复杂的课题。第一次无保调查，

---

① 国家统计局编《建国三十年全国农业统计资料（1949—1979）》，国家统计局，1980，第 325 页。

于 1929—1930 年进行。1929 年，由担任国立中央研究院社会科学研究所副所长的陈翰笙发起，在江苏无锡举办了一次大规模的农村经济调查，其中，进行了挨户调查的有 22 个村，共调查了 1204 户。1930 年，该所又会同北平社会调查所进行了保定农村经济调查，其中，进行了挨户调查的村有 11 个，共调查了 1770 个农户。两处调查是由同一批进步的农村经济研究工作者，包括陈翰笙、王寅生、钱俊瑞、张稼夫、张锡昌、秦柳方等人所组织领导。他们试图用马列主义观点来调查研究中国农村经济，阐明中国农村的半殖民地半封建性质，从而驳斥当时各种反对中国土地革命的反动论点。但由于反动统治者的阻挠，原调查人还未最后完成这些调查资料的整理研究工作，就被迫离开了中央研究院。针对无锡的资料，调查人曾费了很多精力，写出一个研究报告，但未能发表。而保定的资料，调查人还没有来得及整理完。

1957 年，中国科学院经济研究所（即今中国社会科学院经济研究所的前身）在国立中央研究院的档案中找到了这两个调查的全部原始资料（但调查人已写好的关于无锡调查的报告已遗失），感到很宝贵。当时任经济研究所所长兼国家统计局副局长的孙冶方同志与任国家统计局局长并曾于 1930 年参与过无保调查资料整理工作的薛暮桥同志共同决定组织人力对这批原始资料进行整理，并交由江苏、河北两省统计局分别组织力量，于 1958 年再对原调查村进行一次新的调查，借以对比观察近 28 年来两地农村经济的发展演变过程，并用来说明社会主义制度的优越。

关于调查的村庄，在无锡选取了原来 22 个调查村中的 11 个村；在保定，原来调查的 11 个村全部保留。调查的方法也与第一次调查相同，即一方面作挨户调查，另一方面作村概况调查。

第二次调查与第一次调查相比，在调查年点的数量上有较大增加——每个地方由 1 个调查年点增加到 4—5 个年点，以原有调查年、全面抗日战争的前一年、土改或解放前一年及本次调查的前一年为准，根据两地不同情况，无锡确定为 1929 年、1936 年、1948 年、1952 年及 1957 年等五年（其中 1952 年的调查较为简单，故一般不作分析），保定为 1930 年、1936 年、1946 年和 1957 年等四年。

第二次无保调查与第一次无保调查明显不同的一点是：第二次调查本身处在新社会，而调查的年点，既有新社会，又有旧社会。这一点为该次调查增加了许多麻烦。因为新、旧社会在许多方面存在着巨大的差异。例如，在经济关系方面，解放前，有租佃、典押、雇工、高利贷等，解放后则是土改、互助组、初级社、高级社；在度量衡方面，解放前的尺度与解放后的尺度不同，地亩大小也有差异，解放前粮食计量用斤，也常用石、担、斗、升等，解放后则逐渐全部改用市斤表示，解放前的秤有多种，同样叫 1 斤，重量有的却不同；在货币方面差异更大，以无锡为例，1929 年以后，曾流通过的货币有银两、制钱、铜元、银元、银行兑换券、法币、日本军用手票、"华兴券"、"中储券"、江南商业兑换券、江淮币、江南币、全面抗战后的法币、关金券、金圆券等，解放后也有老人民币、华中币、新人民币等。要把解放前的经济关系搞清楚不容易，把旧的度量衡换算成新的度量衡也不容易，而要把各种旧币换算成新人民币就更加不容易。因为货币换算是为了计算当地农民的收入，所以需要当地各个时期很多种商品的物价以及商品的流转量或消费量方面的资料，但是，当时我国各地的资料工作都很不完善，因而货币换算工作难度很大。此外，当时特殊的时代背景，也为货币换算能否客观进行增加了难度。

下面我们先来分析导致 1929 年、1936 年和 1948 年农民人均纯收入被压低的过程及原因。

二　货币换算和实物折款中产生的问题

分析这个问题的依据，主要不是 1958 年第二次无保调查的报告，而是这次调查中所形成的各种手稿和资料，如：《无锡近三十年农村经济调查综合资料》（包括汇总说明和指标解释）、《关于解放前伪法币换算成人民币的几种计算方法》、《关于解放前伪法币换算成人民币的计算方法和实例》、《无锡县商业局粮价资料》、《无锡县粮食局粮价资料》、《统计与研究物价的意见》、《无锡市白水荡植物单价表》、《无锡市历年茧粮比价资料调查报告》。以上资料，除第一种《无锡近三十年农村经济调查综合资料》已经油印外，其余大多是手稿，都是作为调查档案留下来的。另外，为了分析货币换算问题，笔者还参考了一些有关无锡的物价资料及工具书，如《无锡市物价志》《江苏省粮食志》等。

1958 年第二次无锡调查确定的 4 个调查年点中 3 个年点在解放前，1 个年点在解放后。4 个年点之中不仅新、旧社会货币不同，同属旧社会的三个调查年点，其货币也各不相同：1929 年是银元，1936 年是法币，而 1948 年一年之中就有两种货币，8 月 20 日以前使用的是全面抗战后的法币，而从 20 日起改为金圆券。

根据无保调查的规定，货币收入和实物收入（例如自己种的粮食）都要算作收入。为了使调查资料统一，并能为新社会的人们所理解，第二次无保调查不管调查过程中使用何种货币报账，当写出调查报告时，必须把全部收入换算成人民币。因此，换算工作包括两个方面的内容：①货币换算；②实物折算。这两项换算的共同点，是要把解放前各个调查年点的收入全部用 1957 年的人民币表现出来。其不同之处是，货币换算要确定一个合理可行的方法，按此方法分别计算出 1929 年、1936 年、1948 年对 1957 年的货币换算率，然后，将解放前三个年点的货币换算成人民币；而实物折算应该用 1957 年的实物价格去乘各个调查年点的实物量。

让我们来看一看 1958 年无锡调查时是怎样换算的。下面，我们逐段分析《无锡近三十年农村经济调查综合资料》中关于货币换算方法的说明。

资料中所有货币指标均已统一换算成人民币。粮食指标则按当地习惯，一律用糙米计算。具体计算方法如下：1. 在调查时，1929、1936 年分别用伪法币和糙米为单位回忆报账；1948 年因币制的变化和贬值，全部用糙米报账。

笔者认为，这里采取的报账措施是对的，即 1929 年和 1936 年用法币和实物两种方式报账，1948 年只用实物报账。虽然 1929 年时实际使用的货币是银元，但调查时用法币报账这一步本身还并不构成错误，关键看下一步。

2. 伪法币和人民币的换算率是：1 元伪法币等于 1.72 元人民币。这一换算率，系采用生活必需品折实单位的方法计算，即按照 1930 年伪法币的价格和 1950 年人民币的价格，分别乘以每人每年 6 样主要生活必需品的消费量（粮食 429 斤、蔬菜 173 斤、食油 2.46 斤、食盐 14.2 斤、柴草 729 斤、布 19.27 尺），得出二种币制的价值后，相比求得的。

在这一段里，正确的和错误的办法都出现了。笔者认为，汇总资料时，采用 6 种主要生活必需品折实单位的方法计算货币的换算率，这种办法是正确的。虽然这里只用了 6 种物品的消费量做权数，但是，它比用物价总指数来计算换算率容易取得资料，且更接近农民的实际生活情况，因此是合理可行的。甚至笔者还认为，根据当时的社会情况，农民极低的收入，主要是用来吃饭以维持生命，因此，在无更多其他物价资料的情况下，只用粮食（在无锡最具代表性的粮食是粳稻和粳米）这一种东西折实，简便计算货币的换算率是可行的。汇总中的错误是：我们需要求 1929 年与 1957 年、1936 年与 1957 年的换算率，而《无锡近三十年农村经济调查综合资料》却一律用与上述两个换算率无关的 1930 年与 1950 年的换算率 1：1.72 把这二者代替了。经查《无锡市物价志》可知，1930 年的物价比 1929 年和 1936 年都高，1950 年物价又比 1957 年低[1]，所以，以高物价的 1930 年比低物价的 1950 年，其结果必然是一个较低的换算率。而物价较低的 1929 年、1936 年与物价较高的 1957 年相比则必然是两个较高的换算率。

汇总 1958 年无锡资料时，以一个低换算率代替两个高换算率，其结果必然是人为地压低了 1929 年和 1936 年的收入水平。所以这种做法是错误的。

前面说过，计算和折算解放前农民的收入，只用粮食一种东西折实的方法是可行的。因为不管是恩格尔规律还是无保调查的实际结果，都表明一个实际存在的现象，即收入越低，吃饭在消费中所占的比重就越大。当稀缺的粮食成为生存的基本保障的时候，仅有的一点收入用粮食来衡量比什么都更加实际。

---

[1] 请参见无锡市物价局编《无锡市物价志》，江苏人民出版社，1996，第105、111、112页；以及中国社会科学院经济研究所保存的《无锡市白水荡植物单价表》等无保调查档案资料。

在没有更多资料的情况下，笔者根据无锡 1929 年、1936 年、1957 年的粳稻每百斤 4.699 元、4.692 元、8.8 元的年平均价格①，求出了 1929 年与 1957 年的货币换算率为 1∶1.873，1936 年与 1957 年的货币换算率为 1∶1.876。分别比 1930 年与 1950 年的换算率 1∶1.72 高 8.9% 和 9.1%。说明 1958 年第二次调查汇总时无锡因不恰当地使用 1∶1.72 的换算率，人为地将 1929 年的货币收入压低了 8.9%，将 1936 年的货币收入压低了 9.1%。

3. 每百斤糙米折算成人民币的价格是：1929 年 8.65 元，1936、1948 年 8 元。系根据江苏省商业厅在苏州市木渎镇的物价调查和无锡市商业局、粮食部门的有关资料，首先求得当时伪法币的价格后，再换算成人民币。

这一条就更错了。第一，错在不应使用 8.65 元和 8 元两个不同的价格。在这里实际上应直接把各年的实物——糙米统一按 1957 年的现价折算，这样折算出来的才是以 1957 年人民币所表现的 1929 年、1936 年和 1948 年的实物的价值。第二，错在这里所定的价格（特别是 8 元这个价格）过低，不符合 1957 年物价的实际情况。我们可从几方面来探讨 1957 年糙米的价格。据 1958 年无锡调查时编制的《无锡市白水荡植物单价表》，1957 年稻谷价格为 8.8 元/百斤。另据《无锡市物价志》中的《1949—1990 年无锡市粮油统购统销价格变动表（一）》，1956 年每百斤粳稻统购价为 8.80 元，统销价为 10.20 元。又根据 1954 年至 1985 年无锡市粮食价格一直平稳略有上升的实际情

---

① 请参见无锡市物价局编《无锡市物价志》，江苏人民出版社，1996，第 105、111、112 页；以及中国社会科学院经济研究所保存的《无锡市白水荡植物单价表》等无保调查档案资料。

况，可确定 1957 年粳稻价格不会低于 8.8 元/百斤。糙米是脱
了稻壳而未舂的米，一般来讲，糙米价格至少要比稻谷高 15%
左右，所以，1957 年如果粳稻价格为 8.8 元/百斤，则糙米价
格至少应为 10.12 元/百斤。根据 1958 年第二次无保调查中收
集的无锡县商业局粮价资料，1957 年粳稻价格为 8.7 元/百斤，
折成糙米 10.61 元/百斤①。根据以上几种不同的但又相接近的
糙米价格，可以求出其平均数应在 10.4 元/百斤左右。而汇总
无锡资料时使用的每百斤糙米 8.65 元和 8 元的价格与 10.4 元
相比，分别低 17% 和 23%。也就是说，无锡在把实物收入折算
成人民币时，将 1929 年的收入人为压低了 17%，而将 1936 年、
1948 年的收入压低了 23%。

综上所述，1958 年第二次无保调查一方面在将解放前的旧
币换算成人民币的过程中，压低了旧币与人民币的换算率，从
而压低了解放前农民收入中的以货币计算的收入。另一方面，
在将糙米折算成人民币时，又通过压低折算价格，压低了解放
前农民收入中的以实物计算的收入。

三 纯收入计算中产生的问题

应如何计算纯收入？根据国家统计局的指标解释，农民家
庭纯收入，指农民家庭总收入中，扣除从事生产性和非生产性
经营费用支出、缴纳税款和上交承包集体任务金额以后剩余的，
可直接用于进行生产性、非生产性建设投资，生活消费和积蓄
的那一部分收入。

农民家庭纯收入，既包括货币收入，又包括自产自用的实

---

① 请参见中国社会科学院经济研究所保存的《无锡市白水荡植物单价表》等
无保调查档案资料。

物收入。其计算公式是：

$$纯收入 = 总收入 - 家庭经营费用支出 - 缴纳税款$$
$$- 上交承包集体任务 - 生产性固定资产折旧$$

纯收入总额与全部人口之比，即为人均纯收入。它是衡量农民平均收入水平的重要指标。多年来，国家统计局每年都公布由抽样调查计算的农民人均纯收入数据。

上述纯收入计算公式并不是一成不变的，它的几项减数，根据时代的具体情况而定，而且有越来越精细的趋势。如近年农村集体提留摊派、统筹款成为农民的支出项目，所以现在的纯收入统计中，集体提留摊派、统筹款已规定从总收入中减掉。总之，在纯收入公式中，该减去什么项目，或不该减去什么项目，完全以公式是否符合纯收入的内在含义而定。

如果我们利用纯收入公式去计算解放前农民的纯收入，不言而喻，须将上交承包集体任务、集体提留摊派、统筹款等项去掉，而换上农民另外两项最大和最常见的支出——地租和债款利息。即公式变为：

$$纯收入 = 总收入 - 家庭经营费用 - 缴纳税款$$
$$- 生产性固定资产折旧 - 租 - 息$$

如果"生产性固定资产折旧"不易单独统计，有人也将其算入"家庭经营费用"之中，则公式可进一步简化为：

$$纯收入 = 总收入 - 家庭经营费用 - 租、税、息$$

但是，1958 年无锡调查报告所公布的"纯收入"，并未从总收入中减去租、税、息。是当年没有计算纯收入的公式吗？不是。因为在《无锡近三十年农村经济调查综合资料》的一个说明中有这样一条："纯收入即毛收入减去生产成本、农业税和地租。"说明当时已经有了纯收入的公式。但为什么没有这样去计算纯收入，则不得而知。

是当年没有整理出租、税、息的数据吗？也不是。因为历年租、税、息的数量，在汇总资料中其实已有统计。不仅有租、税、息的统计数据，而且已经计算出了扣除生产费用以及租、税、息之后的收入，只不过当时称为净收入。其实这个"净收入"才是现在我们所理解的"纯收入"。其具体数据见表 2。

表 2　各阶层扣除成本、租、税、息后的人均实际净收入

单位：元

阶层	1929 年	1936 年	1948 年	1957 年
富农	89.53	84.15	68.22	
中农	61.82	57.03	62.07	
贫农	39.59	42.08	38.61	
雇农	45.65	66.53	84.05	
其他	27.50	35.32	42.29	
合计	50.57	50.53	48.91	71.00

资料来源：根据《无锡近三十年农村经济调查综合资料》第 64 页内容整理。

但是，第二次无保调查的报告中没有公布这些净收入数据，只公布了表 1 中那些带有很大水分的"纯收入"数据。不清楚当时这样做的理由是什么。

这样，第二次无保调查的报告就向社会提供了一组"不纯的纯收入"数据。那么，表 2 所列的数据是不是真正的无锡农民的人均纯收入呢？还不是。因为前面说过 1929 年、1936 年、1948 年的收入数据是被人为压低了的，所以，还必须用适当的方法将被压低的数据纠正过来，才能得到真的纯收入数据。

四　纠正问题的方法

无锡调查报告中农民人均纯收入问题上的错误，一是纯收

入概念不对，二是解放前的收入数据被压低了。要纠正错误，第一步，我们应把怎样计算纯收入确定下来。这个问题应该说在表 2 中已经解决了。第二步，就是把被压低的数据恢复过来。为了便于说明纠正错误的计算过程，我们以表 2 为调整被压低了的纯收入数据的基础表。

解放前几个年点的农民收入被压低，如前所述，是由两方面原因造成的：一是因为把货币换算率压低了；二是将实物——糙米折款时，把价格定低了。调整纯收入，就是要把被压低的这两部分收入都找出来并补回去。

但我们并不知道农民收入中这两部分具体各占多大比重，也无法再区分每一笔收入、开支是货币还是实物。为此，我们只能找一个平均数，即按货币收入和实物收入各占一半计算。因此，我们将因货币换算而压低的收入的百分数，与因实物折款而压低的收入的百分数进行平均，以此平均数为某年全部收入被压低的比例。然后，通过计算将表 2 中的各个数据补上被人为压低的部分，即显示出原来的收入。现以调整、恢复表 2 中 1929 年合计为例演示计算过程：

（1）旧币换算成人民币时被压低的比例：

$(1.873 - 1.72) \div 1.873 \approx 0.082$（即 8.2%）

（2）实物折算成人民币时被压低的比例：

$(10.4 - 8.65) \div 10.4 \approx 0.168$（即 16.8%）

（3）货币与实物被压低的平均比例：

$(0.082 + 0.168) \div 2 = 0.125$（即 12.5%）

（4）将被压低的收入 50.57 元恢复成原来的收入：

设：原来收入为 x

则：$x (1 - 0.125) = 50.75$

$x = 50.75 \div (1 - 0.125) = 58$（即 1929 年合计原本应为 58 元）

以此方法恢复各阶层 1929 年原来的收入：富农 102.32 元、中农 70.65 元、贫农 45.25 元、雇农 52.17 元、其他 31.43 元。

用同样的程序，可求得 1936 年和 1948 年各阶层的原收入（1948 年因只有实物折款，故不需要求平均比例）。现将调整好的无锡农民人均纯收入列为表 3。

表 3　无锡农民人均纯收入

单位：元（1957 年现价）

阶层	1929 年	1936 年	1948 年	1957 年	备注
富农	102.32	99.82	88.71		1. 1957 年包括集体和个体农民在内。
中农	70.65	67.65	81.53		2. 雇农因只有 13 人，又因无锡劳动力少、
贫农	45.25	49.92	50.21		工资高，1948 年雇农交租、税、息又少，
雇农	52.17	78.92	109.30		故出现特殊高收入情况
其他	31.43	41.90	54.99		
合计	58.00	59.94	63.60	71.00	

以上就是以 1957 年现行价格所表示的 20 世纪 20 至 50 年代无锡农民的人均纯收入情况。表 3 所列的农民人均纯收入，也可以用其他年份的现行价格来表现，换算方法多种多样。如可以用前面所述用 6 种生活必需品折实的办法（当然，选择的品种越多，越接近农民的实际消费状况，折算越准确），以及通过各种物价指数换算的办法等。由于表 3 并不是反映近年的收入，也不是计算增长速度，而只是用现在的货币来说明过去几十年前的收入的多少，简单地用粮食折价的方法来换算是可以的。这里采用一种最简便的方法。因表 3 已经是 1957 年现价收入，用它除以当年无锡粳稻价格 8.8 元/百斤，求得可以买到的百斤数，以此百斤数乘以 1997 年无锡粳稻价格 70 元/百斤，乘积即是这些粳稻的价值，也就是用 1997 年现价所表现的人均纯收入。现将计算结果制成表 4，供参考。

表 4　用 1997 年现价表现的无锡农民人均纯收入

单位：元

阶层	1929 年	1936 年	1948 年	1957 年
富农	813.91	794.02	705.65	
中农	561.99	538.13	648.53	
贫农	359.94	397.09	399.40	
雇农	414.99	627.77	869.43	
其他	250.11	333.30	437.42	
合计	461.36	476.80	505.91	564.77

　　从表 4 可以看到，20 至 50 年代，无锡农民年人均纯收入，相当于一个人在 1997 年一年之中只收入 250—869 元，合每月只有 21—72 元，大约只等于现在中、低收入的十分之一，比现在最低生活保障费 210 元还差得远呢！

　　（本文曾发表于《中国经济史研究》1998 年第 3 期）

保定 11 个村人均纯收入水平与结构的历史变化（1930—1997）

——基于"无锡、保定农村调查"数据的分析[*]

隋福民　韩　锋

一　引言

本文利用的数据资料来自中国社会科学院经济研究所保存的"无锡、保定农村调查"资料。"无锡、保定农村调查"始自 1929—1930 年，其后在 1958 年、1987 年、1998 年又先后进行过 3 次。这一系列调查积累了南、北两地数千农户跨度长达 70 年的家庭经济数据。这批资料尽管保存相对完整、集中，"但却由于种种原因，除少数学者曾对其进行部分利用并发表过一些零星的学术成果外，至今未能得到与其价值相当的全面研究和利用，甚至知道其存在、了解其内容和巨大价值的人也并不是很多"（史志宏，2007）。零星的学术研究主要集中在 20 世纪三四十年代的土地变化趋势（刘克祥，2001；史志宏，

[*]　感谢中国社会科学院经济研究所朱文强副研究员、史志宏研究员、赵学军研究员、曲韵副研究员，南开大学王玉茹教授，中国社会科学院当代中国研究所武力研究员对本文的帮助。保定 11 个村包括李罗侯村、何桥村、东顾庄村、南邓村、蔡家营村、薛庄村、固上村、谢庄村、孟庄村、大祝泽村、大阳村。1986 年的数据资料为 6 个村的资料，其余各时点数据均为 11 个村，为简便计，称"保定 11 个村"。本研究受国家社科基金项目（10CJL008）中国社会科学院经济研究所"近百年工业化、城镇化进程中的无锡、保定农户经济转型"创新项目资助。

2002；武力，2004；朱文强，2006；张丽，2007）、租佃关系和雇佣关系（史志宏，2003）、除土地以外生产资料的占有情况（史志宏，2005）、人口流动（张丽，2007；James Kai et al.，2011）、收入问题（朱文强，1998）、经济结构（吴柏均，1991）以及两地发展比较（崔晓黎，1990）等方面。这些研究所用的材料基本上都是第一次"无锡、保定农村调查"的资料。而对后来三次调查所积累下来的资料，学术界的研究并不多。为此，本文试图以收入为切入点，利用这批珍贵的历史数据资料，分析 70 年来保定 11 个村人均纯收入水平及结构的历史变化。一来对 20 世纪 30 年代初到 90 年代末保定 11 个村人均纯收入水平和结构的变化进行初步估算，并求教于方家；二来向学界展示"无锡、保定农村调查"系列资料的开发利用价值；三来为研究长时段的无锡、保定农村社会经济变迁做突破性尝试。

二　数据整理与估算

河北省统计局曾经在 1958 年利用 1930 年、1936 年、1946 年、1957 年的调查数据撰写了调查综合资料，数据较为翔实，结果较为可靠。其中包括对总收入及纯收入的计算[①]。

所用方法如下：

（1）植物栽培收入的计算方法：各年度农作物的价格均按 1957 年的统购价格计算，但不包括农作物的副产品价值。1957 年主要农产品的统购价格见表 1。

---

① 保定清苑地区的农村调查是 1930 年夏天进行的。1930 年的数据是 1929 年夏至 1930 年夏的数据，这一口径与后面三次调查有所不同。后面三次调查的数据都是年度数据。如，1998 年调查的数据是 1997 年全年的数据。

表 1 1957 年主要农产品的统购价格

单位：元/百斤

作物名称	小麦	玉米	谷子	高粱	薯类	大豆	其他杂粮	花生	芝麻	籽棉
价格	10.93	7.58	7.03	6.56	7.14	8.95	8.25	11.37	26.47	26.9

注：①花生带皮；②薯类以四斤折成一斤粮。

（2）纯收入的计算方法是植物栽培扣除 30% 后加上各栏收入①。1957 年的纯收入的计算方法是只加"其中劳动报酬"。

（3）工资收入包括从事副业加工的工资和出雇长、短、零工的工资等收入。

（4）副业收入是指自己经营副业的毛利润，其中动物饲养收入系指其出售部分，自食、赠送等不包括在内。

（5）1930 年、1936 年、1946 年的币制换算成人民币的办法：1930 年银元每 1 元折成人民币 1.819 元；1936 年法币每 1 元折成人民币 1.9215 元；1946 年因币值不稳定，所以折成谷子，然后按 1957 年统购价格每百斤 7.03 元，折成人民币②。

---

① 纯收入的计算方法是当时通行的一种统计估算方法，即植物栽培收入扣除 30% 比重后再加上农副业、工资等收入即为纯收入。河北省统计局采用了这种估算方法。笔者认为，如此估算，大约是因为农业生产经营费用、各项租税等大体占农业种植业收入的 30%。扣除 30%，相当于从总收入中减去了农业生产经营等费用。但笔者并没有找到支持这种说法的材料依据，当然也暂时没有更好的统计方法。因此在本文中，采纳了河北省统计局的统计估算方法。

② 1958 年第二次无保调查确定的 4 个调查年点中 3 个年点在解放前，1 个年点在解放后。4 个年点之中不仅新、旧社会货币不同，而且同是旧社会的三个调查年点，其货币也各自不同：1929 年时是银元，1936 年是法币，而 1948 年一年之中就有两种货币：8 月 20 日以前使用的是全面抗战后的法币，而从 20 日起改为金圆券。根据无保调查的规定，货币收入和实物收入（例如自己种的粮食）都要计算收入。为了使调查资料统一，并能为新社会的人们所理解，第二次无保调查不管调查过程中使用何种货币报账，当写出调查报告时，必须把全部收入换算成人民币。因此，换算工作包括两个方面的内容：（1）货币换算；（2）实物折算。这两项换算的共同点，是要把解放前各个调查年点的收入全部用 1957 年的人民币表现 （转下页注）

182 / 无言的变迁：22 个村庄的 70 年

据河北省统计局《1930—1957 年保定农村经济调查资料》
可知，1930 年保定调查的村庄数为 11 个，调查户数为 2119 户，
人数为 11199 人。收入分项及结果见表 2。

表 2　1930 年保定农户家庭农副业及其他收入

类别		合计	人均
户数（户）		2119	
人数（人）		11199	
植物栽培（元）		574663.4	51.31
出售家畜家禽及其他产品（元）	猪	12519.76	1.12
	兔	34.56	0.003
	蜂	109.14	0.01
	鸡鸭及蛋	1156.55	0.1
	其他	1249.95	0.11
	肥料	31.11	0.003
采集渔猎（元）		810.77	0.07
副业（元）		46553.24	4.16
工资（元）		60504.21	5.4
在外人口寄回（元）		26636.5	2.38
出租生产生活资料（元）		10382.97	0.93
其中：房租（元）		293.7	0.03
救济补助及赠送（元）		1480.8	0.13
其他（元）		7717.05	0.69
合计（元）		743850.01	66.42

（接上页注②）出来。首先分别计算出 1929 年、1936 年、1948 年对 1957
年的货币换算率，然后，依率将解放前三个年点的货币换算成人民币；而
实物折算是用 1957 年的实物价格去乘各个调查年点的实物量。本文暂不对
河北省统计局给出的币制换算率及实物折算方法进行讨论。在找到更为合
适的换算率之前，认定河北省统计局的估算方法正确。

续表

类别	合计	人均
其中：纯收入（元）	571450.1	51.03

注：河北省统计局的计算是在 1958 年，主要依靠纸笔，笔者利用计算机软件计算，因此，数据上会有一些出入，但不大。以下如遇有数据不一致的情况，与此同。

资料来源：河北省统计局编《1930—1957 年保定农村经济调查资料》，1958 年油印本，第 61 页。

据表 1 的结果计算农村人均纯收入，方法是：家庭经营纯收入等于植物栽培收入扣除 30% 后加上出售家畜家禽及其他产品收入、采集渔猎收入和副业收入以及其他收入中的一半；工资性收入等于工资收入；财产性收入等于出租生产生活资料收入加上其他收入中的一半；转移性收入等于在外人口寄回收入加上救济补助及赠送收入。把"其他"项的收入一半归为家庭经营纯收入，一半归为财产性收入，是根据原始卡片资料的记载所作的大致估算分配①。

分类计算结果见表 3。

表 3　1930 年的保定农户家庭纯收入及人均纯收入

类别	合计	人均
户数（户）	2119	

---

①　根据卡片资料，"其他"项包含的内容主要分为两方面，一方面是拾柴火、捡破烂的收入；一方面是出售自己旧的生产生活资料所得的收入。如：1957 年卖废品收入 3 元（张登乡建华社谢庄村王林其）；1957 年卖给张登饭铺小缸一个 3.3 元，废品铁铜破烂等 1.5 元（张登乡建华社谢庄村杨德仲）；1957 年打草卖钱 21 元，卖废铁 5 元（清苑县臧村乡光辉社固上村王玉成）；其他收入是卖砖的收入（清苑县臧村乡光辉社固上村王伏）；其他收入是卖水缸一个 14 元，檩一条 5 元（清苑县臧村乡光辉社固上村王乐三）。1957 年表项与 1930 年表项含义相同。由此，笔者推断，1930 年的其他项收入应由家庭经营性收入和财产性收入共同构成。从卡片材料提供的说明看，笔者认为可以将其他项的一半归为家庭经营性收入，另一半归为财产性收入。卡片资料均来自中国社会科学院经济研究所。

续表

类别		合计	人均
人数（人）		11199	
家庭经营纯收入	合计（元）	468588.00	41.84
	占比（%）	82.00	82.00
工资性收入	合计（元）	60504.21	5.40
	占比（%）	10.59	10.58
财产性收入	合计（元）	14241.50	1.27
	占比（%）	2.49	2.49
转移性收入	合计（元）	28117.30	2.51
	占比（%）	4.92	4.92
纯收入合计（元）		571451.01	51.02

1936 年保定调查的村庄数为 11 个，户数为 2272 户，人数为 11258 人。收入分项及结果见表 4。

表 4 1936 年保定农户家庭的农副业及其他收入

类别		合计	人均
户数（户）		2272	
人数（人）		11258	
植物栽培（元）		607275.4	53.94
出售家畜家禽及其他产品（元）	猪	14156.46	1.26
	鸡鸭及蛋	1668.66	0.15
	其他	35.7	0.003
	肥料	120	0.01
采集渔猎（元）		537.45	0.05
副业（元）		44933.05	3.99
工资（元）		60420.83	5.37
在外人口寄回（元）		33448.72	2.97
出租生产生活资料（元）		8361.08	0.74

类别	合计	人均
其中：房租（元）	232.5	0.02
救济补助及赠送（元）	1809.18	0.16
其他（元）	6052.04	0.54
合计（元）	778818.57	69.18
其中：纯收入（元）	596635.9	53.00

资料来源：河北省统计局编《1930—1957 年保定农村经济调查资料》，1958 年油印本，第 101 页。

依据同样方法计算，结果见表 5。

表 5　1936 年的保定农户家庭纯收入及人均纯收入

类别		合计	人均
户数（户）		2272	
人数（人）		11258	
家庭经营纯收入	合计（元）	489570.10	43.49
	占比（％）	82.06	82.06
工资性收入	合计（元）	60420.83	5.37
	占比（％）	10.13	10.13
财产性收入	合计（元）	11387.10	1.01
	占比（％）	1.91	1.91
转移性收入	合计（元）	35257.90	3.13
	占比（％）	5.91	5.91
纯收入合计（元）		596635.93	53.00

1946 年保定调查的户数为 2595 户，也是 11 个村，人数共有 12485 人。收入分项及结果见表 6。

表 6　1946 年保定农户家庭的农副业及其他收入

类别		合计	人均
户数（户）		2595	
人数（人）		12485	
植物栽培（元）		644732	51.64
出售家畜家禽及其他产品（元）	猪	15966.1	1.28
	羊	147.5	0.01
	蜂	85	0.01
	鸡鸭及蛋	1170.89	0.09
	其他	56.4	0.005
	肥料	28	0.002
采集渔猎（元）		569.08	0.05
副业（元）		38201.89	3.06
工资（元）		38089.71	3.05
在外人口寄回（元）		22115.72	1.77
出租生产生活资料（元）		5159.16	0.41
其中：房租（元）		169	0.01
救济补助及赠送（元）		2326.41	0.19
其他（元）		4320.66	0.35
合计（元）		772968.52	61.92
其中：纯收入（元）		579548.9	46.42

　　资料来源：河北省统计局编《1930—1957 年保定农村经济调查资料》，1958 年油印本，第 141 页。

　　依据上述方法计算，结果见表 7。

表 7　1946 年的保定农户家庭纯收入及人均纯收入

类别	合计	人均
户数（户）	2595	
人数（人）	12485	

续表

类别		合计	人均
家庭经营纯收入	合计（元）	509697.60	40.82
	占比（％）	87.95	87.94
工资性收入	合计（元）	38089.71	3.05
	占比（％）	6.57	6.57
财产性收入	合计（元）	7319.49	0.59
	占比（％）	1.26	1.27
转移性收入	合计（元）	24442.13	1.96
	占比（％）	4.22	4.22
纯收入合计（元）		579548.93	46.42

　　1958 年保定调查的村为 11 个，3178 户，14905 人。1957
年，新中国农业走上了合作化的道路。与之前的三个年份相比，
体制变化较大。统计口径上也发生了一些变化。河北省统计局
所做的收入分项及结果如表 8 所示。

表 8　1957 年保定农户家庭的农副业及其他收入

类别		合计	人均
户数（户）		3178	
人数（人）		14905	
植物栽培（元）		92287.6	6.19
出售家畜家禽及其他产品（元）	猪	15482.58	1.04
	羊	376	0.03
	兔	74.8	0.01
	鸡鸭及蛋	2567.1	0.17
	其他	209.73	0.01
	肥料	7154.03	0.48

续表

类别	合计	人均
采集渔猎（元）	920.12	0.06
副业（元）	17611.36	1.18
工资（元）	95935.11	6.44
在外人口寄回（元）	106064.2	7.12
从农业社取得（元）	988369.1	66.3
其中：劳动报酬（元）	565489	37.94
出租生产生活资料（元）	9003.86	0.6
其中：房租（元）	269	0.02
救济补助及赠送（元）	23192.61	1.56
其他（元）	11472.78	0.77
合计（元）	1370720.98	91.96
其中：纯收入（元）	920154.6	61.73

资料来源：河北省统计局编《1930—1957 年保定农村经济调查资料》，1958 年油印本，第 181 页。

计算方法如下：家庭经营纯收入 = 植物栽培收入 × 0.7（相当于扣除 30%）＋ 出售家畜家禽及其他产品收入 ＋ 采集渔猎收入 ＋ 副业收入 ＋ 其他收入 × 0.5；工资性收入 = 工资收入 ＋ 劳动报酬收入；财产性收入 = 出租生产生活资料收入 ＋ 其他收入 × 0.5；转移性收入 = 在外人口寄回收入 ＋ 救济补助及赠送收入。之所以把从农业社取得的收入与劳动报酬收入之差作为家庭经营收入，是因为劳动报酬收入是指社员依据工分所取得的收入，而二者之差则意味着社员通过将积肥、所拾的柴火等出售给农业社获得了收入。这部分归为副业收入，因此也可以归为家庭经营收入。当然，对于大多数农户来说，从农业社取得的收入与劳动报酬收入是一致的。结果如表 9 所示。

表 9 1957 年保定农户家庭纯收入及人均纯收入

类别		合计	人均
户数（户）		3178	
人数（人）		14905	
家庭经营纯收入	合计（元）	114733.40	7.70
	占比（%）	12.47	12.47
工资性收入	合计（元）	661424.20	44.38
	占比（%）	71.88	71.88
财产性收入	合计（元）	14740.25	0.99
	占比（%）	1.60	1.60
转移性收入	合计（元）	129256.80	8.67
	占比（%）	14.05	14.04
纯收入合计（元）		920154.65	61.74

　　1987 年的保定农村调查，不包括试调查的 1 个村，正式调查共 10 个村，934 户[①]。但由于数据库没有 10 个村农户的家庭人口数量，无法根据 10 个村的收入数据来计算人均收入水平。幸好，我们保留有 6 个村的家庭人口名单，因此，我们对保定 6 个村的 582 户（2691 人）的收入数据进行计算，并得出人均纯收入水平和结构。计算方法是：家庭经营收入 = 种植业收入 + 畜牧业收入 + 林业、渔业、副业收入 + 工业收入 + 运输业收入 + 建筑业收入 + 商业、饮食业收入 + 服务业收入 + 其他家庭经营收入；工资性收入 = 其他劳务收入 + 从乡镇企业得到的工

[①]　1987 年的调查由国务院农村发展研究中心所属的农村发展研究所与中国社会科学院经济研究所合作，具体负责人为农村发展研究所的白南生。保定 10 村（分属保定市和清苑县）调查主要由河北大学经济统计专业的师生进行。两地抽样调查的农户数量，包括试调查村的户数在内，无锡有 1200 余户，保定近 2000 户。原始资料在机构变动时带到了农业部农村经济研究中心，但因人员变动、资料管理等，目前不知所终。所丢失的资料中还包括中国社会科学院经济研究所原来保存的一些珍贵资料。

资收入 + 职工、干部的工资及退休金 + （集体分配收入 + 从集
体得到的其他收入 + 从经济联合体得到的收入 + 其他收入） ×
0.8；财产性收入 = （集体分配收入 + 从集体得到的其他收入 +
从经济联合体得到的收入 + 其他收入） × 0.1；转移性收入 = 干
部、教师、医生等补贴收入 + 集体优抚照顾收入 + 在外人口带
回、寄回收入 + 抚恤金、复转费、救济金、助学金 + 亲友赠送
收入 + （集体分配收入 + 从集体得到的其他收入 + 从经济联合
体得到的收入 + 其他收入） × 0.1。① 结果见表 10。

表 10　1986 年保定 6 村的农户家庭纯收入及人均纯收入的结构

单位：元，%

类别	合计	人均	占比	备注
家庭经营收入	1445499	537.16	85.64	
种植业收入	825294	306.69	48.89	
畜牧业收入	155135	57.65	9.19	
林业、渔业、副业收入	148025	55.01	8.77	
工业收入	86160	32.02	5.10	
运输业收入	77630	28.85	4.60	
建筑业收入	74106	27.54	4.39	
商业、饮食业收入	54694	20.32	3.24	
服务业收入	8315	3.09	0.49	

---

① 国家统计局的计算方法是把集体分配收入、从集体得到的其他收入、从经
济联合体得到的收入、其他收入全部划为工资性收入。保定的实际情况比
较复杂。集体分配收入、从集体得到的其他收入、从经济联合体得到的收
入、其他收入中，有的属于工资性收入，如在乡镇企业上班得到的收入
（包括工资和奖金），也有的属于财产性收入，如农民通过投资分红得到的
收入。也有的属于转移性收入，如从公益金中得到的救济收入、从集体得
到的补助等。当然，这些情况都是根据当事人的回忆来定的，因为丢失了
原始调查表，上述占比的选取只是一个相当粗略的估算方法。

类别	合计	人均	占比	备注
其他家庭经营收入	16140	6.00	0.96	
工资性收入	160215.2	59.54	9.49	
其他劳务收入	78836	29.30	4.67	
集体分配收入	2150	0.80	0.13	取 80%
从乡镇企业得到的工资收入	6980	2.60	0.41	
从集体得到的其他收入	2912	1.08	0.17	取 80%
从经济联合体得到的收入	10300	3.83	0.61	取 80%
其他收入	4147	1.54	0.25	取 80%
职工、干部的工资及退休金	58792	21.85	3.48	
财产性收入	1950.9	0.72	0.12	
集体分配收入	2150	0.80	0.13	取 10%
从集体得到的其他收入	2912	1.08	0.17	取 10%
从经济联合体得到的收入	10300	3.83	0.61	取 10%
其他收入	4147	1.54	0.25	取 10%
转移性收入	80294.9	29.84	4.76	
干部、教师、医生等补贴收入	7740	2.88	0.46	
集体优抚照顾收入	0	0	0.00	
在外人口带回、寄回收入	39740	14.77	2.35	
抚恤金、复转费、救济金、助学金	1568	0.58	0.09	
亲友赠送收入	29296	10.89	1.74	
集体分配收入	2150	0.80	0.13	取 10%

类别	合计	人均	占比	备注
从集体得到的其他收入	2912	1.08	0.17	取 10%
从经济联合体得到的收入	10300	3.83	0.61	取 10%
其他收入	4147	1.54	0.25	取 10%
收入合计	1687960	627.26	100.00	
家庭其他支出 *	53101	19.73		
家庭经营支出 **	589850.7849	219.20		
纯收入合计	1045008.215	388.33	100.00	
家庭经营纯收入	855648.2151	317.97	81.88	
工资性收入	160215.2	59.54	15.33	
财产性收入	1950.9	0.72	0.19	
转移性收入	27193.9	10.11	2.60	

*家庭其他支出包括：寄给或带给在外人口；赠送农村亲友；赠送城镇亲友；各项提留、摊派；缴纳税金；其他。

**由于原始数据样本的缺失，不能根据原始数据计算家庭经营支出。在原始数据丢失的过程中，我们保留了根据原始数据计算出的一些统计报告。报告中，人均家庭经营支出为 219.1939 元，因此，可以计算 2691 人的总的家庭经营支出为 589850.7849 元。当然，这个报告中的人均不是 6 个村 2691 人的平均值，是 10 个村 934 户的人均值。

注：工资性收入、财产性收入、转移性收入所占总收入在表格前后的比重不同，其原因在于相同数据针对比重的数据有所差异，表格前半部分主要是占总收入的比重，表格后半部分占纯收入的比重。

1997 年保定农村调查的户数是 2010 户，11 个村，8066 口人。这次调查的口径与估算口径基本吻合。计算结果如表 11 所示。

表 11　1997 年保定 11 个村农户家庭收入结构

单位：元，%

类别	合计	占比
工资性收入	7923093	19.12

续表

类别	合计	占比
参加集体组织劳动的报酬收入	1840714	4.44
参加企业劳动的报酬收入	3825800	9.23
其他劳务收入	1803790	4.35
家庭经营收入	31607260	76.26
种植业收入	7228778	17.44
其中：粮食收入	4938557	11.91
林业收入	19113	0.05
动物饲养业收入	6118509	14.76
水产业收入	141941	0.34
家庭副业收入	11264764	27.18
工业收入	3014517	7.27
运输业收入	1605591	3.87
商业收入	1502440	3.62
饮食业收入	527829	1.27
服务业收入	120469	0.29
其他家庭经营收入	26400	0.06
转移性收入	857662	2.07
在外人口寄回和带回	146625	0.35
亲友赠送收入	219770	0.53
其中：农村亲友赠送收入	64060	0.15
保险赔款	96	0.00
救济金	1740	0.00
救灾款	0	0.00
退休金	254626	0.61
抚恤金	4420	0.01
五保户的供给	0	0.00

续表

类别	合计	占比
奖励收入	1700	0.00
土地征用补偿收入	81660	0.20
其他转移性收入	128411	0.31
财产性收入	1061183	2.56
利息收入	334442.8	0.81
股息红利收入	401125.6	0.97
租金收入	297140	0.72
出让特许权收入	0	0.00
集体财产收入	0	0.00
其他财产收入	13225	0.03
家庭收入合计	41449198	100.00
家庭生产经营费用支出	7001373.71	
寄给或赠送支出*	553222	
家庭纯收入合计	33894603.04	

* 寄给或赠送支出包括：寄给在外人口、赠送农村亲友、赠送城镇亲友、其他。

进一步整理和计算数据，可得表 12。

表 12　1997 年保定 11 个村农户家庭及人均纯收入结构

单位：元，%

类别	合计	人均	占比
家庭经营收入	31607260	3918.58	76.26
工资性收入	7923093	982.28	19.12
财产性收入	1061183	131.56	2.56
转移性收入	857662	106.33	2.07
总收入合计	41449198	5138.76	100.00
家庭生产经营费用支出	7001374	868.01	
寄给或赠送支出	553222	68.59	

续表

类别	合计	人均	占比
纯收入合计	33894603	4202.16	100.00
家庭经营纯收入	24605887	3050.57	72.60
工资性收入	7923093	982.28	23.38
财产性收入	1061183	131.56	3.13
转移性收入	304440	37.74	0.90

与 1986 年相比，1997 年的纯收入计算中，没有减去各项摊派以及所缴纳的税金。原因是 1997 年的调查表中没有对此项进行调查。因此，1997 年的纯收入比实际略高。

综合以上计算结果，可得表 13。值得注意的是，表 13 中虽然单位都为元，但是含义不同。1930 年、1936 年、1946 年、1957 年为 1957 年的统购价格，1986 年、1997 年为当年价格。

表 13　保定 11 个村人均纯收入水平和结构

单位：元，%

年份	家庭经营纯收入		工资性收入		财产性收入		转移性收入		合计
	人均	占比	人均	占比	人均	占比	人均	占比	人均
1930	41.84	82.00	5.40	10.58	1.27	2.49	2.51	4.92	51.02
1936	43.49	82.06	5.37	10.13	1.01	1.91	3.13	5.91	53.00
1946	40.82	87.94	3.05	6.57	0.59	1.27	1.96	4.22	46.42
1957	7.70	12.47	44.38	71.88	0.99	1.60	8.67	14.04	61.74
1986	317.97	81.88	59.54	15.33	0.72	0.19	10.11	2.60	388.33
1997	3050.57	72.60	982.28	23.38	131.56	3.13	37.74	0.90	4202.16

三　农村人均纯收入结构的历史变化

除 1957 年外，家庭经营纯收入在保定 11 个村人均纯收入中的占比一直较大，其次为工资性收入、转移性收入及财产性收入。纵观 70 年的历史，可以发现，家庭经营纯收入在保定 11 个村人均纯收入中的占比经历了一个先上升后下降的过程。1946 年为最高点，达到 87.94%。工资性收入则经历了一个先下降后上升的过程。最低点是 1946 年，为 6.57%。财产性收入的占比大体上稳定，20 世纪 90 年代以来上升幅度较大。转移性收入的占比则大体上是一个不断下降的过程（见图 1）。

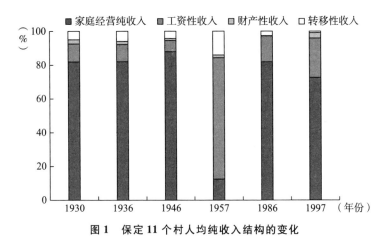

图 1　保定 11 个村人均纯收入结构的变化

保定 11 个村人均纯收入结构的变化主要源自经济发展，同时也与工业化、现代化进程中的历史事件息息相关。历史进程中的制度变迁、技术进步以及战争等都对经济发展乃至人均纯收入结构的变化有着重要影响。

1957 年人均家庭经营纯收入水平和比重都大为降低，主要原因是农民加入合作社，植物栽培分项的收入仅来自社员自留地。比如，清苑县臧村乡光辉社固上村王之犹家 1957 年植物栽培收入是 8 棵桃树的收入。工资性收入水平和占比大幅度提高，原因是从社里获得的劳动报酬（根据工分计算）记为工资性收入，这一含义与其他年份的工资性收入含义不同。解放前的工资性收入既有干副业获得的报酬收入，也包括出雇所获得的收入。出雇意指外出受雇于人。解放前这种现象很普遍，解放后由于有了土地出雇的人逐渐减少。出雇收入的比重在解放前一直较大，1930 年占工资性收入的 68.28%，1936 年占 62.93%，1946 年占 62.93%。解放前，保定地区的雇佣关系比较普遍，长工不太多，短零工却十分普遍。据 11 个村的调查数据，地主、富农几乎百分之百地雇入人工。贫雇农几乎是百分之百地出雇，甚至部分中农也出雇（陈翰笙等，1958）。改革开放以后农户的工资性收入主要来源于劳务收入、从乡镇企业获得的收入。这一性质与解放前的大为不同，与计划经济时代也不尽相同。改革开放后，随着非农产业的迅速发展，其收入在农民收入结构中的占比越来越大。

1930 年，尽管财产性收入的数值和比重不小，但要注意到阶级成分和财产性收入来源的不同。1930 年、1936 年、1946 年财产性收入的主要来源是出租土地，其次是出租房屋。1930 年出租土地取得收入所占比重为 96.2%，出租房屋取得收入所占比重为 3.8%；1936 年出租土地取得收入所占比重为 97.22%，出租房屋取得收入所占比重为 2.78%；1946 年所对应的比重分别为 96.72% 和 3.28%。能够出租土地和房屋的家庭主要是地主家庭。1957 年财产性收入的主要来源是出租生产生活资料，而且是出租给农业社。出租给农业社生产与生活资料取得收入的占比为 97.01%，出租土地的现象消失（陈翰笙等，1958）。

转移性收入的比重 1957 年最高。这是因为新中国成立后国家加大了对农民的救济，尤其是 1956 年又为水灾歉收之年。比如：王福振家 1957 年获得政府救济 13 元，社内救济 30.8 元（粮食 385 斤），食油 3 斤，棉花 3 斤。其次，在外人口寄回的数额和比重也加大。如王六栓家 1957 年获得国家社会救济 45 元，户主之岳母、内妹一年赠送共 200 来元（其岳母在外给人

做活，内妹与干部结了婚，收入高些，常给捎钱来）①。与 1957
年相比，1930—1946 年的转移性收入来源主要是在外人口寄回
和出租生产资料，补助救济赠送并不多（见表 14）。改革开放
以来，在经济增长的大好局面下，国家加大了社会救济和救助
力度。但与快速增长的家庭经营纯收入、工资性收入相比，增
速较慢。因此，比重不断降低。1997 年，转移性收入的占比仅
为 0.90%。

表 14　调查户（每人平均）收入及其占比

单位：元，%

类别	1930 年		1936 年		1946 年		1957 年	
	合计	占比	合计	占比	合计	占比	合计	占比
1. 农业收入	51.31	77.25	53.94	77.97	51.64	83.41	6.19	6.73
2. 副业收入	5.58	8.4	5.56	8.04	4.5	7.27	2.98	3.24
3. 工资收入	5.4	8.13	5.37	7.76	3.05	4.93	6.44	7
4. 其他非生产性收入	4.13	6.22	4.31	6.23	2.72	4.39	10.05	10.93
其中：在外人口寄回	2.38	3.58	2.97	4.29	1.77	2.86	7.12	7.74
出租生产资料	0.93	1.43	0.74	1.07	0.41	0.66	0.6	0.65
补助救济赠送	0.13	0.2	0.16	0.23	0.19	0.31	1.56	1.7
5. 从农业社取得收入							66.3	72.1
其中：劳动报酬							37.94	41.27
合计	66.42	100	69.18	100	61.91	100	91.96	100

注：副业包括动物饲养和采集渔猎。

资料来源：河北省统计局编《1930—1957 年保定农村经济调查资料》，1958 年
油印本，第 41 页。

　　为了观察保定 11 个村人均纯收入结构与全国农村居民人均
纯收入的结构变化是否一致，我们将全国农村居民的人均纯收

———————

　　①　卡片资料均来自中国社会科学院经济研究所。

入结构与保定调查的计算结果进行了对比（见表 15）。不难发现，二者的趋势大体一致。

表 15　全国人均纯收入与保定人均纯收入的结构对比

单位：元，%

时间 （地区）	家庭经营纯收入		工资性收入		财产性收入		转移性收入		纯收入
	合计	占比	合计	占比	合计	占比	合计	占比	合计
1957 年 （全国）	21. 46	29. 42	43. 40	59. 49	0. 00	0. 00	8. 09	11. 09	72. 95
1957 年 （保定）	7. 70	12. 47	44. 38	71. 88	0. 99	1. 60	8. 67	14. 04	61. 74
1986 年 （全国）	313. 30	73. 93	81. 60	19. 25	0. 00	0. 00	28. 90	6. 82	423. 80
1986 年 （保定）	317. 97	81. 88	59. 54	15. 33	0. 72	0. 19	10. 11	2. 60	388. 33
1997 年 （全国）	1466. 00	67. 81	573. 60	26. 53	30. 40	1. 41	92. 00	4. 26	2162. 00
1997 年 （保定）	3050. 57	72. 60	982. 28	23. 38	131. 56	3. 13	37. 74	0. 90	4202. 16

注：因为没有找到 1957 年之前的数据，所以没有做结构对比。

资料来源：1957 年的数据来自国家统计局农村社会经济调查总队编《中国农村住户调查年鉴（2000）》，中国统计出版社，2000，第 14 页表格。数据将转移性收入和财产性收入视为一项，并为"其他非借贷性收入"。1986 年、1997 年的数据来自国家统计局农村社会经济调查司编《中国农村住户调查年鉴（2009）》，中国统计出版社，2009，第 31 页。占比由笔者计算。

四　农村人均纯收入水平的历史变化

为了衡量保定 11 个村人均纯收入水平的历史变化，需要把通货膨胀因素去除。我们根据国家统计资料中的农村居民人均纯收入水平及纯收入指数来计算出通货膨胀率，然后据此重新计算出 1986 年和 1997 年的人均纯收入水平。结果见表 16。

表 16　重新计算后 1986 年和 1997 年的人均纯收入

单位：元

年份	农村居民家庭平均每人纯收入	农村居民家庭平均每人纯收入指数（1978＝100）	农村居民家庭人均纯收入名义增长率	农村居民家庭人均纯收入实际增长率
1978	133.6	100		
1986	423.8	277.6	2.17	1.78
1997	2162	456.8	15.18	3.57

年份	通货膨胀率（以 1978 年价格为基期）	人均收入水平（按当年价格）	人均收入水平（按 1978 年价格）
1978			
1986	0.40	388.33	278.14
1997	11.61	4202.16	333.12

　　资料来源：农村居民家庭平均每人纯收入及纯收入指数数据均来自国家统计局国民经济综合统计司编《新中国五十年统计资料汇编》，中国统计出版社，1999，第 22 页。

　　由于找不到 1957 年以来的纯收入指数，我们在此根据农产品收购价格指数将按 1978 年价格计算出来的结果进一步折算成 1957 年价格。计算结果如表 17 所示。

表 17　进一步计算后保定 11 个村的人均纯收入

单位：元

年份	农产品收购价格指数	1986 年人均纯收入水平	1997 年人均纯收入水平
1950	100		
1957	146.2	187.05	224.02
1978	217.4	278.14	333.12

　　资料来源：农产品收购价格指数数据来自国家统计局国民经济综合统计司编《新中国五十年统计资料汇编》，中国统计出版社，1999，第 20 页。

　　将上述计算结果归并到一个表格中，并根据这一水平变化计算出人均纯收入水平的实际增长率。结果如表 18 所示。

表 18　保定 11 个村人均纯收入水平的历史变化及实际增长率

单位：元，%

年份	人均纯收入水平（按 1957 年价格）	实际增长率
1930	51.02	
1936	53.00	3.88
1946	46.43	-12.40
1957	61.74	32.97
1986	187.05	202.96
1997	224.02	19.76

　　根据以上数据，作图 2。由此可观察到：1949 年前，保定 11 个村的人均纯收入水平有所提高，但增长率较小，仅为 3.88%。增长的趋势说明，这一时期农村的经济发展与 1927—1937 年的黄金十年判断大略一致①。1946 年，战争因素导致社会不稳定，因此，经济发展受到了影响。该年的人均纯收入水平低于 1936 年，实际增长率为 -12.40%。1957 年，中国已经步入了新的经济发展时期，制度变迁带来了社会稳定和人心的稳定，人们发展经济的热情高涨，因此，人均纯收入水平有了提高。同时，由于当时采取了合作社的方式来发展经济，提高

①　中国近代农村经济是否发展的问题一直是学术界研究的热点。历来有两派观点，即"沉沦观"和"发展观"。"沉沦观"认为近代中国农业衰退，以章有义为代表。章有义认为："清朝末年农民生活状况不如鸦片战争前，尤其不如 18 世纪。再由晚清到民国，由北洋军阀时期到国民党统治时期，截至抗日战争前夕为止，基本上是一代不如一代，从未出现过什么繁荣时期。"（章有义：《明清及近代农业史论集》，中国农业出版社，1997，第 238 页。）而吴承明和研究近代华北农村的中青年学者则多持"发展观"。国外学者也持有两种观点：马若孟认为，华北的小农经济取得了显著的成就，而黄宗智则提出，小农农场的生产力未发生质的改变，说明了农业经济的停滞。近年来，争论仍存。慈鸿飞认为黄宗智、吴承明等学者对近代华北农村市场发育水平"估计不足"，史建云、郑起东也认为华北平原农村手工业的发展使农户收入提高，但夏明方持不同观点，他对近年来对华北平原农村经济估计较为乐观的研究都进行了批评。

的幅度有限，与 1946 年相比，增长了 32.97%，与 1936 年相比，增长了 16.49%①。农村人均纯收入的大幅度增长发生在改革开放之后。1986 年，人均纯收入达到 187.05 元，与 1957 年相比，增长了 2 倍多②。之后的 1997 年虽然绝对水平上也有增长，但增长率大为降低，甚至还不及 1957 年相对于 1946 年的增长率。

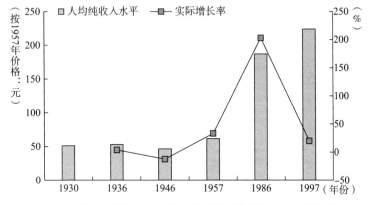

图 2 保定 11 个村人均纯收入水平的历史变化及实际增长率

① 农民人均纯收入水平增长趋势可以得到中央农村工作部调查的佐证。1955 年，中央农村工作部对 1949 年以来的农民收入增长情况进行了调查。1949 年每个农民平均农副业收入为 55.19 元，而 1955 年则增为 84.94 元（当然本材料所说农民平均收入均系指农副业总收入，不是纯收入），比 1949 年增加 29.75 元。从 1950 年到 1954 年，农民平均收入分别为 63.75 元、68.43 元、76.76 元、76.49 元、78.85 元。参见中国社会科学院、中央档案馆编《1953—1957 中华人民共和国经济档案资料选编：农业卷》，中国物价出版社，1998，第 1145 页。又据国家统计局资料，1954 年农民家庭平均每人纯收入为 64.14 元，1956 年为 72.92 元，1957 年为 72.95 元，可见，1954—1957 年，农民家庭人均纯收入持续增长，但幅度并不大。参见国家统计局农业统计司《中国农业的光辉成就（1949—1984）》，中国统计出版社，1984，第 145 页。

② 据《中国统计年鉴（1981）》第 431 页数据，可知 1978 年全国农民家庭平均每人纯收入为 133.57 元，折算为 1957 年价格，则为 89.82 元，同样将 1986 年的全国农民平均每人纯收入 423.8 元折算为 1957 年价格，为 204.15 元。而 1957 年全国农民平均每人纯收入为 72.75 元，由此可见，1957—1978 年，农民平均每人纯收入增长较少，仅增长了 23%，而 1978—1986 年，增长 1.28 倍，即农户人均纯收入的大幅度增长发生在改革开放之后。

五　小结

本文是利用"无锡、保定农村调查"数据的初步尝试。这一尝试无论在数据上，还是在方法上还有值得商榷和完善的地方。比如，在数据整理和估算上，需要根据原始卡片重新完善数据库，并据此重新计算收入水平和结构，同时可以检验河北省统计局的测算是否准确和科学，当然，这是一项艰苦浩繁的工作。据现在的整理情况，经济研究所保留的原始卡片存在缺失，在此条件下，如何利用缩小的样本进行估算，而且兼用河北省统计局的计算资料，值得进一步探讨。如果重新估算，一方面要核对数据库的准确性；另一方面，要研究币制换算方法和实物收入的计算方法。关于平减方法，本文首先通过纯收入水平和纯收入指数完成了向 1978 年价格的平减。然后，向 1957 年价格平减时，利用了农产品收购价格指数，这种平减是否科学或者可否采用更稳健的方法也需要做进一步的研究。另外，对于 1997 年的数据还需要借助于其他资料，把当地实际存在的各种摊派数据估算出来，然后重新计算，这样会更准确一些。

在现有数据和方法下，本文测算了保定 11 个村人均纯收入水平和结构的变化，这一变化符合全国农村居民的整体趋势。从结构上看，家庭经营纯收入一直在人均纯收入中占有较大比重，改革开放以来家庭经营纯收入的占比有不断降低的趋势。与此同时，工资性收入比重不断提高。转移性收入的绝对水平虽然一直提高，但其比重在不断降低。从水平上看，保定 11 个村人均纯收入解放前变动不大，解放后有所提高，但明显的提高发生在改革开放后。90 年代以来，虽然也有增长，但增速降低。

参考文献

陈翰笙、薛暮桥、秦柳方合编，1958，《解放前后无锡、保定农村经济：1929 年至 1957 年》（未公开出版）。

崔晓黎，1990，《家庭·市场·社区——无锡清苑农村社会经济变迁的比较研究（1929—1949）》，《中国经济史研究》第 1 期。

刘克祥，2001，《20 世纪 30 年代地权集中趋势及其特点——30 年代土地问题研究之二》，《中国经济史研究》第 3 期。

史志宏，2002，《20 世纪三、四十年代华北平原农村的土地分配及其变化——以河北省清苑县 4 村为例》，《中国经济史研究》第 3 期。

史志宏，2003，《20 世纪三四十年代华北平原农村的租佃关系和雇佣关系——以河北省清苑县 4 村为例》，《中国经济史研究》第 1 期。

史志宏，2005，《20 世纪 30、40 年代华北平原农村土地以外主要生产资料的占有状况——以河北省清苑县 4 村为例》，《中国经济史研究》第 3 期。

史志宏，2007，《无锡、保定农村调查的历史及现存无、保资料概况》，《中国经济史研究》第 3 期。

吴柏均，1991，《无锡区域农村经济结构的实证分析（1920—1949）》，《中国经济史研究》第 3 期。

武力，2004，《20 世纪 30 ~ 40 年代保定农村土地分散趋势及其原因》，《古今农业》第 3 期。

张丽，2007，《人口、土地和农业生产力水平：二十世纪初无锡农村地区人口压力的测量》，《中国农史》第 3 期。

朱文强，1998，《怎样认识 20 至 50 年代无锡农民的纯收入——对〈第二次无锡、保定农村经济调查报告〉的再研究》，《中国经济史研究》第 3 期。

朱文强，2006，《20 世纪 30 年代以来中国农村土地经营规模研究——以无锡、保定为例》，《河北学刊》第 5 期。

James Kai‑Sing Kung, Nansheng Bai, and Yiu‑Fai Lee, 2011, "Human Capital, Migration, and a 'Vent' for Surplus Rural Labour in 1930s China: The

Case of the Lower Yangzi," *The Economic History Review*, *Special Issue*: *Asia in the Great Divergence*, Vol. 64, Issue Supplement S1, pp. 117 – 141.

（本文曾发表于《中国经济史研究》2012 年第 4 期）

无锡 11 村农户人均收入水平与结构的历史变迁（1929—1957）

——基于"无锡、保定农村调查"数据的分析

吴天彪　隋福民

一　引言

20 世纪 60 年代以前，中国经历了战争和社会经济体制的改变，但农户经济的国民经济基础地位并没有发生改变，研究农户经济有助于理解中国近现代农村经济的变化机制。

国内学者对于 20 世纪 30 年代以来不同时期的农户收入问题的研究著作颇丰。在《中国农民生活程度之研究》中，乔启明利用金陵大学 1922—1925 年"标本调查"的相关资料分析了中国南北各省的农民生活程度[①]。温涛等人根据五十多年的相关数据，分析了中国整体金融发展、农村金融发展与农民收入增长之间的关系[②]。但由于相关资料的匮乏，分析新中国成立前中国村庄的农户面板数据的文献还较少。

由中国社会科学院经济研究所保存的"无锡、保定农村调查"数据，是研究中国 20 世纪 30 年代农户生活程度的宝贵资料。隋福民、韩锋利用该资料中的 1930—1998 年的数据研究了

[①] 乔启明：《中国农民生活程度之研究》，《社会学研究》1994 年第 1 期，第 121 页。

[②] 温涛、冉光和、熊德平：《中国金融发展与农民收入增长》，《经济研究》2005 年第 9 期，第 30—43 页。

保定 11 个村人均纯收入水平与结构的历史变化①。赵学军利用
该资料中无锡地区的收入数据研究了 1929—2010 年无锡农户的
人均纯收入水平的变化②。与之前学者不同，本文是以"无锡、
保定农村调查"中无锡 11 个村的以户为统计单位的原始卡片资
料为基础进行核算，对每个村庄和每个阶层的人均收入状况及
结构也进行了测算，并将相同时期的无锡、保定两地区的人均
收入数据进行了对比，从而得出两地区收入结构的变化趋势大
体相同的结论。

二　不同时期农户收入资料的内容

1929 年，作为中国社会科学院经济研究所的前身，民国时
期的国立中央研究院社会科学研究所启动了"无锡、保定农村
调查"，主持工作的陈翰笙和王寅生领导一些农村工作者和学
者实地调查了无锡的 22 个村。1930 年，陈翰笙又组织人员调
查了保定的 11 个村。此后，在 1958 年、1987 年、1998 年，中
国社会科学院经济研究所又先后三次进行了大规模的"无锡、
保定农村调查"，其中第三次是与国务院农村发展研究中心所
属的农村发展研究所共同完成的。在每次调查中，都重点调查
了农户的收入情况。本文重点研究第一、二次调查的收入资料。

在 1929—1957 年的无锡调查资料中，农户收入项目主要包
括：植物栽培收入、出售蚕茧（春蚕、夏蚕、秋蚕）收入、出

---

① 隋福民、韩锋：《保定 11 个村人均纯收入水平与结构的历史变化（1930—
1998）：基于"无锡、保定农村调查"数据的分析》，《中国经济史研究》
2012 年第 4 期，第 98—111 页。
② 赵学军：《无锡农户收入结构的变迁（1929—2010）——基于"无锡保定农
村调查系列资料"的分析》，《中国经济史研究》2017 年第 6 期，第 127—
140 页。

售家畜（猪、羊等）收入、出雇收入、副业（商品性手工业、独立工匠、教书行医、经商、运输等）收入、在外人口寄回收入、出售财产收入以及其他收入。不过，大部分农户在 1957 年加入了农业生产合作社，因此 1958 年调查资料中的农户收入数据增加了"本会计年度从社取得的收入（劳动报酬、租金收入、临时工资收入等）"。

大体上来说，1929 年、1936 年、1948 年与 1957 年的农户收入的统计指标相同，只是 1957 年增加了从合作社取得的相关收入。这就使得我们可以将这些收入项目归纳为经营性收入、工资性收入、财产性收入与转移性收入，从而能够更加系统性地分析无锡农户收入结构的变迁。

本研究的样本为无锡 11 个村，分别为前进村、吴塘村、马鞍村、庄桥村、太湖村、曹庄村、刘巷村、玉东村、华三房村、利农村、溪南村。1929 年共有 650 户，3135 人；1936 年共有 640 户，3051 人；1948 年共有 748 户，3598 人；1957 年共有 843 户，共有 4470 人。成分种类包括地主、富农、中农、贫农、雇农、工商业主、资本家、佃农、工人、其他。

三　无锡农户收入状况的变化

（1）1929 年无锡农户的各收入项目（见表 1）。

表 1　1929 年无锡农户家庭农副业及其他收入

类别		合计	人均
户数（户）		650	
人数（人）		3135	
植物栽培收入（元）		117634.4	37.52
出售蚕茧收入（元）	春蚕	21250.82	6.78

续表

类别		合计	人均
出售蚕茧收入（元）	夏蚕	1571.36	0.50
	秋蚕	7214.53	2.30
出售家畜收入（元）	猪	11043.44	3.52
	羊	461.41	0.15
出雇收入（元） 其他		5123372	0.63
副业收入（元）	商品性手工业	6243.51	1.99
	独立工匠	4910.7	1.57
	教书行医	1012	0.32
	经商	8225.44	2.62
	运输	1946	0.62
	其他	5479.19	1.75
在外人口寄回（元）		15282.35	4.87
出售财产收入（元）		1015.69	0.32
其他收入（元）		33651.74	10.73
收入合计（元）		242200.3	77.23

本文对于农户经营性收入、工资性收入、财产性收入及转移性收入的分类方法如下：将植物栽培收入、出售蚕茧收入、出售家畜收入、副业收入（商品性手工业收入、经商收入及运输收入）归为家庭经营性收入；将出雇收入、副业收入（独立工匠、教书行医及其他）计为工资性收入；将出售财产收入算为财产性收入；在外人口寄回的收入属于转移性收入；并将其他收入中的三分之一分别计入工资性收入、财产性收入及转移性收入中①。1929 年的无锡农户四大类收入所占比重见表 2。

---

① 根据资料，我们知道其他收入指的是调查户出租土地、房屋、农具、水利设备等生产生活资料的租金，国家的救济与补助、亲友赠送、采集渔猎等。

表 2   1929 年无锡农户四大类收入比重

类别		合计	人均
户数（户）		650	
人数（人）		3135	
家庭经营性收入	合计（元）	175723.91	56.05
	比重（%）	72.55	72.56
工资性收入	合计（元）	27743.86	8.85
	比重（%）	11.45	11.45
财产性收入	合计（元）	12232.94	3.90
	比重（%）	5.05	5.05
转移性收入	合计（元）	26499.60	8.45
	比重（%）	10.94	10.94
收入合计（元）		242200.3	77.25

以村庄为分类标准，得到 1929 年无锡 11 个村中每个村子的收入状况（见表 3）。

表 3   1929 年无锡农户收入状况（以村庄分类）

村庄	总户数（户）	总人数（人）	总收入（元）	人均收入（元）				
				经营性收入	工资性收入	财产性收入	转移性收入	合计
前进村	84	440	33411.89	38.99	13.34	6.47	17.13	75.94
吴塘村	52	243	16351.47	47.68	6.79	3.59	9.23	67.29
马鞍村	84	439	31656.63	65.04	3.23	1.57	2.26	72.11
庄桥村	41	189	9893.9	41.22	8.83	0.59	1.70	52.35
太湖村	42	179	9794.97	42.67	4.08	1.69	6.27	54.72
曹庄村	65	254	30254.03	102.73	11.12	2.46	2.80	119.11
刘巷村	84	431	23410.82	48.06	4.55	0.48	1.23	54.32
玉东村	94	454	36591.75	65.20	4.76	1.34	9.29	80.60
华三房村	37	184	23277.77	53.79	26.91	20.82	24.99	126.51

续表

村庄	总户数（户）	总人数（人）	总收入（元）	人均收入（元）				
				经营性收入	工资性收入	财产性收入	转移性收入	合计
利农村	50	226	18831.74	47.93	15.91	5.61	13.87	83.33
溪南村	14	83	8091.55	63.29	10.69	10.43	13.08	97.49

注：原资料中有3户村别不详，剔除后为647户。

在1929年的数据资料中，家庭成分包括地主、富农、中农等九种。以家庭成分为分类标准，得到不同阶层的收入状况（见表4）。

表4　1929年无锡农户收入状况（以家庭成分分类）

家庭成分	总户数（户）	总人数（人）	总收入（元）	人均收入（元）				
				经营性收入	工资性收入	财产性收入	转移性收入	合计
地主	25	148	32842.3	97.87	40.38	37.52	46.14	221.91
富农	46	296	40977.59	105.53	11.55	10.11	11.25	138.44
中农	159	773	58966.34	66.02	5.71	1.50	3.06	76.28
贫农	304	1410	78047.72	45.30	5.40	1.05	3.61	55.35
雇农	5	13	444.73	2.70	31.00	0.26	0.26	34.21
工商业主	16	93	8331.44	60.07	7.06	4.73	17.72	89.59
资本家	2	12	540.33	2.51	7.51	7.51	27.51	45.03
工人	53	230	12828.56	20.63	12.97	1.36	20.81	55.78
其他	40	160	9221.26	29.40	13.71	1.28	13.23	57.63

（2）我们接下来将1936年无锡农户各收入项目进行汇总（见表5）。

表 5　1936 年无锡农户家庭农副业及其他收入

类别		合计	人均
户数（户）		640	
人数（人）		3051	
植物栽培收入（元）		96985.79	31.79
出售蚕茧收入（元）	春蚕	11732.2	3.85
	夏蚕	221.57	0.07
	秋蚕	4121.86	1.35
出售家畜收入（元）	猪	10674.5	3.50
	羊	660.12	0.22
	其他	2	0.0007
出雇收入（元）		4607.41	1.51
副业收入（元）	商品性手工业	7173.95	2.35
	独立工匠	5594.8	1.83
	教书行医	1747	0.57
	经商	8713.9	2.86
	运输	2482.29	0.81
	其他	5661.49	1.86
在外人口寄回（元）		12913.7	4.23
出售财产收入（元）		2670.21	0.88
其他收入（元）		25554.17	8.38
收入合计（元）		201516.96	66.06

　　按照（1）中的分类方法，对 1936 年的无锡 11 个村的农户四大类收入进行汇总，并且计算其所占比重（见表 6）。

表 6　1936 年无锡农户四大类收入比重

类别	合计	人均
户数（户）	640	
人数（人）	3051	

续表

类别		合计	人均
家庭经营性收入	合计（元）	142768.18	46.79
	比重（%）	70.85	70.85
工资性收入	合计（元）	26128.76	8.56
	比重（%）	12.97	12.96
财产性收入	合计（元）	11188.27	3.67
	比重（%）	5.55	5.56
转移性收入	合计（元）	21431.76	7.02
	比重（%）	10.63	10.63
收入合计（元）		201516.96	66.04

以村庄为分类标准，得到 1936 年无锡 11 个村中每个村子的收入状况（见表7）。

表7　1936 年无锡农户收入状况（以村庄分类）

村庄	总户数（户）	总人数（人）	总收入（元）	人均收入（元）				
				经营性收入	工资性收入	财产性收入	转移性收入	合计
前进村	100	470	27068.85	35.56	8.52	1.59	11.93	57.59
吴塘村	51	233	16907.46	47.23	9.17	9.13	7.03	72.56
马鞍村	41	210	14501.8	59.71	3.88	1.72	3.75	69.06
庄桥村	40	202	9862.78	37.34	9.30	0.30	1.89	48.83
太湖村	41	182	9454.18	44.10	3.49	0.91	3.44	51.95
曹庄村	66	279	23280.3	71.42	6.99	2.17	2.87	83.44
刘巷村	94	462	24711.37	45.71	5.47	0.41	1.90	53.49
玉东村	96	458	24890.09	43.97	4.78	1.31	4.28	54.35
华三房村	37	183	21264.56	48.08	24.78	17.96	25.38	116.20
利农村	54	262	19990.99	37.86	17.46	8.61	12.37	76.30
溪南村	18	99	9379.76	69.27	8.91	7.98	8.58	94.75

注：原资料中有 2 户村别不详，剔除后剩下 638 户。

1936 年的数据资料中，家庭成分包括地主、富农、中农等
8 种，与 1929 年相比少了工商业主和资本家，多了佃农。以家
庭成分为分类标准，得到 1936 年不同阶层的收入状况（见表 8）。

表 8　1936 年无锡农户收入状况（以家庭成分分类）

家庭成分	总户数（户）	总人数（人）	总收入（元）	人均收入（元）				
				经营性收入	工资性收入	财产性收入	转移性收入	合计
地主	26	151	29768.64	93.83	32.31	32.15	38.85	197.14
富农	30	204	23782.54	96.97	7.45	5.74	6.42	116.58
中农	149	772	50443.18	55.62	5.53	2.17	2.02	65.34
贫农	300	1334	59811.92	36.06	5.43	0.95	2.39	44.84
雇农	7	17	693.8	8.00	29.29	0.29	3.23	40.81
佃农	18	110	11007.97	63.85	9.72	11.89	14.62	100.07
工人	65	275	14038	18.34	13.41	1.82	17.48	51.05
其他	44	184	11961.87	30.29	16.09	2.15	16.48	65.01

注：（1）原资料中有 1 户成分不详，剔除后剩下 639 户。
（2）佃农阶层收入较高的部分原因是未扣除缴租量。

（3）将 1948 年无锡农户各收入项目进行汇总（见表 9）。

表 9　1948 年无锡农户家庭农副业及其他收入

类别		合计	人均
户数（户）		748	
人数（人）		3598	
植物栽培收入（元）		186476.32	51.83
出售蚕茧收入（元）	春蚕	11964.60	3.33
	夏蚕	36.04	0.01
	秋蚕	3772.94	1.05

续表

类别		合计	人均
出售家畜收入（元）	猪	21728.78	6.04
	羊	912.10	0.25
	其他	97.52	0.03
出雇收入（元）		6933.60	1.93
副业收入（元）	商品性手工业	23080.96	6.41
	独立工匠	7915.04	2.20
	教书行医	292.96	0.08
	经商	7280.40	2.02
	运输	2364.96	0.66
	其他	4151.68	1.15
在外人口寄回（元）		27070.47	7.52
出售财产收入（元）		2626.20	0.73
其他收入（元）		31344.81	8.71
收入合计（元）		338049.38	93.96

注：原始材料中 1948 年的各收入数据是按糙米记录的，我们依据糙米每百斤 8 元的价格折算成 1957 年人民币。

按照（1）中的分类方法，1948 年四大类收入所占比重见表 10。

表 10 1948 年无锡农户四大类收入比重

类别		合计	人均
户数（户）		748	
人数（人）		3598	
家庭经营性收入	合计（元）	257714.62	71.63
	比重（%）	76.24	76.23
工资性收入	合计（元）	29741.55	8.27
	比重（%）	8.80	8.80

类别		合计	人均
财产性收入	合计（元）	13074.47	3.63
	比重（%）	3.87	3.86
转移性收入	合计（元）	37518.74	10.43
	比重（%）	11.10	11.10
收入合计（元）		338049.38	93.96

以村庄为分类标准，得到 1948 年无锡 11 个村中每个村子的收入状况（见表 11）。

表 11　1948 年无锡农户收入状况（以村庄分类）

村庄	总户数（户）	总人数（人）	总收入（元）	人均收入（元）				
				经营性收入	工资性收入	财产性收入	转移性收入	合计
前进村	104	497	54176.87	78.87	7.62	4.21	18.31	109.01
吴塘村	53	241	20824.3	57.18	6.31	5.05	17.86	86.41
马鞍村	115	555	55259.76	86.57	5.99	2.87	4.13	99.57
庄桥村	56	277	20031.28	52.58	11.54	1.15	7.05	72.32
太湖村	46	205	22792.56	90.04	6.32	5.78	9.04	111.18
曹庄村	66	327	33482	84.60	7.16	3.84	6.79	102.39
刘巷村	96	462	29119.36	53.09	5.04	0.43	4.47	63.03
玉东村	94	448	34226.08	64.16	4.15	1.67	6.43	76.40
华三房村	46	202	25072.76	65.29	27.25	13.69	17.89	124.12
利农村	49	268	23641.04	53.93	12.42	2.28	19.58	88.21
溪南村	22	115	19387.02	130.91	10.91	9.47	17.29	168.58

注：原资料中有 1 户村别不详，剔除后剩下 747 户。

1948 年的数据资料中，家庭成分包括地主、富农、中农等 11 种。以家庭成分为分类标准，得到不同阶层的收入状况（见表 12）。

表 12 1948 年无锡农户收入状况（以家庭成分分类）

家庭成分	总户数（户）	总人数（人）	总收入（元）	人均收入（元）				
				经营性收入	工资性收入	财产性收入	转移性收入	合计
地主	40	246	52434.94	132.01	24.79	24.72	31.63	213.15
富农	27	176	26136.56	132.33	6.16	4.74	5.27	148.50
上中农	1	8	767.52	85.40	3.51	3.51	3.51	95.94
中农	182	978	98219.06	85.68	4.29	1.80	8.66	100.43
下中农	1	4	2098.32	524.58	0.00	0.00	0.00	524.58
贫农	374	1652	104920.56	50.81	6.51	1.62	4.58	63.51
雇农	4	11	705.12	23.37	40.73	0.00	0.00	64.10
工商业主	14	84	12874.55	118.03	9.89	8.58	16.77	153.27
资本家	1	6	61.12	0.00	3.40	3.40	3.40	10.19
工人	50	203	17266.64	30.50	17.25	2.14	35.16	85.06
其他	54	230	22564.93	65.53	12.09	2.29	18.20	98.11

（4）将 1957 年无锡农户收入进行汇总（见表 13）。

表 13 1957 年无锡农户家庭农副业及其他收入

类别		合计	人均
户数（户）		843	
人数（人）		4470	
植物栽培收入（元）		35481.48	7.94
出售蚕茧收入（元）	春蚕	603.60	0.14
	夏蚕	0.00	0.00
	秋蚕	510.24	0.11
出售家畜收入（元）	猪	32138.13	7.19
	羊	2957.36	0.66
	兔	966.51	0.22
	其他	218.25	0.05

续表

类别		合计	人均
出雇收入（元）		466	0.10
副业（元）	商品性手工业	1485.66	0.33
	独立工匠	7100	1.59
	教书行医	481.5	0.11
	经商	4321	0.97
	运输	2573.2	0.58
	其他	17512.32	3.92
在外人口寄回（元）		84108.04	18.82
出售财产收入（元）		703.9	0.16
其他收入（元）		10653.94	2.38
从社取得的收入（元）	劳动报酬	145190	32.48
	租金收入	1122.22	0.25
	临时工资收入	1510.35	0.34
	利息收入	33.46	0.01
	补助与救济	2926.53	0.65
	出售肥料收入	32385.17	7.25
	生产资料作价归社的价款	8222.56	1.84
	退回投资与股份基金	18764.2	4.20
合计（元）		412435.62	92.29

注：1957 年的补充资料中共有 2 户，但缺少从社取得的相关收入数据，将其剔除。

与前三个年份不同，1957 年调查时大部分农户已加入农民生产合作社，统计口径发生了变化，增加了从社取得的收入（包括劳动报酬、租金收入、临时工资收入、利息收入、补助与救济、出售肥料收入及其他收入[1]）。在原来的基础上，我们将从社取得的收入进行再分类，劳动报酬与临时工资收入归入

---

[1] 其他收入主要指生产资料作价归社的价款及退回投资与股份基金。

工资性收入，补助与救济归入转移性收入，租金收入、利息收入及其他收入归入财产性收入，出售肥料收入归入家庭经营性收入。1957 年四大类收入所占比重见表 14。

表 14　1957 年无锡农户四大类收入比重

类别		合计	人均
户数（户）		843	
人数（人）		4470	
家庭经营性收入	合计（元）	113640.60	25.42
	比重（%）	27.55	27.55
工资性收入	合计（元）	175811.48	39.33
	比重（%）	42.63	42.63
财产性收入	合计（元）	32397.65	7.25
	比重（%）	7.86	7.86
转移性收入	合计（元）	90585.88	20.27
	比重（%）	21.96	21.96
收入合计（元）		412435.62	92.27

以村庄为分类标准，得到 1957 年无锡 11 个村中不同村子的收入状况（见表 15）。

表 15　1957 年无锡农户收入状况（以村庄分类）

村庄	总户数（户）	总人数（人）	总收入（元）	人均收入（元）				
				家庭经营性收入	工资性收入	财产性收入	转移性收入	合计
前进村	97	562	50312.48	22.09	21.76	2.08	43.595	89.52
吴塘村	56	312	23400.7	21.16	17.85	0.58	35.41	75.00
马鞍村	153	814	89202.01	43.99	54.70	5.01	5.89	109.58
庄桥村	66	336	24028.43	19.28	22.61	5.20	24.43	71.51
太湖村	52	297	25127.52	24.53	31.17	4.79	24.11	84.60

续表

村庄	总户数（户）	总人数（人）	总收入（元）	人均收入（元）				
				家庭经营性收入	工资性收入	财产性收入	转移性收入	合计
曹庄村	75	365	32898.86	22.91	54.21	5.37	7.64	90.13
刘巷村	117	587	67181.57	21.13	52.04	25.61	15.67	114.45
玉东村	103	532	51339.21	16.84	55.32	10.12	14.22	96.50
华三房村	49	237	16698.35	17.17	34.29	3.39	15.61	70.46
利农村	53	317	24618.92	28.66	16.82	0.97	31.20	77.66
溪南村	22	111	7627.57	19.57	30.70	2.85	15.59	68.72

家庭成分方面，经过土改运动后，1957 年的数据中家庭成分包括上中农、中农、下中农、贫农及工商业主。以家庭成分为分类标准，得到不同阶层的收入状况（见表 16）。

表 16　1957 年无锡农户收入状况（以家庭成分分类）

家庭成分	总户数（户）	总人数（人）	总收入（元）	人均收入（元）				
				家庭经营性收入	工资性收入	财产性收入	转移性收入	合计
上中农	471	2671	276141.7	28.61	42.41	8.38	23.98	103.39
中农	1	6	271.03	29.45	5.72	0	10	45.17
下中农	227	1148	93178.39	22.07	35.91	6.23	16.95	81.17
贫农	140	639	42666.56	18.31	33.16	4.36	10.94	66.77
工商业主	1	3	177.9	7.2	26.02	22.74	3.33	59.3

注：（1）原资料中有 3 户成分不详，剔除后剩下 840 户。
（2）中农只有 1 户，收入低属于个例现象。

四　人均收入结构的历史变化

前三个年份中，家庭经营性收入的占比最大，均超过 70%，工资性收入和转移性收入占比均维持在 8%—13%，财产性收入的占比最小，不到 6%。1957 年，各收入项目发生了很大变化，家庭经营性收入占比降到 30% 以下，工资性收入占比超过 40%，转移性收入所占比重约占 22%，财产性收入占比变化幅度不大，这种变化与当时的体制变动有关（见图 1）。

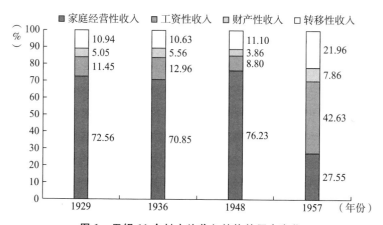

图 1　无锡 11 个村人均收入结构的历史变化

为了进一步印证无锡 11 个村农户人均收入结构的变化趋势，笔者对每个村庄的人均收入结构变化也进行了测算，结果如表 17 所示。

从表 17 中可看出，无锡 11 个村中每个村的人均收入结构的变化趋势与总体 11 个村的人均收入大体相同，前三个年份中各收入项目的占比变化很小，1957 年家庭经营性收入占比大幅减少，工资性收入、转移性收入和财产性收入所占比重均增加。

1957 年人均家庭经营性收入占比大幅减少，主要原因是其中的植物栽培收入占比很大，前三个年份中每年的占比分别达到 66.94%、67.93%、72.36%，但在 1957 年农民加入合作社后，植物栽培收入仅来自社员自留地，占比降到 31.22%，每年每人不足 8 元。如人均收入中家庭经营性收入的占比最高的

表 17 无锡 11 个村的四大类人均收入项目占比变化

单位：%

收入项目	年份	前进	吴塘	马鞍	庄桥	太湖	曹庄	刘巷	玉东	华三房	利农	溪南
家庭经营性收入	1929	51.34	70.86	90.20	78.74	77.98	86.25	88.48	80.89	42.52	57.52	64.92
	1936	61.75	65.09	86.46	76.47	84.89	85.59	85.46	80.90	41.38	49.62	73.11
	1948	72.35	66.17	86.94	72.70	80.99	82.63	84.23	83.98	52.60	61.14	77.65
	1957	24.68	28.21	40.14	26.96	29.00	25.42	18.46	17.45	24.37	36.90	28.48
工资性收入	1929	17.57	10.09	4.48	16.87	7.46	9.34	8.38	5.91	21.27	19.09	10.97
	1936	14.79	12.64	5.62	19.05	6.72	8.38	10.23	8.79	21.33	22.88	9.40
	1948	6.99	7.30	6.02	15.96	5.68	6.99	8.00	5.43	21.95	14.08	6.47
	1957	24.31	23.80	49.92	31.62	36.84	60.15	45.47	57.33	48.67	21.66	44.67
财产性收入	1929	8.52	5.34	2.18	1.13	3.09	2.07	0.88	1.66	16.46	6.73	10.70
	1936	2.76	12.58	2.49	0.61	1.75	2.60	0.77	2.41	15.46	11.28	8.42
	1948	3.86	5.84	2.88	1.59	5.20	3.75	0.68	2.19	11.03	2.58	5.62
	1957	2.32	0.77	4.57	7.27	5.66	5.96	22.38	10.49	4.81	1.25	4.15
转移性收入	1929	22.56	13.72	3.13	3.25	11.46	2.35	2.26	11.53	19.75	16.64	13.42
	1936	20.72	9.69	5.43	3.87	6.62	3.44	3.55	7.87	21.84	16.21	9.06
	1948	16.80	20.67	4.15	9.75	8.13	6.63	7.09	8.42	14.41	22.20	10.26
	1957	48.70	47.21	5.38	34.16	28.50	8.48	13.69	14.74	22.15	40.18	22.69

马鞍村，各个年份中植物栽培收入占家庭经营性收入的比重分别为 74.39%、82.73%、87.76% 和 29.58%，前三个年份的比重逐年递增，但在 1957 年降到 30% 以下。又如各年的人均收入中家庭经营性收入的占比较低的华三房村，每个年份的植物栽培收入占当年的家庭经营性收入的比重分别为 70.48%、78.53%、85.16%、32.83%，这与马鞍村的收入结构的变化相类似，植物栽培收入比重在前三个年份里逐年递增，一直占据着相当大的部分，但在 1957 年大幅度减少。其他大部分村庄的家庭经营性收入的变化与二者相类似。

工资性收入占比大幅增加，原因是从社里获得的劳动报酬（工分）① 记为工资性收入。1957 年无锡 11 个村的人均工资性收入为 39.33 元，其中从社取得的包括劳动报酬和临时工资收入为 32.82 元，占比达到 83.45%，由出雇所得的人均收入仅为 0.10 元。与此不同的是，前三个年份中的工资性收入指的是从事副业或受雇于人的劳动报酬收入和工资收入，在人均收入中所占的比重很低，为 10% 左右，对人均收入的提高所起的作用很小。如，1948 年吴塘村短工人数由 1936 年的 491 人增加到 680 人，但由于其他收入项目的增加，工资性收入的占比不增反降。

财产性收入所占比重在前三个年份里一直稳定在 5% 左右，占比相对较小，这是由其自身特点所决定的，财产性收入的来源主要是出租土地和房屋，而有多余土地和房屋出租的主要是地主阶层及其他一些资产较多的阶层。前三个年份中，地主阶层的人均财产性收入之和占所有阶层的人均财产性收入之和的比重分别是 57.44%、56.25%、46.82%。相比平民阶层，富有阶层的资产较多，财产性收入的占比也就较高，因而富有阶层

---

① 指的是劳动单位的一年总产值除以人数后的平均值，再根据每人的工作天数进行分配。

收入比重较大的村庄的人均财产性收入也必然高。如表 17 中，1929 年财产性收入占比最高和最低的分别是华三房村和刘巷村，比重分别为 16.46% 和 0.88%，原因之一就是二者中地主与富农收入之和占总收入的比重不同，分别为 58.84% 和 27.96%。而在 1957 年农民加入合作社后，财产性收入主要是出租生产生活资料给农业合作社，出租土地现象鲜有发生。

1957 年农户人均财产性收入占比略有增加的部分原因就是农户入社以后多获得了租金收入、利息收入、生产资料作价归社的价款及退回投资与股份基金，人均从社取得的财产性收入占人均总财产性收入的比重为 86.92%，尽管出售财产收入分项相比前三个年份略有减少，但从总体上来看人均财产性收入水平及占比均有增加。虽然占比增加，但财产性收入的特点并没有发生变化，财产性收入依然集中在工商业主、上中农这些相对富有的阶层，贫农阶层的人均财产性收入仅为工商业主阶层的 19.17%，为上中农阶层的 52.03%。

转移性收入的组成部分中，在外人口寄回收入一直占据着较大比重，四个年份中每年的人均在外人口寄回收入分别为 4.87 元、4.23 元、7.52 元及 18.82 元，相应的比重分别为 57.63%、60.26%、72.10% 及 92.85%。在外人口寄回收入的比重逐年递增，在一定程度上决定了转移性收入的变化趋势。在外寄回收入的总额及占比在总体上是增加的，主要原因就是城市的发展产生了相对高收入的就业机会，农村中在外人口占总人口的比重也随之增加，四个年份里外出人口的比重分别为 8.74%、10.00%、14.29% 及 20.45%。此外，与前三个年份相比，1957 年农户加入合作社以后，也多获得了补助与救济收入，使得人均转移性收入占比增加。在外人口寄回的收入分项的增加和补助与救济收入的获得直接导致了人均转移性收入的总体水平和所占比重的增加。

为了观察同一时期无锡地区与保定地区的人均收入结构的变化趋势是否一致，笔者将无锡 11 个村的人均收入结构与保定调查的相关计算结果①进行对比（见表 18）。

表 18　无锡、保定地区的人均收入结构的变化趋势

单位：元，%

年份	地区	家庭经营性收入		工资性收入		财产性收入		转移性收入		收入合计
		合计	占比	合计	占比	合计	占比	合计	占比	
1930	保定	57.231	86.13	5.4	8.13	1.305	1.96	2.51	3.78	66.45
1929	无锡	56.05	72.56	8.85	11.45	3.90	5.05	8.45	10.94	77.25
1936	保定	59.673	86.23	5.37	7.76	1.03	1.49	3.13	4.52	69.20
1936	无锡	46.79	70.85	8.56	12.96	3.67	5.56	7.02	10.63	66.04
1946	保定	56.327	90.95	3.05	4.92	0.595	0.96	1.96	3.16	61.92
1948	无锡	71.63	76.23	8.27	8.80	3.63	3.86	10.43	11.10	93.96
1957	保定	37.915	41.22	44.38	48.25	1.005	1.09	8.68	9.44	91.98
1957	无锡	25.42	27.55	39.33	42.63	7.25	7.86	20.27	21.96	92.27

注：为了与本文中无锡的人均收入水平与结构进行对比，笔者将原文中保定地区人均总收入的各收入项目进行汇总，表中是汇总后的数据。

从上述比较可知：从水平上看，无锡的收入总体上要高于保定（1936 年除外）。从结构上看，不难发现，前三个年份中，保定、无锡地区的人均收入中各收入项目的占比变化很小，变化趋势大体相同，但无锡地区的家庭经营性收入所占比重比保定地区更小，工资性收入、财产性收入和转移性收入占比比保定地区大。1957 年，保定地区的家庭经营性收入占比大幅下降，与无锡地区的变化相比，变化幅度不同但趋势相一致；呈现出工资性收入占比较大、财产性收入占比较小的特点，与无锡地区的

① 隋福民、韩锋：《保定 11 个村人均纯收入水平与结构的历史变化（1930—1998）：基于"无锡、保定农村调查"数据的分析》，《中国经济史研究》，2012 年第 4 期，第 98—111 页。

收入结构相似；尽管数值不同，但转移性收入占比的变化趋势也与无锡地区收入结构的变化相同，所增加的幅度也很接近。

此外，与保定地区人均收入水平大幅度增加不同，无锡地区 1957 年的人均收入水平相比 1948 年略有下降，主要原因是植物栽培收入分项的减少。植物栽培收入在四个年份里占人均收入的比重分别为 48.58%、48.12%、55.16% 和 8.60%，在前三个年份里一直是农户的主要收入来源，而在 1957 年时人均不到 8 元，在一定程度上导致了农户人均收入水平的降低。而植物栽培收入的减少与农户可支配农地面积的大幅减少有很大关系，主要是因为农户加入合作社以后，仅有自留地可供自己支配，如四个年份中人均使用农地面积分别为 1.86 亩、1.34亩、1.33 亩及 0.10 亩。植物栽培业属于土地密集型产业，产值严重依赖于所占有的农地面积。可支配农地面积的减少不仅降低了植物栽培收入水平，对养蚕业也产生了重要影响，从而进一步降低了农户人均收入水平，我们将各个年份的人均蚕茧产量及总产值①进行比较，将其制成表 19。

表 19 无锡 11 个村的人均蚕茧产量与总产值

单位：市斤，元

年份	春蚕产量	夏蚕产量	秋蚕产量	总产值
1929	14.0749	1.0967	3.1384	9.58
1936	11.1413	0.2176	3.9669	5.27
1948	6.5877	0.0197	2.7956	4.39
1957	0.1494	0.0157	0.1189	0.25

不难看出，1957 年人均各蚕茧种类的产量以及总产值都大幅减少。但相比前三个年份，农户加入农民合作社参与集体劳

---

① 每年各个种类的蚕茧产值相加的和除以每年的总人口数。

动，多获得了劳动报酬、补助与救济、出售肥料收入等入社收入，在一定程度上补偿了可支配土地面积减少而造成的家庭经营性收入的减少，但由于合作社本身的体制问题，无锡的农村普遍出现了生产效率低、分配不公等问题，制约了农户人均收入水平的提高。

五　小结

本文是利用"无锡、保定农村调查"资料的进一步尝试，通过计算 1929 年、1936 年、1948 年和 1957 年四个年份里无锡 11 个村的人均收入水平和结构，发现前三个年份里各收入项目占比变化很小，1957 年时呈现出家庭经营性收入占比大幅降低，工资性收入、转移性收入和财产性收入占比增加的变化趋势。不仅如此，通过对无锡 11 个村中各村和各阶层的人均收入结构进行测算，发现该变化趋势与人均收入结构的变化趋势尽管有差别，但大体相同，进一步证实了无锡 11 个村人均收入结构变化趋势的结论。然后，将相同时期无锡、保定两地区的人均收入结构的变化趋势进行比较，得出了两地区变化趋势大体相同的结论。接着对无锡 11 个村 1957 年的人均收入水平略低于 1948 年的人均收入水平的原因进行分析，发现原因或许是农户加入合作社以后可支配农地面积的减少造成了植物栽培收入及相关收入水平的降低。

当然，本文还存在很多值得商榷和完善的地方。如，本文所用资料的内容涉及解放前后的四个年份，在这四个年份中各年所用的货币是不同的，1929 年是银元，1936 年是法币，1948年有全面抗战后的法币和金圆券两种货币，1957 年是人民币。所用货币不同，再加上通货膨胀等因素，币制换算和实物收入的计算给当时的报账记录带来了很大的困难，这也在一定程度上影响了数据的准确性。此外，本文分别以村庄和家庭成分为分类标准对人均收入水平与结构的历史变化趋势进行分析，但并没有深入到农户家庭层面，这需要做进一步的研究。

（本文曾发表于《中国经济史评论》2019 年第 2 期）

无锡、保定农户家庭纯收入水平的演变（1997—2010）

——以"无锡、保定农村调查"数据为例的分析[*]

于文浩

20 世纪二三十年代，中国农村经济社会问题受到各界高度关注，掀起了农村调查的热潮。1929—1930 年，由国立中央研究院社会科学研究所陈翰笙组织的"无锡、保定农村调查"是其中规模较大的一次调查。陈翰笙认为对中国南北工商业比较发达的农村经济进行调查，有利于了解不同经济区域的生产关系、社会结构，"对挽救中国农村的危机，也就易于找出有效的办法了"[①]。为了实证解放前后农村经济的巨大变化和社会主义制度的优越性，1958 年，中国科学院经济研究所（1978 年后改称中国社会科学院经济研究所）与国家统计局联合组成调查组，延续了无锡、保定的农村调查。为了反映无锡、保定两地农村社会经济问题的历史变迁过程，经济研究所和其他单位合作，又分别于 1987 年、1998 年对无锡、保定农村进行了第三次、第四次调查。作为"中国近、现代农村调查史上绝无仅有的对同一地域的农户经济实况长时段的连续追踪调查"[②]，"无

---

[*] 本文系 2011 年中国社会科学院国情调研重大项目"无锡、保定农村调查：1998—2010 年农户收支状况"阶段性成果之一。

[①] 陈翰笙：《四个时代的我》，中国文史出版社，1988，第 154 页。

[②] 史志宏：《无锡、保定农村调查的历史及现存无、保资料概况》，《中国经济史研究》2007 年第 3 期，第 80 页。

锡、保定农村调查"为研究中国近现代南北区域的农村经济发展演变提供了宝贵资料，也为后续调查奠定了坚实的基础，同时，学界利用这些资料发表了一批具有学术影响力的研究成果①。进入 21 世纪，中国的工业化、城镇化、农业现代化得到快速发展，不仅促使农村家庭居民人均纯收入有较大幅度的增长，而且使农村居民的生活水平也得到很大程度的提高。1998年农民家庭人均纯收入仅 2162 元，2004 年增加到 2936.4 元，2010 年又增加到 5919 元，与 1998 年相比，2010 年的农民家庭人均纯收入增长 1.74 倍。农村居民家庭消费结构也明显改变，恩格尔系数从 1998 年的 53.4% 下降到 2010 年的 41.1%，下降了 12.3 个百分点②。为了加深对南北不同区域农村经济发展状况的了解，2011 年，中国社会科学院成立国情调研重大项目"无锡、保定农村调查：1998—2010 年农户收支调研"，以中国社会科学院经济研究所科研骨干为主，在 1998 年无锡、保定调查数据基础上，对无锡、保定的特定村庄、特定农户的收支状况进行了追踪调查。

改革开放至 20 世纪末，无锡以乡镇企业为主导的"苏南模式"，不仅增加了农户收入，而且提高了工资性收入对纯收入的贡献，改变了农户家庭收入结构。农村富裕程度在全国处于领先水平。世纪之交，伴随工业化、城镇化、农村现代化的发展，无锡通过大力推进农业和农村工业集约化发展，通过发展村级经济股份合作社、土地股份合作社、专业合作社，通过推进农村税费改革，以及统筹城乡规划等一系列为农、支农、惠

① 利用数次"无锡、保定农村调查"资料，学界发表的具有学术影响力的研究成果详见参考文献。
② 中华人民共和国国家统计局编《中国统计年鉴（2011）》，中国统计出版社，2011，第 330 页。

农政策，为提高农户收入提供了扎实的政策基础。1997年，无锡农户人均纯收入为4849元，2010年为14002元，2010年是1997年的2.89倍。保定曾经是典型的传统农业经济市，1998年以来，保定以强市富民、促进农民增收为目标，以促进农民增收的动力和活力为抓手，重视发展农村集体经济，创新农村集体资产管理体制，发展多种形式的农业规模经营和农村富民合作经济组织，提高农业的组织化程度。积极推动农村第二、三产业发展的同时，建立富民监测工程和考核机制，加大转移支付力度，确保涉农补助落实到位，重点落实粮食流通体制、农村金融体制和供销社改革。这是改革开放以来农民收入增长相对较快的时期，收入来源也由原来单纯的农业生产所得转变为以农业生产和务工收入为主的多元模式，拓宽了农民收入来源渠道。1997年，保定农户人均纯收入为2605元，2010年为5446元，2010年是1997年的2.1倍。1997年至2010年，由于无锡、保定两地实施了一系列的农民增收措施，不但两地的农户家庭纯收入水平均得到大幅提升，而且收入来源均趋向多元化发展。但是两地的收入差距也有所增大，1997年无锡农户家庭人均纯收入是保定的1.9倍，2010年扩大至2.6倍。

随着长江经济带和京津冀协同发展国家级发展战略的实施，无锡和保定成为这两个国家级发展战略的受惠地以及南北不同区域的比较对象，为探索两地发展变化的动因，我们基于1998年和2011年的"无锡、保定农村调查"数据，对无锡、保定4个村的农户收入水平和结构变动进行横向和纵向比较，考察异同点及变化趋向，并结合长江经济带和京津冀协同发展国家级发展战略，为提高无锡和保定农户家庭收入提供政策建议。文中利用的2011年的调查数据，为首次公布。

一 样本数据说明

1998 年的调查，分别以无锡、保定两市各 11 个村为对象，做了详细的入户调查。随着城镇化的发展，1998 年无锡和保定被调查的部分村庄已不复存在，农户迁入城镇，变为社区居民，已经脱离了原有的农业经营方式和农村面貌。为了保持纵向比较的历史传承性以及合理反映南北两地农村特征的状况，本次调查选取了无锡的玉东村和马鞍村，保定的固上村和南邓村，从上次调查的农户名单中选取抽调样本，每个村有效调查样本数各为 100 户，调查指标和口径尽可能与上次调查保持一致。

为保证调查范围的一致性和部分抽调样本的连续性，1997 年数据，使用当年调查的无锡的玉东村和马鞍村以及保定的固上村和南邓村的数据，不使用当年调查的无锡和保定各 11 村的大样本数据。进行纵向比较时，各收入项均按可比价格计算。

二 2010 年无锡、保定农户家庭人均纯收入及其结构比较

为了深入了解 2010 年无锡、保定农户家庭人均纯收入和来源结构的特点，分析其原因，分别从现状及其结构变化、十等分组、家庭规模、从事行业等方面进行详细剖析。

1. 现状及其结构变化

从表 1 可知，2010 年无锡农户家庭人均纯收入为 61050.2 元，按照收入来源对纯收入的贡献率来看，从高到低排列顺序分别是财产性纯收入 37023.3 元（60.6%）、工资性纯收入 14996.0 元（24.6%）、经营性纯收入 5793.8 元（9.5%）、转移性纯收入 3237.1 元（5.3%）。2010 年保定农户家庭人均纯

收入为 12467.4 元，按照收入来源对纯收入的贡献率来看，家庭人均纯收入从高到低排列顺序分别是工资性纯收入 6188.0 元（49.6%）、经营性纯收入 4920.6 元（39.5%）、转移性纯收入 1142.8 元（9.2%），居第四位的是财产性纯收入 216.1 元，仅占家庭人均纯收入的 1.7%。无锡地区家庭人均财产性纯收入较高是快速的城镇化建设进程所致，如果剔除这项政策因素带来的结果，那么无锡家庭人均不包括耕地宅基地补偿的纯收入则降为 25045.0 元，财产性纯收入也降为 1018.1 元，比重仅为 4.1%。按照收入来源对纯收入的贡献率来看，从高到低排列顺序和保定是一致的，分别是工资性纯收入（59.9%）、经营性纯收入（23.1%）、转移性纯收入（12.9%），贡献率最小的是不包括耕地宅基地补偿的财产性纯收入（4.1%）。

从表 1 的构成来源来看，无锡、保定两地农户家庭纯收入的结构性差异较小，家庭人均纯收入在收入来源方面的共同点有三点：①构成比例由高到低的顺序完全一致；②纯收入主要靠工资性纯收入和经营性纯收入来拉动；③转移性纯收入和不包括耕地宅基地补偿的财产性纯收入所占比重平均在 10% 以下，对农户家庭纯收入的影响不大。不同点有两点：①虽然工资性纯收入对不包括耕地宅基地补偿的纯收入的影响力最大，但在两地所占比重不同，在无锡地区占比高达 59.9%，比保定地区高出 10.2 个百分点；②从贡献率位居第二的经营性纯收入的情况来看，保定地区所占比重高出无锡地区 16.4 个百分点。根据本次的调查结果可知，无锡农户的工资性纯收入主要来自在当地工矿企业工作所得，农村剩余劳动力在当地即可就业，且一年中的工作时间较稳定，外出打工的很少，外地人来无锡打工的倒是很多。从我们的访谈中了解到，无锡的年轻人大都把自己的结婚对象锁定在本地，外地户籍很难进入他们的选择范围，原因之一就是在本地的工商企业工作所得报酬较高，且

表1 2010年无锡、保定两地农户家庭人均纯收入水平和来源结构比较

		纯收入	不包括宅基地补偿的纯收入	经营性纯收入	工资性纯收入	财产性纯收入	转移性纯收入	不包括耕地宅基地补偿的财产性纯收入
无锡	样本数（户）	200	200	200	200	200	200	200
	均值（元）	61050.2	25045.0	5793.8	14996.0	37023.3	3237.1	1018.1
	贡献率1（%）	100.0	—	9.5	24.6	60.6	5.3	
	贡献率1位次	—	—	3	2	1	4	
	贡献率2（%）		100.0	23.1	59.9		12.9	4.1
	贡献率2位次		—	2	1	—	3	4
	标准差	86487.9	18415.7	10503.9	12692.6	82844.0	8046.4	3571.5
	变异系数	1.4	0.7	1.8	0.8	2.2	2.5	3.5
保定	样本数（户）	200	200	200	200	200	200	200
	均值（元）	12467.4	12457.4	4920.6	6188.0	216.1	1142.8	206.1
	贡献率1（%）	100.0	—	39.5	49.6	1.7	9.2	
	贡献率1位次	—	—	2	1	4	3	
	贡献率2（%）	—	100.0	39.5	49.7	—	9.2	1.7
	贡献率2位次		—	2	1	—	3	4

续表

		纯收入	不包括耕地宅基地补偿的纯收入	经营性纯收入	工资性纯收入	财产性纯收入	转移性纯收入	不包括耕地宅基地补偿的财产性纯收入
保定	标准差	24207.3	24198.8	21585.8	6374.4	703.2	2492.2	691.9
	变异系数	1.9	1.9	4.4	1.0	3.3	2.2	3.4
无锡－保定（元）		48582.8	12587.6	873.2	8808.0	36807.2	2094.4	812.0
无锡/保定（倍）		4.9	2.0	1.2	2.4	171.3	2.8	4.9

资料来源：2011年"无锡、保定农户收支调查"问卷调查数据库，笔者计算。

无须远离家乡，能够享受其乐融融的亲情，用被采访者自己的话来说是幸福指数较高。家庭经营性纯收入主要由农业经营性纯收入和经营工商业企业纯收入构成，无锡地区的城镇化建设程度相对较高，使得以农业经营为基础的家庭经营性纯收入大幅下降，占比为 23.1% 的家庭经营性纯收入基本上来源于个人经营工商业企业这一部分，其中从事小型制造业经营的占大部分。例如，马鞍村一村就有 6 个锻造业加工厂，并且各个企业间都保持着很好的联系，以马鞍村为主的锻造业工厂，还联合其他地区的企业组成了锻造协会，协会中共有十几家企业成员。协会的主要目的是交流信息，创建企业共赢平台。另外，协会还规定，不能随便接纳本协会中其他工厂跳槽来的工人，这就使得各工厂对工人的待遇更加透明化且差别很小，从而保证了人力资源的可持续性发展，发挥了行业组织对农村工业的推动作用。可以说，无锡在推进城镇化建设的同时也促进了农村工业化程度的提高。保定农户的工资性纯收入主要分为两大块，一部分是在本地厂矿企业工作所得，从业人员主要是年轻女性，大多在纺织厂、织布厂等棉纺织业工厂工作，她们受纺织行业市场行情的影响较大，工作时间不是很稳定，忙的时候工作十几个小时，闲的时候几个月赋闲在家。另一部分工资性纯收入来自外出打工，从业人员主要是年轻男性，大多从事的是建筑业、装修业、电器水暖等行业，工作时间随其雇佣老板承揽工程多少而不同，好的时候他们可外出打工 7—8 个月时间，但他们也有几个月没有工作只能待在家里。相对来说，他们的工作时间和工资性纯收入不是很稳定。从家庭成员团聚在家时间长短的幸福感指数来看，他们比无锡要低。保定的家庭经营性纯收入占比比无锡高出 16.4 个百分点，主要是因为保定农户中从事种植业和养殖业的农户经营占比较高，本次调查结果表明保定种植业和养殖业的人均经营性纯收入占家庭经营性纯收入的

77.4%，且人均纯收入是从事工商业企业经营人均纯收入的3.4倍。保定地区工商业企业经营范围主要是小卖部、小型建筑材料加工厂、棉纺织工厂等，与无锡相比较，其工业化程度较低，且没有形成优化、共享资源的行业组织。

从变异系数指标大小来看，除了家庭人均转移性纯收入之外，其他各项指标均显示保定的变异系数比无锡大。也就是说，保定农户家庭人均纯收入之间的差距比无锡大，且保定收入不平衡的情况明显高于无锡。两地的共同点是构成家庭人均纯收入最主要来源的工资性纯收入的差距较小。家庭人均经营性纯收入方面的不同点非常明显，无锡的变异系数为1.8，保定则高达4.4。造成两地差距如此之大的主要原因如下：无锡的家庭经营性纯收入主要源于家庭经营工商业企业所得，加之行业组织所发挥的互动保护作用，使得各企业间的发展较为均衡。保定的家庭经营纯收入主要来源于单纯的种植业或养殖业，采访过程中得知，种植业和养殖业的特殊性使得专门从事种植业或养殖业的农户有时往往是投入整个家庭的劳动力，但影响种植业和养殖业收入的非人为不确定因素较多。例如，不可预测的自然气候的影响、疫情灾情的影响等，另外，因没有相对规范的行业组织的指导调整作用，种植业和养殖业对市场饱和程度的敏感度不高，导致供过于求的现象时有发生，在各类成本不变的情况下，供过于求直接导致收入锐减。除此之外，与农业经营比较，经营工商业企业的比重虽然较低，但其所获利润相比单纯的种植业或养殖业要高，从而拉大了农户在纯收入方面的差距。调查显示，无锡、保定两地人均纯收入最少的家庭，均是由于家庭经营性纯收入和财产性纯收入出现了负债的情况，其中，保定的负债较多，主要是经营养殖业负债所累。因此，对于以种植业和养殖业为主的农户家庭，如何降低风险，提高收益是一个值得深思的问题。

从家庭人均不包括耕地宅基地补偿的纯收入情况来看，无锡是保定的 2.0 倍，绝对差距为 12587.6 元；对两地纯收入影响最大的是工资性纯收入，无锡是保定的 2.4 倍，绝对差距为 8808.0 元；相对差距最大的是财产性纯收入，无锡是保定的 171.3 倍，绝对差距为 36807.2 元，这主要是由无锡的工业化和城镇化建设程度高，土地出租收入较多，再加上一部分闲余资金用于企业入股，获得股息分红等差异引起的。

2. 十等分组分析

为考察无锡、保定两地农户收入差距，分布的基本形态如何，各类家庭所占比重如何，通过收入十等分组的情况加以分析。以 0.1 和 0.3 为分界线，对十等分组的变异系数做了划分。由表 2 可见，无锡各组间的收入差距较保定小，变异系数在 0.1 左右，均匀分布于第 2 组至第 9 组之间。保定变异系数介于 0.2—0.1，均匀分布于第 2 组至第 8 组之间。在无锡和保定两地，一方面，与平均收入水平接近的农户家庭数量最多，且这些家庭间的收入差距较小。另一方面，与平均水平相差较大的纯收入最少和最多的农户家庭数量的比重较小，为 20%—30%。保定农户的收入差距明显呈现两极分化的情况。今后，在促进保定农户增收的同时，需要注意收入的均衡。

表 2　2010 年无锡、保定按十等分组的家庭人均不包括耕地宅基地补偿纯收入变异系数

单位：户

十等分组位次（无锡）	变异系数（无锡）	样本数（无锡）	十等分组位次（保定）	变异系数（保定）	样本数（保定）
7	0.06	20	6	0.08	20
6	0.06	20	7	0.12	20
8	0.07	20	5	0.14	20
5	0.07	20	2	0.18	20

续表

十等分组位次（无锡）	变异系数（无锡）	样本数（无锡）	十等分组位次（保定）	变异系数（保定）	样本数（保定）
4	0.10	20	4	0.19	20
2	0.13	20	8	0.21	20
9	0.14	20	3	0.21	20
3	0.14	20	9	0.31	20
1	0.34	20	10	0.70	20
10	0.43	20	1		20

资料来源：2011 年"无锡、保定农户收支调查"问卷数据库，笔者计算。

　　表 3 对十等分组的相对差距和绝对差距做了分析。由于保定第一组数据中含有特殊值，不对其进行比较。无锡、保定人均纯收入的绝对差距是 12587.6 元，高于此值的有 4 组，分别是第 10 组的 13085.5 元、第 9 组的 13329.1 元、第 7 组的 14367.0 元、第 8 组的 15235.7 元，即，两地间绝对差距较大的几组主要分布于纯收入位于前 4 位的组群内。低于此均值的有 5 组，分别是第 2 组的 8769.3 元、第 3 组的 9949.7 元、第 4 组的 10321.2 元、第 5 组的 10648.9 元、第 6 组的 12318.6 元，即，两地间绝对差距较小的几组主要分布于纯收入位于后 5 位的组群内。那么，是否就可以认为无锡、保定两地之间人均纯收入的差距主要是由高收入组之间的差距所导致的？为进一步检验这一假设，我们再对两地纯收入十等分组的相对差距进行分析。无锡、保定两地间人均纯收入的相对差距是 2.0 倍，高于等于此值的有 7 组，分别是第 8 组的 2.0 倍、第 7 组的 2.3 倍、第 6 组的 2.3 倍、第 5 组的 2.3 倍、第 4 组的 2.7 倍、第 3 组的 3.2 倍、第 2 组的 3.5 倍，即，两地间相对差距较大的几组主要分布于纯收入位于中等收入组和低收入组的 7 个组群内。低于 2.0 倍的分别是第 10 组的 1.2 倍、第 9 组的 1.6 倍。从十

等分组的绝对差距和相对差距对比来看，两者呈相反方向排列，绝对差距较大的高排名组群间的相对差距较小，而相对差距较大的低中排名组群间的绝对差距较大。我们认为这主要是因为绝对差距有随着平均值的增大而变大的倾向，因此，绝对差距适合于人们对经济差距的直观比较，相对差距适合于不同地区间的差距比较。因此，在认识无锡、保定组群间绝对差距的基础上，需要从相对差距的角度来比较其特点。我们认为，无锡、保定两地间高收入组群间的相对差距较小，中收入组群和低收入组群间的相对差距较大，尤其是组群均值低于总均值的第 2 组和第 3 组间的相对差距均超过 3 倍。从人口分布数量来看，位于中低收入组群的人口是位于高收入组群人口的 3.5 倍。因此，为缩小两地间的经济差距，建议在保持两地高收入组群纯收入稳定增长的基础上，首先应注重加快提升保定中低收入组群的增收能力。

表 3　2010 年家庭人均不包括耕地宅基地补偿纯收入十等分组绝对差距、相对差距比较

单位：元，倍

绝对差距		相对差距	
十等分组	差距大小	十等分组	差距大小
2	8769.3	10	1.2
3	9949.7	9	1.6
4	10321.2	8	2.0
5	10648.9	7	2.3
6	12318.6	6	2.3
10	13085.5	5	2.3
9	13329.1	4	2.7
7	14367.0	3	3.2
8	15235.7	2	3.5

资料来源：2011 年"无锡、保定农户收支调查"问卷数据库，笔者计算。

3. 不同家庭规模的人均纯收入

表4反映了无锡、保定家庭规模和人均纯收入的分布关系。从家庭规模的大小来看，两地以3—4人和5—6人规模为主。无锡和保定1—2人规模家庭纯收入最高，分别是35420.1元和17203.0元，5—6人规模家庭纯收入最低，分别是22637.8元和8646.6元。从我们的调查可知，1—2人规模家庭以劳动能力较强的年轻夫妇为主，家庭纯收入大多源自非农业工资性收入。5—6人规模家庭主要由年轻夫妇2人加上1—2个小孩和年长夫妇2人构成，是典型的"上有老下有小"的家庭模式，此类型的家庭中处于壮年的劳动力仅有年轻夫妇2人，相应其家庭人均纯收入就较低。从变异系数来看，无锡和保定的情况大为不同，无锡各家庭规模的变异系数都没有超过1，而保定除了7人及以上家庭规模以外，其他各家庭规模的变异系数都超过1。这说明，在保定，不同家庭规模的农户内部的收入差距比无锡要大。此外，两地还表现出一个有趣的相反趋向，无锡人均纯收入最高的1—2人规模家庭，其变异系数最高（0.9），保定人均纯收入最低的5—6人规模家庭的变异系数最高，高达3.2。其深层原因有待我们继续追踪调查和挖掘。

表4　2010年无锡、保定不同家庭规模人均不包括耕地
宅基地补偿的纯收入比较

无锡					
家庭常住人口规模	样本数（户）	比重（%）	均值（元）	标准差	变异系数
1—2人	34	17.0	35420.1	30524.9	0.9
3—4人	83	41.5	23015.4	9873.8	0.4
5—6人	75	37.5	22637.8	17749.2	0.8
7人及以上	8	4.0	24918.0	11706.3	0.5

续表

保定					
家庭常住 人口规模	样本数 （户）	比重 （％）	均值 （元）	标准差	变异系数
1—2 人	41	20.4	17203.0	31636.8	1.8
3—4 人	59	29.4	14264.7	15675.5	1.1
5—6 人	76	37.8	8646.6	27766.4	3.2
7 人及以上	25	12.4	11994.4	10764.0	0.9

资料来源：2011 年"无锡、保定农户收支调查"问卷数据库，笔者计算。

4. 按不同行业的人均纯收入

表 5 按照答卷人从事的不同行业，对无锡、保定两地家庭人均纯收入进行比较。在无锡，低于全行业均值的是从事建筑业、住宿餐饮业、种植业的家庭，高于均值的是从事制造业、批发零售业、交通运输业、养殖业及居住服务业的家庭。其中，从事建筑业的家庭人均纯收入最低（17245.6 元），从事居住服务业的家庭人均纯收入最高（47786.7 元），后者是前者的 2.8 倍。在保定，低于全行业均值的是从事养殖业、交通运输业和种植业的家庭，高于均值的是从事住宿餐饮业、居住服务业、制造业、建筑业及批发零售业的家庭。其中，从事养殖业的家庭人均纯收入最低（5240.5 元），从事批发零售业家庭人均纯收入最高（29816.9 元），后者是前者的 5.7 倍。无锡、保定的共同点在于种植业都属于低于均值的行业，不同点体现在两方面。一方面，无锡从事建筑业的收入最低，保定从事建筑业的收入则位居高收入组的第二位。这主要是因为无锡的工业化以及农村现代化发展水平高于保定，无锡农户从事高附加值行业的机会更多。另一方面，无锡从事养殖业的收入位居高收入组的第二位，但保定从事养殖业的收入却是最低的。调查中我们发现，无锡的养殖业以企业经营为主，具备一定的规模效应，

保定的养殖业以传统的农户零散经营为主，养殖规模小，其投入产出比不具备竞争优势。

表5　2010年无锡、保定不同行业农户不包括耕地
宅基地补偿的家庭人均纯收入比较

答卷人主要从事的行业（无锡）	均值（元）	标准差	最高组/最低组（倍）	答卷人主要从事的行业（保定）	均值（元）	标准差	最高组/最低组（倍）
建筑业	17245.6	9779.0		养殖业	5240.5	71823.4	
住宿餐饮业	20566.4	8059.9		交通运输业	11168.8	14780.3	
种植业	21365.9	21335.2		种植业	12236.0	21480.1	
全行业	25058.7	18410.6		全行业	12457.4	24198.8	
制造业	26996.8	18507.4	2.8	住宿餐饮业	12718.8	—	5.7
批发零售业	28458.1	13787.5		居住服务业	14449.1	6088.9	
交通运输业	30489.5	18917.6		制造业	18486.3	13133.9	
养殖业	35966.7	—		建筑业	21984.6	27458.4	
居住服务业	47786.7	43011.6		批发零售业	29816.9	31442.0	

资料来源：2011年"无锡、保定农户收支调查"问卷数据库，笔者计算。

三　无锡、保定农户家庭人均不包括耕地宅基地补偿的纯收入比较分析（1997—2010）

如表6所示，无锡的家庭人均一年不包括耕地宅基地补偿的纯收入从1997年的4457.4元增至2010年的20036.0元，增长3.5倍，年均增长1198.4元，实际年均增长率是12.3%。其他各来源构成项也都有不同程度的增长，财产性收入的增长率最高，高达28.2%，从1997年的32.3元增至2010年的814.5元；位居第二的是转移性收入，增长率是19.2%，从1997年的263.0元增至2010年的2589.7元；经营性收入增长最慢，增长

率是 9.8%，从 1997 年的 1367.0 元增至 2010 年的 4635.0 元；工资性收入的增长率为 11.9%，从 1997 年的 2795.0 元增至 2010 年的 11996.8 元。保定的家庭人均一年不包括耕地宅基地补偿的纯收入从 1997 年的 1122.9 元增至 2010 年的 9965.9 元，增长 7.9 倍，实际年均增长 680.2 元，实际年均增长率是 18.3%。其他各来源构成项的增长顺序和无锡一致，财产性收入的增长率最高，高达 32.9%，从 1997 年的 4.1 元增至 2010 年的 164.9 元；其次是转移性收入，增长率是 25.0%，从 1997 年的 50.1 元增至 2010 年的 914.2 元；工资性收入的增长率位居第三，是 18.8%，从 1997 年的 529.9 元增至 2010 年的 4950.4 元；经营性收入增长最慢，增长率是 16.5%，从 1997 年的 538.8 元增至 2010 年的 3936.4 元。

从来源构成来看，无锡的特点是工资性收入一直占据主导地位，经营性收入所占比重虽然有所下降，但稳居第二位，财产性收入和转移性收入所占比重有了大幅度的增加，分别从 0.7% 升至 4.1%，从 5.9% 升至 12.9%。保定各构成项所占比重的升降顺序和无锡基本一致，工资性收入和经营性收入稳居前两位，但不同的是财产性收入和转移性收入所占比重的上升幅度没有无锡大。

从变异系数来看，无锡家庭人均一年不包括耕地宅基地补偿的纯收入的变异系数从 0.6 增至 0.7，工资性收入没有变化，仍然停留在 0.8 的水平上，经营性收入从 1.5 增至 1.8，增长率高于纯收入的财产性收入和转移性收入的变异系数呈下降趋势，分别从 5.4 降至 3.5，从 3.0 降至 2.5。从上述变化来看，1997—2010 年，无锡的收入差距变化不大，处于较为均衡的状态。除了财产性收入以外，保定各构成来源变异系数的变化倾向和无锡基本一致，但变化幅度大于无锡，其中，家庭人均一年不包括耕地宅基地补偿的纯收入的变异系数从 1.6 增至 1.9，工资性收入从 0.9 增至 1.0，经营性收入从 3.4 增至 4.4，财产性收入和转移性收入的变异系数分别从 12.6 降至 3.4，从 5.9 降至 2.2。可见，1997—2010 年，保定收入差距的变动幅度比无锡大。

表6　无锡、保定农户家庭人均不包括耕地宅基地补偿的
纯收入水平及结构来源比较（1997—2010）

市	年份	样本数	人均纯收入	经营性收入	工资性收入	财产性收入	转移性收入
无锡	1997	177 户（元）	4457.4	1367.0	2795.0	32.3	263.0
		来源构成（%）	100.0	30.7	62.7	0.7	5.9
		变异系数	0.6	1.5	0.8	5.4	3.0
	2010	200 户（元）	20036.0	4635.0	11996.8	814.5	2589.7
		来源构成（%）	100.0	23.1	59.9	4.1	12.9
		变异系数	0.7	1.8	0.8	3.5	2.5
	绝对差距（元）		15578.6	3268.0	9201.7	782.2	2326.7
	相对差距（倍）		4.5	3.4	4.3	25.2	9.8
	1997—2010 年均增长（元）		1198.4	251.4	707.8	60.2	179.0
	1997—2010 年实际年均增长率（%）		12.3	9.8	11.9	28.2	19.2
保定	1997	456 户（元）	1122.9	538.8	529.9	4.1	50.1
		来源构成（%）	100.0	48.0	47.2	0.4	4.5
		变异系数	1.6	3.4	0.9	12.6	5.9
	2010	200 户（元）	9965.9	3936.4	4950.4	164.9	914.2
		来源构成（%）	100.0	39.5	49.7	1.7	9.2
		变异系数	1.9	4.4	1.0	3.4	2.2
	绝对差距（元）		8843.0	3397.6	4420.4	160.8	864.1
	相对差距（倍）		8.9	7.3	9.3	40.4	18.3
	1997—2010 年均增长（元）		680.2	261.4	340.0	12.4	66.5

续表

市	年份	样本数	人均纯收入	经营性收入	工资性收入	财产性收入	转移性收入
保定	1997—2010 年实际年均增长率（%）		18.3	16.5	18.8	32.9	25.0

资料来源：2011 年"无锡、保定农户收支调查"问卷数据库，笔者计算。

据上述分析，两地的共同点包括以下四个方面：①无论是1997 年还是 2010 年，无锡各项的收入均高于保定，且各项增长率的趋势相同。②工资性收入是纯收入最主要的来源，且工资性收入群体间的收入差距不大。③经营性收入所占比重均有所下降，但依然是构成纯收入的稳定来源，且经营性收入群体间的差距较均衡。④财产性收入和转移性收入的构成比例均有较大提高，且财产性收入和转移性收入群体间的差距呈缩小趋势。不同点包括以下几个方面：①各项增长率的趋势虽然相同，但保定均高于无锡，也就是说，保定各项收入虽然比无锡低，但发展速度都要快于无锡，同时，其各项内部的差距也比无锡大。那么，这是否可以说明无锡和保定两地的发展趋势符合区域经济发展过程中"倒 U 型曲线假说"这一规律呢？另外，这也带给我们一个新的研究课题，无锡和保定至今虽然还有一定的差距，但由于保定各项的发展速度都要快于无锡，如果现存条件不变，发展到一定阶段的话，两地间的差距就会缩小，并有可能在此基础上，保定超越无锡，进而拉大两者间的收入差距。如果现存条件发生变化，那么两者间的收入差距是缩小还是扩大，并且会缩小或扩大到何种程度？这越发让我们认识到在原有调查基础上，继续跟踪调查的必要性和重要性。②工资性收入所占比重虽然都稳居第一位，但从所占比重的变化来看，无锡降低 2.8 个百分点，保定略有上升，上升了 2.5 个百分点，从增长率来看，保定比无锡高出近 7 个百分点。这些变化与两地的经济发展状况相关，一方面，无锡的农村企业较保定发达，为农村富余劳动力的转移提供了更多稳定的工作机会；保定的农村企业较少，农村富余劳动力主要外出从事保障性差的零散工。另一方面，在无锡，稳定的工作机会培养了大量技术熟练的劳动者，伴随人力成本的上升，其工资水平的提升必然减速。在保定，由于工资性收入群体主要从事零散工作，流动性较高，人们自然会选择流动到工资更高的岗位，但是，高流动性将会影响持续稳定性，因此，短期来看，保定的工资性收入的增长率确实比无锡高，但今后是否会继续保持，尚不能下定论。③经营性收入所占比重都稳居第二位，也均有一定幅度下降，但在增长率方面，保定明显高于无锡，在变异系数方面，则是无锡低于保定。在调查中，我们发现这种情况与农村富余劳动力的转移方式有关，在无锡，农村富余劳动力转移至企业从事稳定工作的居多，因此，从事家庭经营性工作的劳动力相对较少。在保定，家庭经营性工作以养殖业和种植业为主，农村富余劳动力的从业方式主要是打零工，他们赋闲时间较长，可以投入到家庭经营性工作中，这虽然有利于提高经营性收入，但是其增长率的提高依赖于存量积累效应，并未显现增量效应。所以，今后应着重提高保定农户经营性收入的增量效应。

四 小结

研究结果表明，无锡、保定的农户家庭纯收入水平均有大幅提高，实际年均增长率分别高达12.3％和18.3％。2010年无锡农户的家庭人均纯收入是保定的2.0倍，收入相对较为均衡，收入差距比保定小。保定农户的家庭人均纯收入差距相对较大，两极分化的情况比无锡更明显。因此，在促进保定农户增收的同时，需要注意均衡发展。为缩小两地间的经济差距，我们认为在保持两地高收入组群纯收入稳定增长的基础上，首先应注重加快提升保定中低收入组群的增收能力。从收入来源构成来看，工资性收入是主要来源。伴随城镇化的发展，更多农民分流到工商企业，农民增收对工资性收入的依赖程度更高。经营性收入是增长的稳定基础。家庭经营中呈第一、二、三产业结构的扁平化现象，今后应着重促进产业结构的优化，促进经营性收入的稳定增长。转移性收入比重上升。这主要是因为政府一方面出台了各项减轻农民负担的措施，另一方面增加了各项农业生产性补贴，还从其他各方面加大对农民的转移支付力度，使得农民转移性收入实现快速增长。财产性收入成为新的增长动力。随着工业化、城镇化以及农村现代化的发展，农民土地出让收入和房屋租金收入得到增加，农民来自各类经济合作组织的股份分红逐步提高，这些都推动了农民财产性收入的快速增长。

五　政策建议

由于无锡的工业化和农村现代化程度较高，再加上长江经济带国家级发展战略的实施，今后，二者相互支撑下的共赢发展模式是主体。无锡农村社区股份合作比例高达 65%，集团企业发展模式强劲，为推动无锡农户增收的可持续性，一方面，促进规范运作，继续深化股份合作制度，以确保集体资产保值增值；另一方面，走产出效益高的产业融合发展之路来增进发展动力活力，加快推进第一、二、三产业的衔接，通过发展全产业链的融合，在创新发展模式的基础上，做强优势产业，同时加快形成以企业化运作为龙头、专业化合作为桥梁的投资、生产、管理、经营新体制。深化农村产权流转交易市场的建设，制定农村产权交易服务体系，推动各类农村产权的合理交易，提高农民资产和资源价值的同时，提升农业集约化、专业化、组织化程度。在保持传统优势产业稳步发展的基础上，增强产业化程度和民营企业的活力，为农村富余劳动力提供更多的就业机会。在此基础上，加大服务业支农惠工的力度，保持各产业的良性互动发展，为不同规模的家庭人群提供多元化的就业需求，缩小收入差距。保定的工业化和农村现代化程度虽然逊色于无锡，但随着京津冀协同发展战略的推进，发展空间不断增大。在农业方面，需要大力扶持专业合作经济组织，培育和发展有前瞻性、懂技术、高素质的带头人，在农民和市场之间搭建桥梁。加强农民合作经济组织间的横向和纵向联合，促进产供销各环节的有效衔接，推进由传统分散的小农生产方式向专业化、精细化、组织化的现代高新农业转变，提高农产品商品转化率，瞄准市场消费结构的变化，引导农产品结构调整，促进农业产业化经营。提高农村劳动力素质和就业技能，更好地促进京津冀产业对接品质，合理调整经济、社会、生态功能互补的各类城镇群，培育特色小镇体系，实现生产、生活和生态"三生"共生的良性互动，为农村劳动力提供稳定就业的增收乐业体系。发挥区位、交通和产业优势，活跃以农村为重点的城乡服务业，全面提升服务业整体发展水平，促进农村劳动力向服务业转移，增加农民收入，推动协调均衡发展，缩小家庭间的收入差距。

参考文献

陈翰笙、薛暮桥、秦柳芳合编《解放前后无锡、保定农村经济（1929年至1957年）》，农牧渔业部农村经济管理干部学院研究所科研资料室，1988。

史志宏：《20世纪30、40年代华北平原农村土地以外主要生产资料的占有状况——以河北省清苑县4村为例》，《中国经济史研究》2005年第3期，第3—14页。

史志宏：《20 世纪三、四十年代华北平原农村的土地分配及其变化——以河北省清苑县 4 村为例》，《中国经济史研究》2002 年第 3 期，第 3—20 页。

史志宏：《20 世纪三四十年代华北平原农村的租佃关系和雇佣关系——以河北省清苑县 4 村为例》，《中国经济史研究》2003 年第 1 期，第 45—57 页。

隋福民、韩锋：《保定 11 个村人均纯收入水平与结构的历史变化（1930—1998）：基于"无锡、保定农村调查"数据的分析》，《中国经济史研究》2012 年第 4 期，第 98—111 页。

武力：《20 世纪 30～40 年代保定农村土地分散趋势及其原因》，《古今农业》2004 年第 3 期，第 42—55 页。

张丽：《人口，土地和农业生产力水平：二十世纪初无锡农村地区人口压力的测量》，《中国农史》2007 年第 3 期，第 47—56、87 页。

赵学军：《华北农户借贷渠道变迁之管窥——基于"无锡保定农村调查"系列资料（1930—2010）的分析》，《中国经济史研究》2013 年第 4 期，第 128—139 页。

中国社会科学院经济研究所"无保"调查课题组：《无锡、保定农村调查统计分析报告（1997）》，中国财政经济出版社，2006。

中国社会科学院经济研究所"无保"调查课题组：《中国村庄经济：无锡、保定 22 村调查报告（1987～1998 年)》，中国财政经济出版社，1999。

朱文强：《20 世纪 30 年代以来中国农村土地经营规模研究——以无锡、保定为例》，《河北学刊》2006 年第 5 期，第 148—152 页。

朱文强：《怎样认识 20 至 50 年代无锡农民的纯收入——对〈第二次无锡、保定农村经济调查报告〉的再研究》，《中国经济史研究》1998 年第 3 期，第 123—130 页。

James Kai - Sing Kung, Nansheng Bai, Yiu - Fai Lee, "Human Capital, Migration, and a 'Vent' for Surplus Rural Labour in 1930s China: The Case of the Lower Yangzi: Rural Labour in China," *The Economic History Review*, 2011（64）：117 - 141.

（本文曾发表于《开发研究》2017 年第 6 期）

华北农户消费支出结构的变迁
（1930—2010）
——基于"无锡、保定农村调查"资料的分析

赵学军

一 引言

农户消费结构①是学术界研究的热点问题之一。农户消费行为的变化、消费倾向的改变，最终都会体现在消费支出结构的变化上。农户消费支出结构的变迁，更是社会经济发展、农户生活水平提升的直接反映。

研究消费支出结构的变迁，需要从经济史的视角展开分析。从目前的学术文献看，学术界在研究当代中国农户消费支出结构变迁方面，主要集中于分析改革开放以来农户消费支出结构的变化。

鲜祖德、唐平认为，1980 年到 1994 年农户基本生存费用所占份额下降；消费趋向于社会化、商品化；食物消费质量提高；衣着消费趋于成衣化、高档化；住房条件改善，质量提高；家庭设备、用品、文教用品显著增加。但农户消费仍然属于生

---

① 笔者认为"消费结构"与"消费支出结构"是一对非常相似的概念，但"消费结构"更多的是从实物消费角度衡量居民消费不同种类物品与服务的结构，而"消费支出结构"更多的是从货币角度衡量居民购买商品与服务的货币支出结构。对于不同种类的消费品，按"消费结构"的概念不易进行比较，而按"消费支出结构"的概念则可以比较。所以，笔者采用了"消费支出结构"这一概念。

存性消费，1994 年恩格尔系数还出现了逆向复归①。曹力群、
庞丽华认为，改革开放 20 多年后，农户食品支出的比重在下
降，但仍居第一位；住房消费支出所占比重稳中有降，居第二
位；服务性支出，特别是医疗费和学杂费增长较快；各种用品，
特别是耐用消费品支出增长缓慢；燃料支出比重降低；恩格尔
系数降低，农户逐步走向小康②。戎刚指出，改革开放 20 年
后，农民消费依然处于"基本生活资料消费"阶段，但已开始
向较高层次消费转变，消费重心有移向住房和衣服消费的倾向，
文化消费支出的比重越来越大③。连建辉认为，改革开放 20 年
后，农村居民消费结构逐步升级，但从总体上仍未摆脱以必需
品为主的生存型消费模式④。王宏伟提出，农民消费的发展趋
势是：食品、衣着等基本生活消费所占份额下降；居住支出比
重有所波动，农民建房从注重数量扩张转向注重质量的提高；
文化娱乐用品、交通、通信、医疗保健等需求提高，所占比重
不断上升⑤。赵卫亚认为，改革开放到 1997 年前后，农村居民
消费结构经历了三个阶段的演变：1980 年到 1985 年，食品、
衣着支出占比大幅度下降，住房支出占比急剧上升；1986 年到
1989 年，物质消费支出占比趋于稳定，服务性消费支出占比稳
定上升；1990 年到 1997 年，食品支出占比波动上升，用品、

① 鲜祖德、唐平：《80 年代以来中国农村居民生活消费的变化、问题及思考》，
《消费经济》1995 年第 4 期。
② 曹力群、庞丽华：《改革以来农户生活消费的变动特征及近期的发展趋势》，
《中国农村经济》2000 年第 11 期。
③ 戎刚：《农户消费的实证分析》，《中国农村观察》1997 年第 6 期。
④ 连建辉：《改革 20 年来我国农村居民消费行为分析》，《福建师范大学学
报》（哲学社会科学版）2000 年第 1 期。
⑤ 王宏伟：《中国农村居民消费的基本趋势及制约农民消费行为的基本因素
分析》，《管理世界》2000 年第 4 期。

服务性消费支出占比稳步增长①。郭新华、夏瑞洁探讨了 1978
年到 2008 年农村居民消费结构的时序变化，提出农村居民消费
水平不断提高，恩格尔系数不断下降，居住和医疗保健消费支
出占比不断上升，衣着消费支出占比不断下滑，交通通信和文
教娱乐服务消费支出占比波动很大，但总体仍呈上升趋势②。
黄毓哲分析了 1995 年到 2004 年农户消费结构的变化，认为食
品类消费支出增加最多，但在消费支出中所占比重呈不断下降
的趋势；衣着类消费支出年年增加，但所占比重逐年下降；居
住类消费支出每年增加较多，始终居于第二位；家庭设备类消
费支出增加不多，占比呈下降趋势；医疗保健类消费支出不断
增加，占比提高较快；交通通信类消费支出增加最多，占比提
高最快；文教娱乐类消费支出增加较多，占比呈上升的趋势；
其他项目消费支出稍有增加，占比也略有提高③。

　　一些学者从农户消费需求的收入弹性特征方面，分析农户
消费支出结构的变化趋势。马成文 1995 年的一篇论文指出，居
住、家庭设备及服务、交通和通信、其他商品及服务的需求收
入弹性均大于 1，意味着农民在这些方面消费需求的增长速度
要快于其收入的增长速度；食品、衣着、医疗保健需求的收入
弹性均小于 1，意味着在这些方面消费需求的增长率要小于其
收入的增长速度；文教、娱乐及服务需求的收入弹性趋向于 1，
意味着这类消费品的需求基本上与其收入等幅增长④。李锐分
析了 1980 年到 2000 年农户各类消费的收入弹性，发现食品的

① 赵卫亚：《中国农村居民消费结构的变迁》，《中国农村经济》1999 年第
　9 期。
② 郭新华、夏瑞洁：《改革开放以来农村居民消费结构的时序变化和地区差
　距》，《经济问题探索》2010 年第 6 期。
③ 黄毓哲：《十年来中国农村居民消费结构的变迁》，《中国统计》2006 年第
　9 期。
④ 马成文：《我国农村居民消费结构分析》，《中国农村观察》1995 年第 5 期。

收入弹性最低，为 0.66；衣着为 0.82；交通和通信最高，为 1.51；家庭设备用品及服务为 1.30；医疗和保健为 1.20；文教娱乐用品及服务为 1.17；其他商品及服务为 1.15；居住为 1.13[①]。因此，从农户消费需求的收入弹性推断，农户消费结构变化的一般趋势就是：食品、衣着、医疗保健所占比重趋于下降，居住、家庭设备及服务、文教娱乐及服务所占比重迅速提高，交通通信、其他商品及服务所占比重缓慢提高[②]。

这些学者比较一致的观点是：改革开放以来，农户消费支出结构的变化趋势是食品支出等生存性消费占比下降、文化教育等享受性消费占比上升。那么，改革开放前农户的消费支出结构是什么状态？显然需要进行历史比较。

笔者认为，仅局限于改革开放以来 20 年、30 年、40 年的时段来分析农户消费支出结构的变迁，一是不能看清中国农户消费结构的变迁轨迹，二是不能反映农户生活水平的提升过程，因此应该将研究时段向前延伸到 20 世纪二三十年代，甚至更早。

但当代学者对于 20 世纪 30 年代到 50 年代农户消费支出结构的研究十分不足。有代表性的研究成果是：侯建新利用第一次"无锡、保定农村调查"资料，分析了清苑 11 村农民生活及消费水平[③]，乔志强、张平分析了近代华北农户的消费水平和消费结构[④]，张东刚从宏观视角分析了 20 世纪上半期农户收入与消费，讨论了农户区域之间、阶层之间收入和消费水平的

① 李锐：《我国农村居民消费结构的数量分析》，《中国农村经济》2003 年第 5 期。
② 马成文：《我国农村居民消费结构分析》，《中国农村观察》1995 年第 5 期。
③ 侯建新：《民国年间冀中农民生活及消费水平研究》，《天津师范大学学报》（社会科学版）2000 年第 3 期。
④ 乔志强、张平：《近代华北农家的消费水平和消费结构分析》，《山西大学学报》（哲学社会科学版）1994 年第 2 期。

差异①，王玉茹、李进霞分析了20世纪二三十年代农户的消费结构②，常明明分析了20世纪50年代前期农民的消费结构，提出农户基本生活资料的支出占据绝大部分比重，处于自给、半自给状态，为温饱型、低层次消费水平③。

早在20世纪三四十年代，曾有一批学者调查研究中国农村问题，农户消费支出是他们关注的重点。如张培刚利用第一次"无锡、保定农村调查"资料，分析了清苑县农户的消费结构④。乔启明研究了1922年到1925年南北6省13村农户的消费支出⑤。赵石萍调查了安徽省和县第二区农户的生活费⑥。卜凯、李景汉等学者调查过当时农户消费支出情况⑦。前辈学者的研究成果成为我们研究那一时期农户消费问题的重要参考文献。相比而言，20世纪50年代到70年代农户消费支出的研究与相关文献更加缺乏。

总体上讲，从长时段研究农户消费问题的成果并不太多。王利利用费孝通先生对江村调查的资料，分析了江村农户消费的70年变迁，但没有分析消费结构变化问题⑧。李春燕、胡浩利用卜凯的农户调查资料，分析了近百年来农户家庭人情消费

---

① 张东刚：《20世纪上半期中国农家收入水平和消费水平的总体考察》，《中国农史》2000年第4期。

② 王玉茹、李进霞：《20世纪二三十年代中国农民的消费结构分析》，《中国经济史研究》2007年第3期。

③ 常明明：《20世纪50年代前期中国农民的消费结构分析》，《中南财经政法大学学报》2008年第2期。

④ 张培刚：《清苑的农家经济》，见李文海主编《民国时期社会调查丛编》（二编）乡村经济卷（中），福建教育出版社，2014。

⑤ 乔启明：《中国农民生活程度之研究》，《社会学刊》第1卷第3期，1930年。

⑥ 赵石萍：《安徽和县第二区农家生活费调查（附表）》，《金大农专》第5卷第8期，1935年。

⑦ 卜凯：《中国农家经济》，张履鸾译，商务印书馆，1936；李景汉：《定县社会概况调查》，中华平民教育促进会，1933。

⑧ 王利：《江村农民消费状况七十年的变迁》，《传承》2008年第22期。

行为的变迁，但对农户消费支出结构变化的分析不够全面①。

中国社会科学院经济研究所保存的"无锡、保定农村调查"系列资料，留下了南北两地 22 村农户 80 余年消费支出的相关数据，这为我们从中观视域、从 20 世纪 30 年代以来的较长时段研究农户消费支出结构的变迁，提供了难得的研究资料。本文试图利用这些资料中保定地区农户的消费支出数据，分析北方农户 1930 年到 21 世纪初期消费支出结构的变迁。

二 "无锡、保定农村调查"系列资料中农户消费调查细目

1929—1930 年，中国社会科学院经济研究所的前身——中央研究院社会科学研究所，在陈翰笙先生领导下，开启了"无锡、保定农村调查"序幕，对无锡地区的无锡县 22 个自然村的 1204 家农户、保定地区的清苑县 11 个自然村 1770 家农户进行经济调查，此为第一次"无锡、保定农村调查"。1958 年，中国科学院经济研究所（中国社会科学院经济研究所当时的所名）在孙冶方、薛暮桥领导下，对无锡县第一次调查中的 11 个村庄、保定地区的 11 个村庄，开展了第二次"无锡、保定农村调查"。1987 年，在杜润生、董辅礽领导下，国务院农村发展研究中心农村发展研究所与中国社会科学院经济研究所合作，对无锡、保定地区第二次调查的南北两地 22 村进行了第三次"无锡、保定农村调查"。1998 年，中国社会科学院经济研究所又进行了第四次"无锡、保定农村调查"，调查村庄覆盖了第二次、第三次进行调查的无锡、保定 22 个村庄。前后持续进行 4 次

---

① 李春燕、胡浩：《近百年农户家庭人情消费行为变迁——基于卜凯资料的对比分析》，《农业考古》2012 年第 3 期。

大规模的"无锡、保定农村调查"，是中国近现代农村调查史上绝无仅有的对同一地域的农户经济实况长时段的连续追踪调查①。2011 年，中国社会科学院经济研究所再度对无锡市马鞍村和玉东村、保定市清苑县固上村和南邓村的 400 户居民开展收支状况调查。"无锡、保定农村调查"系列调查数据形成了中国社会科学院经济研究所无锡、保定农村调查数据库。

农户的消费情况是每次调查的重要内容。1929 年及 1930 年进行的第一次调查、1958 年进行的第二次调查中，农户消费调查细目有：口粮、肉类、食用油、棉布、被褥、灯油、烟酒、医药费、煤炭、供神费、应酬费、喜庆费、丧葬费等支出。按照目前居民消费支出分类，当时主要调查了食品消费、衣着、居住、医疗保健、其他服务与支出等五项内容，缺少家庭用品及服务、交通和通信、文化娱乐教育等三方面的内容，这些缺少的细目在当时农户的支出中金额很少。调查问卷中农户的主要消费项目，除医药费、供神费、应酬费、喜庆费、丧葬费外，其他项目统计的都是实物消费量，没有折算为货币。

1987 年进行第三次调查时，涉及农户消费支出的调查细目有：食品（粮食、蔬菜、植物油、动物油、猪肉、牛羊肉、牛羊奶、奶粉、家禽、蛋、鱼虾蟹、食糖、烟、酒、茶、糖果、糕点、罐头、瓜果、瓜子花生、其他、在外饮食）、衣着（布、成衣、鞋帽、床上用品、毛线、其他）、住房支出（房屋维修、照明用电、其他）、燃料（煤炭、柴草、其他）、用品及其他（日用品、耐用消费品、文化娱乐用品、书报杂志、医药卫生用品、其他）、文化服务支出（学杂费、技术培训费、文娱费及其他）、生活服务支出（交通费、邮电费、理发洗澡及其他、

---

① 史志宏：《无锡、保定农村调查的历史及现存无、保资料概况》，《中国经济史研究》2007 年第 3 期。

保险费、粮油加工费、婚事费、丧葬费、其他）、家庭其他支出（寄或带给在外人口、赠送农村亲友、赠送城镇亲友、其他）。第三次调查涉及的农户消费支出数据已基本涵盖了居民消费的八大类支出项目，不过缺少农户房租、房屋修缮等居住支出数据。数据库对第三次调查的统计分析将房屋建筑费用、各项提留摊派、交纳税金等项目计入了农户的消费支出，笔者在计算农户消费支出时将其剔除。

1998 年进行第四次调查时，农户消费支出调查细目有：食品消费（主食、副食、其他食品、在外饮食）、衣着、家庭设备及用品（耐用消费品、日常消费品、化妆品和首饰）、医疗保健、交通和通信（交通工具及修理、通信工具及修理、交通费、邮电费）、文化教育及娱乐（教育支出、文化娱乐支出、文化娱乐服务支出）、服务支出（旅店住宿费、洗澡费、理发费、照相费、其他）、其他支出（寄给在外人口、赠送亲友、其他）、房屋修缮等，基本是以居民消费支出结构进行分类调查的。

2011 年，进行无锡、保定 4 村农户收支调查时，课题组按照通行的居民消费支出八大类项目设计了调查问卷，细目有食品消费（主食、副食、其他食品、在外饮食）、衣着、家庭设备及用品（耐用消费品、日常消费品、化妆品和首饰）、医疗保健（住院、买药、买保健品）、交通和通信（交通工具及修理、通信工具及修理、交通费、邮电费、汽油及柴油支出）、文化教育及娱乐（教育支出、文化娱乐支出、文化娱乐服务支出）、服务支出（旅店住宿费、洗澡费、理发费、照相费、其他）、其他支出（寄给在外人口、赠送亲友、其他），另外还加上了房屋修缮等。

总体上看，"无锡、保定农村调查"系列数据中的有关农户消费的数据，基本上能够分为食品消费、衣着消费、居住消费、医疗支出、人情往来等其他支出五个大类，涵盖衣、食、住、行、医基本消费。笔者也主要从这五个方面分析农户消费结构的变迁及其特征。

三 1930—2010 年保定农户的消费支出

1930 年，中央研究院社会科学研究所在保定地区清苑县进行第一次农村调查时，收集到 11 村农户的消费数据，这些数据在 1958 年由河北省统计局加以汇总，出版了油印本《1930—1957 年保定农村经济调查资料》11 册，其中统计了 1930 年清苑县李罗侯、固上、南邓等 11 村"主要生活用品情况"，11 村农户 1930 年人均消费粮食 310.18 斤、肉类 2.96 斤、食用油 1.70 斤、棉布 14.24 尺、灯油 2.38 斤、煤炭 47.33 斤、纸烟 1.36 盒、酒 0.59 斤，支出医药费 0.64 元、供神费 0.31 元、应酬费 0.99 元、喜庆费 0.2 元、丧葬费 0.50 元[①]。

在河北省统计局汇总的清苑县农户 1930 年消费数据中，粮食、食用油、布匹、燃料等皆为实物消费数量。为便于进行比较，笔者尝试将这些实物消费折算为货币。在进行估算时，这些商品的价格主要来自张培刚《清苑的农家经济》[②]。

依据相关价格计算，1930 年清苑县 11 村农户人均消费

---

① 参见河北省统计局编《1930—1957 年保定农村经济调查资料》（中国社会科学院经济研究所图书馆藏，1958 年油印本）：之一《清苑县魏村乡李家罗侯村革新一社》，第 16 页；之二《清苑县何家桥乡何家桥村何农桥社》，第 16 页；之三《清苑县田各庄乡东顾庄村先进社》，第 16 页；之四《清苑县王盘乡南邓村前进四社》，第 16 页；之五《清苑县大庄乡东孟庄村利民社》，第 16 页；之六《清苑县银定庄乡大阳村工农联盟社》，第 16 页；之七《清苑县臧村乡固上村光辉社》，第 16 页；之八《清苑县张登乡谢村建华社》，第 16 页；之九《清苑县富昌乡大祝泽村裕华社》，第 16 页；之十《清苑县薛刘营乡薛刘营村曙光社》，第 16 页；之十一《清苑县王盘乡蔡家营村前进九社》，第 16 页。数据为当年价格，平均数为笔者计算的数据。

② 张培刚：《清苑的农家经济》，见李文海主编《民国时期社会调查丛编》（二编）乡村经济卷（中），福建教育出版社，2014。

24.43 元，其中，粮食 16.13 元、肉类 0.69 元、食用油 0.22
元、棉布 1.14 元、灯油 0.32 元、煤炭 0.22 元、纸烟 2.99 元、
酒 0.08 元、医药费 0.64 元、供神费 0.31 元、应酬费 0.99 元、
喜庆费 0.20 元、丧葬费 0.50 元（见表 1）。

根据 1958 年河北省统计局的汇总数据，1957 年清苑县 11
村农户人均消费粮食 355.29 斤、肉类 2.4 斤、食用油 2.81 斤、
棉布 16.61 尺、灯油 2.10 斤、煤炭 259.82 斤、纸烟 4.64 盒、
酒 0.31 斤，支出医药费 2.22 元、供神费 0.05 元、应酬费 0.21
元、喜庆费 0.30 元、丧葬费 0.36 元[1]。

河北省统计局汇总的清苑农户 1957 年消费数据中，粮食、
食用油、布匹、燃料等也是实物消费数量。为进行比较，笔者
也将这些实物消费折算为货币。实物消费折算为货币支出的物价
依据，主要是《中国贸易物价统计资料（1952—1983）》一书[2]。

依据相关物价，1957 年清苑县 11 村农户人均消费 59.34
元，其中，粮食 39.08 元、肉类 1.42 元、食用油 1.59 元、棉布
6.15 元、灯油 1.17 元、煤炭 2.49 元、纸烟 4.11 元、酒 0.19 元、
医药费 2.22 元、供神费 0.05 元、应酬费 0.21 元，喜庆费 0.30
元、丧葬费 0.36 元（见表 2）。

---

[1] 参见河北省统计局编《1930—1957 年保定农村经济调查资料》：之一《清
苑县魏村乡李家罗侯村革新一社》，第 68 页；之二《清苑县何家桥乡何家
桥村何农桥社》，第 16 页；之三《清苑县田各庄乡东顾庄村先进社》，第
68 页；之四《清苑县王盘乡南邓村前进四社》，第 16 页；之五《清苑县大
庄乡东孟庄村利民社》，第 68 页；之六《清苑县银定庄乡大阳村工农联盟
社》，第 68 页；之七《清苑县臧村乡固上村光辉社》，第 73 页；之八《清
苑县张登乡谢村建华社》，第 74 页；之九《清苑县富昌乡大祝泽村裕华
社》，第 74 页；之十《清苑县薛刘营乡薛刘营村曙光社》，第 74 页；之十
一《清苑县王盘乡蔡家营村前进九社》，第 74 页。数据为当年价格。

[2] 国家统计局贸易物价统计司编《中国贸易物价统计资料（1952—1983）》，
中国统计出版社，1984。

表1 1930年清苑11村农户以货币计算的人均消费支出

单位：元

村名	粮食	肉类	食用油	棉布	灯油	煤炭	纸烟	酒	医药费	供神费	应酬费	喜庆费	丧葬费	合计
李罗侯	17.39	0.51	0.24	1.20	0.31	0.04	0.42	0.02	0.38	—	—	—	—	20.51
何桥	16.56	0.42	0.24	0.82	0.33	0.29	2.31	0.02	0.75	—	—	—	—	21.74
东顾庄	14.35	0.44	0.13	0.96	0.24	0.01	0.26	0.06	0.17	—	—	—	—	16.62
南邓	15.08	0.80	0.23	1.48	0.34	0.06	0.77	0.09	0.94	—	—	—	—	19.79
东孟庄	15.91	0.86	0.27	1.33	0.43	0.03	2.53	0.04	0.61	0.36	1.59	0.12	0.12	24.20
大阳	16.23	0.52	0.19	0.88	0.27	0.21	2.46	0.17	0.27	0.33	0.72	0.48	0.55	23.28
固上	16.58	0.69	0.11	0.95	0.33	0.39	3.34	0.16	0.87	0.31	0.97	0.09	0.42	25.21
谢庄	16.12	0.75	0.26	1.14	0.29	0.02	5.79	0.04	0.32	0.13	0.75	0.28	0.48	26.37
大祝泽	17.61	0.94	0.31	0.97	0.33	0.31	5.54	0.16	1.07	0.40	0.93	0.03	0.94	29.54
薛刘营	17.12	1.06	0.30	1.01	0.38	0.98	8.82	0.11	0.71	—	—	—	—	30.49
蔡家营	14.49	0.56	0.15	1.79	0.29	0.04	0.68	0.04	0.96	—	—	—	—	19.00
平均	16.13	0.69	0.22	1.14	0.32	0.22	2.99	0.08	0.64	0.31	0.99	0.20	0.50	24.43

资料来源：河北省统计局编《1930—1957年保定农村经济调查资料》。原统计表为实物消费数据，本表是根据当年实物价格计算的数据。

表 2 1957 年清苑 11 村农户以货币计算的人均消费支出

单位：元

村名	粮食	肉类	食用油	棉布	灯油	煤炭	纸烟	酒	医药费	供神费	应酬费	喜庆费	丧葬费	合计
李罗侯	39.08	1.45	1.30	5.61	1.13	2.80	1.69	0.09	2.69	—	—	—	—	55.84
何桥	39.58	0.65	1.52	4.76	1.02	2.70	1.87	0.13	1.50	—	—	—	—	53.73
东顾庄	38.58	1.07	1.40	5.57	1.10	1.34	2.19	0.17	0.64	—	—	—	—	52.06
南邓	38.83	1.02	1.31	6.51	1.16	2.07	1.27	0.18	1.83	—	—	—	—	54.18
东孟庄	40.08	0.77	1.52	5.77	1.32	0.94	1.20	0.06	2.62	0.05	0.28	0.26	0.67	55.54
大阳	40.75	2.07	2.13	6.06	1.20	3.37	9.14	0.26	1.44	0.07	0.22	0.77	0.58	68.06
固上	38.61	0.35	1.48	10.36	1.01	2.05	1.77	0.19	0.93	0.03	0.24	0.16	0.31	57.49
谢庄	37.95	0.94	1.54	5.54	0.97	1.87	0.89	0.08	1.16	0.02	0.12	0.12	0.07	51.27
大祝泽	40.37	2.78	1.65	4.59	1.25	3.03	8.72	0.18	3.39	0.09	0.21	0.21	0.15	66.62
薛刘营	39.71	3.27	2.30	5.75	1.59	5.29	15.74	0.57	5.58	—	—	—	—	79.80
蔡家营	36.36	1.21	1.32	7.09	1.08	1.97	0.75	0.23	2.67	—	—	—	—	52.68
平均	39.08	1.42	1.59	6.15	1.17	2.49	4.11	0.19	2.22	0.05	0.21	0.30	0.36	59.34

资料来源：河北省统计局编《1930—1957 年保定农村经济调查资料》。原统计表为实物消费数据，本表是根据当年实物价格计算的数据。

1986 年，保定地区 10 村农户人均消费支出为 513.74 元，其中，食品烟酒支出 256.46 元、衣着支出 45.63 元、居住支出 82.63 元、生活用品及服务支出 47.60 元、交通和通信支出 6.20 元、教育文化和娱乐支出 6.00 元、医疗保健支出 25.22 元、其他支出 44.02 元。东顾庄是进行试调查的村庄，没有保留数据（见表 3）。

表 3　1986 年保定 10 村农户人均消费支出

单位：元

村名	食品烟酒	衣着	居住	生活用品及服务	交通和通信	教育文化和娱乐	医疗保健	其他	总支出
李罗侯	221.54	38.59	124.97	43.51	3.64	6.43	22.64	34.22	495.54
南邓	219.27	37.2	104.1	29.79	12.09	3.86	19.84	51.42	477.58
蔡家营	228.37	46.38	18.62	39.98	8.45	4.42	19.49	61.63	427.33
谢庄	239.23	40.17	67.85	39.04	8.67	5.87	37.2	38.85	476.88
东孟庄	214.56	35.69	33.52	51.65	10.84	6.28	31.26	41.65	425.42
何桥	201.48	32.48	116.57	22.13	4.85	4.13	19.63	41.32	442.57
大阳	333.11	64.73	119.44	43.76	1.83	11.43	15.88	44.26	634.43
固上	232.04	37.51	83.97	29.24	4.66	3.89	18.87	24.61	434.79
薛刘营	364.51	65.61	104.19	79.41	3.73	7.64	40.3	66.52	731.91
大祝泽	310.44	57.93	53.05	97.50	3.19	6.03	27.11	35.74	590.99
平均	256.46	45.63	82.63	47.60	6.20	6.00	25.22	44.02	513.74

资料来源：中国社会科学院经济研究所无锡、保定农村调查系列数据库，笔者对分村农户消费支出统计分析做了部分调整。表中数据为当年价格。

1997 年，保定地区 11 村农户人均消费支出为 1501.40 元，其中，食品烟酒支出 747.44 元、衣着支出 122.76 元、居住支出 219.45 元、生活用品及服务支出 55.93 元、医疗保健支出 143.55 元、交通和通信支出 34.47 元、教育文化和娱乐支出 146.58 元、其他支出 31.23 元（见表 4）。

表4　1997 年保定 11 村农户人均消费支出

单位：元

村名	食品烟酒	衣着	居住	生活用品及服务	医疗保健	交通和通信	教育文化和娱乐	其他	总支出
薛刘营	1167.5	150.1	514.8	45.3	262.4	91	160.3	37.4	2428.8
大祝泽	1165.8	179.2	423.4	102.7	76.3	107.5	263.2	52.4	2370.5
东顾庄	748.2	201.6	298	61.7	202.8	13.9	122.5	23.5	1672.2
何桥	667.3	134.6	136	44.4	136.9	30	120.6	32.2	1302
大阳	840.9	168.4	204	115.1	94.8	27	120.5	60.3	1631
李罗候	664.1	94.4	108.6	8.5	137	2.7	169.1	12.6	1197
固上	492.1	55.8	144.3	24.8	99.1	4.8	78.9	11.4	911.2
谢庄	743.3	79.4	202.7	47.7	171.6	28.1	171.7	13.3	1457.8
东孟庄	564.6	81.1	161.6	119.1	112.7	37.8	240.3	72.5	1389.7
南邓	507.3	96.1	105	25.4	148.7	19.6	86.7	11.9	1000.7
蔡家营	660.7	109.7	115.5	20.5	136.1	16.8	78.6	16	1154.5
平均	747.44	122.76	219.45	55.93	143.55	34.47	146.58	31.23	1501.40

　　资料来源：中国社会科学院经济研究所"无保"调查课题组《无锡、保定农村调查统计分析报告（1997）》，中国财政经济出版社，2006，第 296、297 页。本表"居住"支出为原表中的"能源和水"支出。"其他"为原表中的"服务"与"其他"二项之和。平均数为笔者重新计算之数，与原表有出入。表中数据为当年价格。

　　2010 年，保定地区清苑县固上村、南邓村 200 户农户人均消费支出为 9979.63 元，其中，食品烟酒支出 2128.87 元、衣着支出 620.09 元、居住支出 1498.84 元、家庭设备用品及维修服务支出 432.72 元、交通和通信支出 2161.47 元、文化教育娱乐用品及服务支出 565.80 元、医疗保健支出 1610.06 元、其他支出 961.80 元（见表 5）。

表5　2010年清苑县2村农户人均消费支出

单位：元

村名	食品烟酒	衣着	居住	家庭设备用品及维修服务	交通和通信	文化教育娱乐用品及服务	医疗保健	其他	合计
固上	2666.68	711.94	1575.99	514.06	3797.56	799.26	2081.94	1220.75	13368.18
南邓	1591.06	528.23	1421.68	351.38	525.37	332.34	1138.17	702.84	6591.07
平均	2128.87	620.09	1498.84	432.72	2161.47	565.80	1610.06	961.80	9979.63

资料来源：中国社会科学院经济研究所无锡、保定农村调查系列数据库。"其他"一项包括人情往来支出、购买养老保险等支出。表中数据为当年价格。

从前述统计数据看，1930年到2010年，保定农户消费支出金额在不断上升，各部分消费都有大的提高。

四　1930—2010年保定农户的消费支出结构

1930年到2010年，以保定农户为代表的华北农户消费支出结构是怎样的呢？

依据表1估算的农户各项消费支出金额，1930年清苑县11村农户人均消费支出中，粮食支出占66.03%、肉类支出占2.82%、食用油支出占0.90%、棉布支出占4.67%、灯油支出占1.31%、煤炭支出占0.90%、纸烟支出占12.24%、酒支出占0.33%、医药费支出占2.62%、供神费支出占1.27%、应酬费支出占4.05%、喜庆费支出占0.82%、丧葬费支出占2.05%（见表6）。

依据表2估算的农户各项消费支出金额，1957年清苑县11村农户人均消费支出中，粮食支出占65.86%、肉类支出占2.39%、食用油支出占2.68%、棉布支出占10.36%、灯油支出占1.97%、煤炭支出占4.20%、纸烟支出占6.93%、酒支出占0.32%、医药费支出占3.74%、供神费支出占0.08%、应酬费支出占0.35%、喜庆费支出占0.51%、丧葬费支出占0.61%（见表7）。

表 6 1930 年清苑县 11 村农户消费支出结构

单位：%

村名	粮食	肉类	食用油	棉布	灯油	煤炭	纸烟	酒	医药费	供神费	应酬费	喜庆费	丧葬费	合计
李罗侯	84.79	2.49	1.17	5.85	1.51	0.20	2.05	0.10	1.84	—	—	—	—	100
何桥	76.17	1.93	1.10	3.77	1.52	1.33	10.63	0.09	3.46	—	—	—	—	100
东顾庄	86.34	2.65	0.78	5.78	1.44	0.06	1.56	0.36	1.03	—	—	—	—	100
南邓	76.20	4.04	1.16	7.48	1.72	0.30	3.89	0.45	4.76	—	—	—	—	100
东孟庄	65.74	3.55	1.12	5.50	1.78	0.12	10.45	0.17	2.52	1.49	6.57	0.50	0.50	100
大阳	69.72	2.23	0.82	3.78	1.16	0.90	10.57	0.73	1.16	1.42	3.09	2.05	2.35	100
固上	65.77	2.74	0.44	3.77	1.31	1.55	13.25	0.63	3.45	1.23	3.85	0.36	1.68	100
谢庄	61.13	2.84	0.99	4.32	1.10	0.08	21.96	0.15	1.21	0.49	2.84	1.06	1.82	100
大祝泽	59.61	3.18	1.05	3.28	1.12	1.05	18.75	0.54	3.62	1.35	3.15	0.11	3.19	100
薛刘营	56.15	3.48	0.98	3.31	1.25	3.21	28.93	0.36	2.33	—	—	—	—	100
蔡家营	76.26	2.95	0.79	9.42	1.53	0.21	3.58	0.21	5.05	—	—	—	—	100
平均	66.03	2.82	0.90	4.67	1.31	0.90	12.24	0.33	2.62	1.27	4.05	0.82	2.05	100

表 7　1957 年清苑县 11 村农户消费支出结构

单位：%

村名	粮食	肉类	食用油	棉布	灯油	煤炭	纸烟	酒	医药费	供神费	应酬费	喜庆费	丧葬费	合计
李罗侯	69.99	2.60	2.33	10.05	2.02	5.01	3.03	0.16	4.81	—	—	—	—	100
何桥	73.66	1.21	2.83	8.86	1.90	5.03	3.48	0.24	2.79	—	—	—	—	100
东顾庄	74.11	2.06	2.69	10.70	2.11	2.57	4.21	0.33	1.22	—	—	—	—	100
南邓	71.67	1.88	2.42	12.02	2.14	3.82	2.34	0.33	3.38	—	—	—	—	100
东孟庄	72.16	1.39	2.74	10.39	2.38	1.69	2.16	0.11	4.72	0.09	0.50	0.47	1.20	100
大阳	59.87	3.04	3.13	8.90	1.76	4.95	13.43	0.38	2.12	0.10	0.32	1.14	0.86	100
固上	67.16	0.61	2.57	18.02	1.76	3.57	3.08	0.33	1.62	0.05	0.42	0.28	0.53	100
谢庄	74.02	1.83	3.00	10.81	1.89	3.65	1.74	0.16	2.26	0.04	0.23	0.23	0.14	100
大祝泽	60.60	4.17	2.48	6.89	1.88	4.55	13.09	0.27	5.09	0.14	0.31	0.31	0.22	100
薛刘营	49.76	4.10	2.88	7.21	1.99	6.63	19.72	0.72	6.99	—	—	—	1.20	100
蔡家营	69.02	2.30	2.51	13.46	2.05	3.74	1.42	0.44	5.06	—	—	—	—	100
平均	65.86	2.39	2.68	10.36	1.97	4.20	6.93	0.32	3.74	0.08	0.35	0.51	0.61	100

根据表 3 数据计算，1986 年，保定地区 10 村农户人均消费支出中，食品烟酒支出占 49.92%、衣着支出占 8.88%、居住支出占 16.08%、生活用品及服务支出占 9.27%、交通和通信支出占 1.21%、教育文化和娱乐支出占 1.17%、医疗保健支出占 4.91%、其他支出占 8.56%（见表 8）。

表 8　1986 年保定 10 村农户人均消费支出结构

单位：%

村名	食品烟酒	衣着	居住	生活用品及服务	交通和通信	教育文化和娱乐	医疗保健	其他	合计
李罗侯	44.71	7.79	25.22	8.78	0.73	1.30	4.57	6.90	100
南邓	45.91	7.79	21.80	6.24	2.53	0.81	4.16	10.76	100
蔡家营	53.44	10.85	4.36	9.35	1.98	1.03	4.56	14.43	100
谢庄	50.16	8.42	14.23	8.19	1.82	1.23	7.80	8.15	100
东孟庄	50.43	8.39	7.88	12.13	2.55	1.48	7.35	9.79	100
何桥	45.52	7.34	26.34	5.00	1.10	0.93	4.43	9.34	100
大阳	52.51	10.20	18.83	6.90	0.29	1.80	2.50	6.97	100
固上	53.37	8.63	19.31	6.72	1.07	0.89	4.34	5.67	100
薛刘营	49.80	8.96	14.23	10.85	0.51	1.04	5.52	9.09	100
大祝泽	52.53	9.80	8.98	16.50	0.54	1.02	4.59	6.04	100
平均	49.92	8.88	16.08	9.27	1.21	1.17	4.91	8.56	100

资料来源：中国社会科学院经济研究所无锡、保定农村调查系列数据库。

1997 年，根据表 4 数据计算，在保定地区 11 村农户人均消费支出中，食品烟酒支出占 49.78%、衣着支出占 8.18%、居住支出占 14.62%、生活用品及服务支出占 3.73%、医疗保健支出占 9.56%、交通和通信支出占 2.30%、教育文化和娱乐支出占 9.76%、其他支出占 2.07%（见表 9）。

表 9 1997 年保定 11 村农户人均消费支出结构

单位：%

村名	食品烟酒	衣着	居住	生活用品及服务	医疗保健	交通和通信	教育文化和娱乐	其他	合计
薛刘营	48.07	6.18	21.2	1.87	10.8	3.75	6.60	1.53	100
大祝泽	49.18	7.56	17.86	4.33	3.22	4.53	11.10	2.22	100
东顾庄	44.74	12.06	17.82	3.69	12.13	0.83	7.33	1.40	100
何桥	51.25	10.34	10.45	3.41	10.51	2.30	9.26	2.48	100
大阳	51.56	10.32	12.51	7.06	5.81	1.66	7.38	3.70	100
李罗侯	55.48	7.89	9.07	0.71	11.45	0.23	14.13	1.04	100
固上	54.01	6.12	15.84	2.72	10.88	0.53	8.66	1.24	100
谢庄	50.99	5.45	13.90	3.27	11.77	1.93	11.78	0.91	100
东孟庄	40.63	5.84	11.63	8.57	8.11	2.72	17.29	5.21	100
南邓	50.69	9.60	10.49	2.54	14.86	1.96	8.67	1.19	100
蔡家营	57.23	9.50	10.00	1.78	11.84	1.46	6.81	1.38	100
平均	49.78	8.18	14.62	3.73	9.56	2.30	9.76	2.07	100

资料来源：中国社会科学院经济研究所无锡、保定农村调查系列数据库。

依据表 5 数据，2010 年清苑县两村农户人均消费支出中，食品烟酒支出占 21.33%，衣着支出占 6.21%、居住支出占 15.02%、家庭设备用品及维修服务支出占 4.34%、交通和通信支出占 21.66%、文化教育娱乐用品及服务支出占 5.67%、医疗保健支出占 16.13%、其他支出占 9.64%（见表 10）。

表 10 2010 年保定农户消费支出结构

单位：%

村名	食品烟酒	衣着	居住	家庭设备用品及维修服务	交通和通信	文化教育娱乐用品及服务	医疗保健	其他	合计
固上	19.95	5.33	11.79	3.85	28.41	5.98	15.57	9.12	100

村名	食品烟酒	衣着	居住	家庭设备用品及维修服务	交通和通信	文化教育娱乐用品及服务	医疗保健	其他	合计
南邓	24.14	8.01	21.57	5.33	7.97	5.04	17.27	10.67	100
平均	21.33	6.21	15.02	4.34	21.66	5.67	16.13	9.64	100

五 1930—2010 年保定农户消费支出结构变迁的特征

如果以现在通行的标准将居民消费分为食品、衣着、居住、家庭设备及用品、医疗保健、交通和通信、文化教育及娱乐、其他商品及服务八类支出来看，"无锡、保定农村调查"资料中 1930 年、1957 年农户消费数据明显缺少交通和通信、文化教育及娱乐支出等内容。为便于进行历史比较，笔者采取粗线条的农户消费支出归类方法，分为食品、衣着、居住、医疗保健、交通和通信、教育文化和娱乐、其他用品及服务，将 1930 年到 2010 年保定农户消费结构进行比较。笔者将 1930 年和 1957 年调查的 11 村农户、1986 年调查的 10 村农户、1997 年调查的 11 村农户、2010 年调查的 2 村农户人均消费支出结构进行整理，形成了表 11。这一表格基本反映出保定地区农户 1930 年到 2010 年消费支出结构的变迁。

表 11 1930—2010 年保定农户的消费支出结构

单位：%

年份	食品	衣着	居住			医疗保健	交通和通信	教育文化和娱乐	其他用品及服务	合计
			居住	生活用品及服务	小计					
1930a	82.09	4.65	—	—	2.49	2.61	—	—	8.16	100

续表

年份	食品	衣着	居住			医疗保健	交通和通信	教育文化和娱乐	其他用品及服务	合计
			居住	生活用品及服务	小计					
1930b	82.70	10.00	—	—	4.00	0.40	—	—	2.90	100
1957	78.18	10.36	—	—	6.17	3.74	—	—	1.55	100
1986	49.92	8.88	16.08	9.27	25.35	1.21	1.17	4.91	8.56	100
1997	49.63	8.15	14.57	3.71	18.28	9.53	2.29	9.73	2.39	100
2010	21.33	6.21	15.02	4.34	19.36	16.13	21.66	5.67	9.64	100

注：1. 1930a 是根据河北省汇总的 2119 户农户分村汇总数据计算的占比，"食品"中包括食用油、烟酒消费，"居住"包括灯油消费、煤炭消费，"其他用品及服务"包括供神费、喜庆费、丧葬费、应酬费。1930b 是张培刚根据汇总的 500 户农户的数据计算的占比，"其他用品及服务"包括供神费、喜庆费、丧葬费、公益费。

2. 1957 年数据是清苑县农户的数据。"食品"中包括食用油、烟酒消费，"居住"包括灯油油费、煤炭消费，"其他用品及服务"包括供神费、喜庆费、丧葬费、应酬费。

3. 2010 年为清苑县固上村、南邓村的数据。

资料来源：本文表 6、表 7、表 8、表 9、表 10。

由于表 11 中 2010 年的数据是固上、南邓两村的农户消费支出结构数据，调查样本量显著小于 1930 年、1957 年、1986 年及 1997 年的调查样本，笔者从本文表 8、表 9、表 10、表 11 中抽取固上、南邓两村的相关数据，形成了表 12，这一表格反映了两村农户 1930 年到 2010 年消费支出结构的变迁。

表 12　1930—2010 年固上、南邓两村农户的消费支出结构

单位：%

村名	年份	食品	衣着	居住			医疗保健	交通和通信	教育文化和娱乐	其他用品及服务	合计
				居住	生活用品及服务	小计					
固上	1930	82.83	3.77	2.86	—	2.86	3.45	—	—	—	100

续表

村名	年份	食品	衣着	居住			医疗保健	交通和通信	教育文化和娱乐	其他用品及服务	合计
				居住	生活用品及服务	小计					
固上	1957	73.75	18.02	5.33	—	5.33	1.62	—	—	1.28	100
	1986	53.37	8.63	19.31	6.72	26.03	4.34	1.07	0.89	5.67	100
	1997	54.01	6.12	15.84	2.72	18.56	10.88	0.53	8.66	1.24	100
	2010	19.95	5.33	11.79	3.85	15.64	15.57	28.41	5.98	9.12	100
南邓	1930	85.74	7.48	2.02	—	2.02	4.76	—	—	—	100
	1957	78.64	12.02	5.96	—	5.96	3.38	—	—	—	100
	1986	45.91	7.79	21.80	6.24	28.04	4.16	2.53	0.81	10.76	100
	1997	50.69	9.60	10.49	2.54	13.03	14.86	1.96	8.67	1.19	100
	2010	24.14	8.01	21.57	5.33	26.90	17.27	7.97	5.04	10.67	100
平均	1930	84.29	5.63	2.44	—	2.44	4.11	—	—	3.53	100
	1957	76.20	15.02	5.66	—	5.66	2.50	—	—	0.62	100
	1986	49.92	8.88	16.08	9.27	25.35	1.21	1.17	4.91	8.56	100
	1997	49.78	8.18	14.62	3.73	26.53	9.56	2.30	9.76	2.07	100
	2010	21.33	6.21	15.02	4.34	19.36	16.13	21.66	5.67	9.64	100

资料来源：本文表 6、表 7、表 8、表 9、表 10。

1930 年到 2010 年保定农户消费支出结构的变迁，表现出如下特征。

其一，80 年来农户消费支出结构发生了巨大变化。

一是食品支出占比呈下降趋势。1930 年农户食品支出占比为 82.09%，1957 年下降到 78.18%，1986 年再下降到 49.92%，1997 年保持在 49.63%，2010 年显著下降到 21.33%（见表 11）。固上、南邓两村农户消费支出结构变化的情况与此一致，1930 年食品支出占比为 84.29%，1957 年下降到 76.20%，1986 年再下降到 49.92%，1997 年保持在 49.78%，2010 年显著下降到 21.33%（见表 12）。这说明 80 年来保定农户家庭恩格尔系数持续下降。

保定农户恩格尔系数的变化是全国农户恩格尔系数变化的缩影。据高梦滔、毕岚岚的研究，中国农户的恩格尔系数 1995 年为 0.249，1996 年为 0.262，1997 年为 0.299，1998 年为 0.296，1999 年为 0.303，2000 年为 0.248，2001 年为 0.346，2002 年为 0.259，2003 年为 0.230，2004 年为 0.249，2005 年为 0.219，2006 年为 0.234，从 20 世纪 90 年代以来就趋于稳定了[1]。

按照联合国粮农组织的划分，恩格尔系数在 60% 以上为绝对贫困，50% 到 60% 为温饱，40% 到 49% 为小康，30% 到 39% 为富裕，30% 以下为最富裕[2]。保定农户 1930 年处于绝对贫困状态，1957 年有所改观，但仍然是处于绝对贫困状态。改革开放后，农户开始走向富裕，1986 年已迈过温饱线，1997 年走向小康，2010 年已处于富裕水平了[3]。

二是农户收入增加后居住类支出占比增加明显。农户收入增加后，一般会修缮房屋，添置耐用消费品，购买更多的日常生活用品，提高生活水平，在居住方面花费增多。1930 年，农户居住支出所占比重为 2.49%，1957 年提高到 6.17%，1986 年上升到 25.35%，1997 年保持在 18.28%，2010 年为 19.36%（见表 11）。固上、南邓两村 1930 年居住支出占 2.44%，1957 年提高到 5.66%，1986 年再增长到 25.35%，1997 年为 26.53%，

---

① 高梦滔、毕岚岚：《1995～2006 年中国农户消费结构变化研究》，《云南民族大学学报》（自然科学版）2011 年第 5 期。

② 蒋萍：《社会统计学》，中国统计出版社，2001，第 103 页。

③ 2010 年课题组调查的清苑县固上村、南邓村的经济发展水平在本县及保定地区都属于中上水平，因此其恩格尔系数较低。

2010 年为 19.36%（见表 12）。

三是农户医疗保健支出占比呈上升趋势。1930 年，清苑县农户医疗保健支出所占比重为 2.61%，1957 年提高到 3.74%，1986 年为 1.21%，1997 年增长到 9.53%，2010 年提升到 16.13%（见表 11）。固上、南邓两村农户医疗保健支出占比变化趋势是：1930 年为 4.11%，1957 年为 2.50%，1986 年为 1.21%，1997 年增加到 9.56%，2010 年提升到 16.13%（见表 12）。

四是衣着支出占比在 20 世纪 50 年代快速上升之后趋于稳定。1930 年清苑县农户衣着支出占比为 4.65%，1957 年提高到 10.36%，1986 年为 8.88%，1997 年为 8.15%，2010 年为 6.21%（见表 11）。1930 年清苑县固上、南邓两村农户衣着支出占比为 5.63%，1957 年为 15.02%，1986 年为 8.88%，1997 年为 8.18%，2010 年为 6.21%（见表 12）。

五是教育文化和娱乐支出占比波动上升。1986 年，保定农户教育文化和娱乐支出占比为 4.91%，1997 年为 9.73%，2010 年为 5.67%（见表 11）。固上、南邓两村农户教育文化和娱乐支出占比 1986 为 4.91%，1997 年为 9.76%，2010 年为 5.67%（见表 12）。

六是交通和通信支出占比上升。交通和通信消费是住户发展性消费的体现。20 世纪 30 年代到 50 年代，农户的交通和通信支出极少，"无锡、保定农村调查资料"中无统计数据。改革开放后，随着交通网络的发展、电信业的扩张，农户用于交通和通信方面的支出不断上升。1986 年，保定农户交通和通信支出占比为 1.17%，1997 年增长到 2.29%，2010 年增长到 21.66%（见表 11）。固上、南邓两村农户交通和通信支出占比 1986 年为 1.17%，1997 年为 2.30%，2010 年达到 21.66%（见表 12）。总体上看，进入 21 世纪后，农户交通和通信支出在生活消费中所占比重上升趋势十分明显。

七是人情往来支出的占比不可小视。人情往来等转移性支出是农户不可缺少的花费，是农户维持社会关系、社会网络的重要手段。从 1930 年到 2010 年，保定农户人情往来支出在不断增加，其在消费支出中所占比重时高时低，总体呈现出上升趋势。在表 11、表 12 "其他用品及服务" 中，人情往来支出占有相当大的部分。

其二，农户生存性消费占比下降，发展性消费占比上升。

在食品、衣着、居住、家庭设备及用品、医疗保健、文化教育及娱乐、交通和通信、其他商品及服务八大类居民消费中，食品、衣着、居住三项是最基本的生存性消费支出，家庭设备及用品、医疗保健、文化教育及娱乐、交通和通信是发展性、享受性消费支出。1930 年到 2010 年，保定农户消费支出结构经历了生存性消费支出占比逐渐缩小、发展性、享受性消费支出占比逐渐增大的过程。

1930 年，保定农户生存性消费支出占比为 89.23%，发展性消费支出占比为 10.77%；1957 年农户生存性消费支出占比为 94.71%，发展性消费支出占比为 5.29%；1986 年农户生存性消费支出占比为 84.15%，发展性消费支出占比为 15.85%；1997 年农户生存性消费支出占比为 76.06%，发展性消费支出占比为 23.94%；2010 年农户生存性消费支出占比为 46.90%，发展性消费支出占比为 53.10%。

固上、南邓两村农户 1930 年到 2010 年生存性消费支出占比与发展性消费支出占比，也总体上呈现前者下降、后者上升的趋势。1930 年农户生存性消费支出占比为 92.36%，发展性消费支出占比为 7.64%；1957 年农户生存性消费支出占比为 96.88%，发展性消费支出占比为 3.12%；1986 年农户生存性消费支出占比为 84.15%，发展性消费支出占比为 15.85%；1997 年农户生存性消费支出占比为 84.49%，发展性消费支出占比为

15.51%；2010 年农户生存性消费支出占比为 46.90%，发展性消费支出占比为 53.10%。

生存性消费支出占比下降，发展性消费支出占比上升，是农户逐渐走向富裕生活的反映。

其三，农户消费支出结构的巨大变化是在改革开放之后发生的。

观察 1930 年到 2010 年保定农户消费支出结构，可以看到 20 世纪 50 年代后期农户生存性消费支出比重与 30 年代相比并无明显的变化，改革开放之后，农户收入增加，1986 年生存性消费支出占比显著下降，1997 年、2010 年被调查农户生存性消费支出占比更是持续大幅下降。与此相反，农户发展性消费支出占比则在改革开放后逐步提高。

其四，农户消费支出占纯收入的比重呈下降趋势，改革开放后平均消费倾向在 70% 到 80%。

从 1930 年到 2010 年保定农户平均消费支出与纯收入之比看，1930 年为 47.87%，1957 年为 96.13%，1986 年为 81.90%，1997 年为 68.77%，2010 年为 80.05%（见表 13）。1930 年的平均消费倾向很低，其原因可能是当时对农户的一些消费支出数据没有调查，导致统计的农户消费支出总额比实际低了许多，也有可能在估算农户纯收入时多算了，这一异常值暂存疑。1957 年之后几个调查年份的数据支持农户平均消费倾向整体呈下降态势的判断。

表 13 1930—2010 年保定农户的平均消费倾向

	1930 年	1957 年	1986 年	1997 年	2010 年
纯收入（元）	51.03	61.73	627.26	2189.90	12467.36
消费支出（元）	24.43	59.34	513.74	1505.95	9979.63

续表

	1930 年	1957 年	1986 年	1997 年	2010 年
平均消费倾向（%）	47.87	96.13	81.90	68.77	80.05

　　资料来源：1930 年、1957 年、1986 年农户纯收入数据来源于隋福民、韩锋《保定 11 个村人均纯收入水平与结构的历史变化（1930—1998）：基于"无锡、保定农村调查"数据的分析》，《中国经济史研究》2012 年第 4 期；1997 年农户收入数据来源于中国社会科学院经济研究所"无保"调查课题组《无锡、保定农村调查统计分析报告（1997）》，中国财政经济出版社，2006，第 213 页；2010 年农户收入数据来源于赵学军、隋福民等《城镇化中的农户——无锡、保定农户收支调查（1988~2011）》，社会科学文献出版社，2017，第 156 页。

六　余论

　　笔者再略谈一下与本文相关的几个问题。

　　一是工业化与城镇化是农户消费支出结构变迁的动力。

　　1930 年到 2010 年，推动保定农户消费支出结构发生巨大变迁的动力何在？

　　收入决定消费。农户收入的增长推动了消费支出结构的变迁。而农户收入的增长又主要来源于非农收入的不断提高。非农收入增长又主要是工业化的结果。笔者以为，推动农户消费支出结构变化的动力之一是持续的工业化[①]。

　　1978—1984 年为农民收入超常规增长阶段，1985—1988 年为农民收入增长缓慢阶段，1989—1991 年为农民收入增长停滞阶段，1992—1996 年为农民收入增长恢复阶段，1997—2000 年为农民收入增长持续下降阶段，2001—2003 年为农民收入增长

---

　　① 赵学军：《无锡农户收入结构的变迁（1929—2010）——基于"无锡保定农村系列调查"资料的分析》，《中国经济史研究》2017 年第 6 期。

278 / 无言的变迁：22 个村庄的 70 年

重新恢复阶段，2004—2017 年为农民收入"十四连增"阶段[①]。本文所用的部分无锡、保定农村调查数据中，1986 年的调查资料是农民收入缓慢增长阶段的数据，1997 年的资料是农民收入增长持续下降阶段的数据，2010 年的资料是农民收入"十四连增"阶段的数据。这三年农户收入都在增长，农户消费支出也呈现增长势头。

城镇化也是推动农户收入结构变迁的重要力量。城镇化还直接改变农户的消费支出结构。消费模式又具攀比性。近代以来，城镇居民的消费支出、消费观念不同于农户，城镇居民消费引领时尚，农户常常羡慕与模仿。另外，农村一旦城镇化，农户水、电、燃料等支出将比在农村居住时增加不少，原先部分自给的粮食、蔬菜、肉、蛋等也不再自我生产，而必须从市场购买。这些扩大支出的消费项目改变了农户原先的消费支出结构。因此，推动农户消费支出结构变化的第二个动力是城镇化。

二是农户被动消费的问题。比如，在农户增长较快的服务性支出中，医疗费和学杂费占的比重很大，近几年医疗、教育费用价格上涨，农户被迫增加支出，多是被动性消费。另外，个别地方政府为了各种达标活动，利用行政手段强迫农户消费。农户服务性支出增加，并不能真正体现其消费能力增强[②]。更不能夸大农户从生存性消费转向发展性、享受性消费的变化程度。

三是农户消费的不平等问题。鲜祖德等人 1995 年曾指出，中国农户消费水平差异较大，高收入层次居民非食物消费支出

---

① 温涛、何茜、王煜宇：《改革开放 40 年中国农民收入增长的总体格局与未来展望》，《西南大学学报》（社会科学版）2018 年第 4 期。
② 曹力群、庞丽华：《改革以来农户生活消费的变动特征及近期的发展趋势》，《中国农村经济》2000 年第 11 期。

远高于低收入层次居民，不同经济地带消费差距扩大，部分地区农户的温饱还没有解决①。连建辉指出，城乡居民消费差距不断拉大，农户消费水平远低于处于同一收入档次的城镇居民②。从无锡、保定农村调查资料看，同一村庄农户的消费水平也相差很大，农户消费的不平等问题各调查年份都比较突出，笔者计划专文讨论这一问题。

［本文曾发表于《清华大学学报》（哲学社会科学版）

2019 年第 5 期］

---

① 鲜祖德、唐平：《80 年代以来中国农村居民生活消费的变化、问题及思考》，《消费经济》1995 年第 4 期。

② 连建辉：《改革 20 年来我国农村居民消费行为分析》，《福建师范大学学报》（哲学社会科学版）2000 年第 1 期。

家庭、市场、社区

——无锡、清苑农村社会经济变迁的比较研究（1929—1949）

崔晓黎

一 无锡县、清苑县的社会经济概况

解放前江苏无锡县和河北清苑县，均与今天两县的行政区划有区别。解放前无锡地区没有无锡市的行政建置。1912 年即民国元年以前，无锡地区分为无锡、金匮两县。民国以后两县合并，建置为无锡县，其行政区划包括今天无锡市属的大致全部地区。1949 年 4 月无锡解放，无锡地区分设无锡市和无锡县，无锡县的县政府始终设在今天的无锡市区，所以市、县分设以后，无锡县没有自己独立的县城。

河北清苑县解放前的情况与无锡十分类似。《保定地方志通讯》载："1912 年（民国元年）撤销清苑县建置，所属辖区直属保定府。1913 年，省会由保定迁天津，废保定府，置范阳道，治保定，复清苑县建置。1914 年，改范阳道为保定道。1928 年，废保定道，保定仅为清苑县治所。……1945 年 9 月，国民党建保定专署和清苑县政府。"在这期间，清苑县的行政区划，基本上包括今天清苑县的全境，同时还包括今天整个保定市的市区和近郊区。1948 年 11 月保定解放，12 月建立市人民政府。新的清苑县政府，则是在 1938 年即已成立的抗日民主政府的基础上建立。县民主政府治所在今天的王盘村，后几经变动，1949 年迁至今天的中冉村，1952 年才迁至今天的南大冉

驻址。在行政区划上市县分立，即保定市区和郊区从原清苑县属单独划出，两地一南一北相距大约有 25 里。

由于这样的行政区划上的变动，我们在比较两地的社会经济发展情况时，就不可能完全按照今天的两县区划去分析问题，而是必须考虑到当时的实际情况。

对两县选择的考虑。陈翰笙先生在《中国的农村研究》一文中，曾经对 1929 年、1930 年选择无锡县和清苑县以及以后增调的广东省番禺县的意图做过这样的说明："江南、河北和岭南是中国工商业比较发达而农村经济变化得最快的地方。假如我们能够彻底地了解这三个不同的经济区域的生产关系如何在那里演进，认识这些地方的社会结构的本质，对于全国社会经济发展的程序，就不难窥见其梗概，而于挽救中国今日农村的危机，也就不难得到一个有效的设计。研究中国农村经济先从这三个地方着手，才是扼要的办法。"无锡与清苑县就是在这样的意图下选定的。

根据陈翰笙先生的这一判断，我们对两县当时的工农业发展状况做了比较分析。无锡县与清苑县在经济地理区位上确实有十分类似的地方。无锡县南距中国最大的工商业中心上海 100 多公里，北距当时的首都南京约 150 公里。京沪铁路自无锡县穿过，与当时的政治、经济中心形成三点连星式的区位。河北清苑县北与古都北京相距近 150 公里，东与当时北方的最大工商业中心天津相距 155 公里，京汉铁路自该县穿过，与当时北方的政治、经济中心形成三足鼎立之势。

就近现代工商业的发展状况来看，据《无锡地方资料汇编》的记述，无锡县的第一家近代工厂，创办于光绪二十一年，即 1895 年，是无锡人杨氏兄弟创建的业勤纱厂。这以后，"光绪二十六年（1900），荣宗敬、荣德生兄弟在锡兴办了保兴面粉厂，后又开办了振新纱厂。光绪三十年（1904），在沪从事钢铁经营的无锡人周舜卿也来锡开办裕昌丝厂。随后，申新、庆丰、丽新等纺织厂，永泰丝厂、茂新二厂、九丰面粉厂相继开设"。由于无锡近代民族机器工业及商业的迅速发展，30 年代无锡已有"小上海"之称。"到抗战前夕，无锡已有工厂三百一十五家，工业总产值居上海、广州之后，为全国第三位；产业工人达六万三千七百多人，仅次于上海，为全国第二位。"①

清苑县（即当时保定）的近代工商业发展状况与无锡的规模相差较远，在时间上也略晚，但在北方地区还算突出。据《保定地方志通讯》的记述，保定"1909 年建庆兴蛋厂（产品出口）、聚和纺织厂，1912 年建布云工厂（产球拍、乐器，远销欧美），1913 年建乾义面粉两合公司和火柴公司，1938 年建制造捷克式机枪的修械所，还陆续建了些纺织、铁工、木工、制酒和粮油加工等小型工厂。……1949 年底，全市仅有 168 个工业户，5402 名职工"。

尽管两县近代工商业的发展程度不同，但有两点十分相似。

一是两县的近现代工厂企业，均是以农副产品为原料的轻工企业。如面粉加工、纺织、缫丝、食品等，但这些产品的销售却主要是面向农村社区以外的大中城市甚至是国际市场，即原料的供给是内向的，而销售是外向的。

无锡荣氏兄弟白手起家兴办的面粉业之所以发展快，据《无锡史话》中的记述，"面粉是洋人食品，可免税，好赚钱"，日俄战争爆发后，"东北的面粉需求量激增，……于是茂新面粉先由铁路运到上海，再转海轮运往东北，销路畅通，获利甚厚，每天盈余可达 500 两之多"。1914 年一战爆发，"大战期间，我国的面粉进出口量急剧变化，由战前的输入国一跃而为

---

① 无锡地方志编纂委员会办公室、无锡县志编纂委员会办公室编《无锡地方资料汇编》第 1 辑，内部发行，1984。

输出国，但国内的面粉需要量并没有减少，所以市场上面粉供不应求，出现了所谓面粉工业的'黄金时代'。在这种形势下，荣氏兄弟便向面粉工业大量投资……这时茂新、福新生产的面粉，不仅畅销我国北方各省，而且远销英国伦敦和东南亚"①。

无锡缫丝工业的原料供给内向性与产品销路的外向性就更为明显。据民国 23 年（1934）实业部所出的《无锡之工业》的记述，"苏省丝产，甲于全国，而无锡尤为苏省最盛之育蚕制丝区域，每年产销总值，计有二三千万元之巨"。无锡有名的民族工业资本家周舜卿、薛南溟均是近代缫丝工业的创办人。他们的产品主要销往国际市场。薛氏永泰丝厂的"金双鹿"丝，因质量上乘，一战期间曾畅销美国纽约。到 1928 年、1929 年，无锡的缫丝工业达到极盛。因当时无锡缫丝业的销路主要面向国际市场，所以受国际市场的行情影响很大。1929 年资本主义世界爆发空前的经济危机，无锡的丝厂纷纷倒闭。"丝市惨淡，并受日丝之竞争，输出减退，甚至美国纽约生丝交易所，且有禁止华丝上盘之举动。民国二十、二十一年，景况愈下，各丝营业受重大之打击，亏损倒闭，数见不鲜。"②

就清苑县的情况来看这种"一内一外"的特点也很明显。保定最早的近代企业"庆兴蛋厂"1909 年兴办。鸡蛋的收购方式主要是"厂外还设有庄（收蛋站），每庄有账房会计和收货员两人，每逢收蛋旺季，外设庄十几处，最多时达 22 处，主要设在各县及北部山区，有时也在山西、山东、河南等地设庄。鲜蛋由庄运往蛋厂，以大车运输为主"③。其生产的成品，蛋黄

① 王赓唐、冯炬主编《无锡史话》，江苏古籍出版社，1988，第 154—156 页。
② 无锡地方志编纂委员会办公室、无锡县志编纂委员会办公室编《无锡地方资料汇编》第 1 辑，内部发行，1984，第 37—38 页。
③ 中国人民政治协商会议河北省保定市委员会文史资料研究委员会编《保定文史资料选辑》第 1 辑，内部发行，1984。

粉和蛋白片则通过天津出口，主要销往欧美各国。1927 年出口量最大，当年换取外汇达 50 万美元。

保定 1922 年开工的乾义面粉厂，每天能生产 4000 袋面粉。因其在当地农村市场的收购量大，几乎能操纵当地农村粮市的价格。而其产品则主要"销往京、津、华北各地，颇有名气"。

两县当时兴办早期近代工商业的第二个共同点是，由地租直接转化为工业积累的事例比较少，也就是说，早期工商企业的创办人大多不是地主。

无锡最早的近代企业"业勤纱厂"，其创办人杨宗濂、杨宗瀚，均是当时清廷的大官僚。杨宗濂因战功曾被清政府特赏头品顶戴，候补三品京堂。杨宗瀚也因"屡著劳绩，以功擢道员"，并曾被"委以总办台湾商务、洋务兼办开埠通商事宜"①。

1892 年在无锡最早办起茧行，同时也是无锡丝厂最早的创办人周舜卿，则是典型的买办出身。他本人最早是一名学徒工，后为老板做洋行的跑街，后到大明洋行任职，由此起家。无锡的荣氏兄弟，开始也是当钱庄学徒，后成为有名的"面粉大王"。

保定清苑县的情况也类似。比如庆兴蛋厂是由天津、北京的十几家股东创办的。乾义面粉厂 1921 年建成投产，投资五十万银元建成，其中的四十七万元是由北洋军阀、湖北督军王占元所投，另外三万元由粮商孙锡五所投。

与此相反的情况是，由于在工业创办的初期，农村社区的工业品消费量不大，而作为原料及生活消费的农产品向城市出售较多，工业利润回流转化为地租的现象倒比较明显。此点我们后面做详细测算。

两县的传统手工业、商业状况。无锡县的传统手工业、商

---

① 王赓唐、冯炬主编《无锡史话》，江苏古籍出版社，1988，第 139 页。

业在近代已十分繁荣。明代，无锡已有"布码头"之称。一般客商把布贩运到无锡后，由无锡的坐商收购，再转卖给购货的客商，"运至长江以北淮、扬、高、宝地区销售。于是无锡布码头就传遍大江南北了"①，清代无锡已成为全国著名的四大米市之一。清康熙年间，朝廷改变征粮办法，规定所有官粮都由政府经办。另外清政府还把南漕改在无锡购运，各县漕粮集中在无锡交卸。很快无锡形成兴旺的米市。截止到抗日战争前"各地运到无锡的米稻杂粮平均每年有 1000 万石以上。……占全国四大米市之首"②。无锡的粮食交易量巨大，远远超过了无锡本地的产量。无锡本地的产量在当时也就在 200 万担（按一担百斤计算）左右。清代后期，无锡又有了"丝码头""银钱码头"的名称。1897 年，无锡已有钱庄 20 多家，可见近代无锡传统商业的繁荣。

无锡传统的手工业也很发达。农村兼营手工业的农户相当普遍。镇和县城还有很多专营手工业的工匠艺人。据当时的调查统计，县里的工商业行业种类能有 60 种以上，大一点的镇有 40 种左右。这些不同的行业大致如下：缫丝、碾米、榨油、铁工、染织、磨粉、锯木、砖瓦、粮食、杂粮、南北货、酒酱、棉布、国药、西药、木行、百货、文具、烟纸、五洋、糖果、面饭、点心、生面、鱼行、肉店、航运、山地货、柴号、苗猪、茶社、理发、竹器、方圆木作、成衣、豆腐、铁匠、鞋匠、染坊、铜器、银匠、钟表、镶牙、纸扎、铅画、照相、酱园、槽坊、土烟、旅社、棉织社、白铁、五金、糖坊、营运、车行、煤炭、刻字、油麻、食盐、酒药作、剪刀作、做衣、羊行、钱商、造船、屠宰作、腌腊、香店、藤匠、花爆作、茶叶等。

① 王赓唐、冯炬主编《无锡史话》，江苏古籍出版社，1988，第 107 页。
② 王赓唐、冯炬主编《无锡史话》，江苏古籍出版社，1988，第 113 页。

就保定清苑县的情况来看，当然远不能与无锡县相比。比如清苑县在当时没有几项十分突出的大行业，但城里的工商业还算发达。据新民会 1938 年的调查；保定清苑城里的行号商号有 1400 多家，资本总额为一百六七十万。清光绪三十三年（1907）成立有商会，入会的商号有 947 家。全城有 40 多个不同的行业。其中主要的行业是：银钱业、布线业、煤灰业、粮业、干鲜果业、当业、作衣业、铁业、铜锡业、鞋业、衣帽业、酒业、酱业、药业、书业、南纸业、纸烟业、油漆业、颜料业、麻绳业、旅店业、染业、斗业、茶叶业、制革业、木厂业、棉业、食油业、胰蜡业、照相业、猪肉业、绸缎业、香料业等。另外清苑县农村一般没有明显的集镇。农民日常的买卖主要是通过定期举办的集市完成，就市场的交易密度来看显然不如无锡。不过清苑县周围邻县倒有几个较有名气的大专业市场，如唐县的皮毛业。该业至少在清朝末年已经形成，其中包括生皮业、熟皮业、猪鬃、猪毛业等。安国县的药材业。该业自明清以来就很有名，安国素有"药州""药都"之称。还有高阳县的"织布业"。高阳布在北方相当有名，据载此业始于明代，到抗日战争以前，已经发展得相当繁盛。同时还增加了印染业和印花业。

不过两县传统的手工业、商业也有一个共同点，就是除了少数几项大宗行业交易外，像无锡的丝、布，一般绝大多数的行业制作和买卖，均面向本地区城镇和农村的需求。由于社区与社区之间在需求上大体相同，社区范围内的行业分布也大致类似。

两县的农业状况。无锡县抗战以前，按照当时的行政区划，人口将近 120 万人，耕地有 125 万多亩，基本上都是水田，人均 1.05 亩土地。无锡县地处长江以南，属亚热带气候。解放前农作制基本上是稻麦两熟，复种指数保持在 160% 左右。亩产水稻，1929 年、1936 年、1948 年三个时点的平均数为 430 斤，小麦平均为 112 斤, 两项合计为 542 斤, 平均按 20% 的原成差折算, 为 433.6 斤成品粮。这个数量大致刚够一个农村成年人一年的口粮。

　　农民的副业收入在 1929 年以前以蚕桑收入为主, 能占到全部毛收入的 12%—15%。1929 年以后, 由于受国际资本主义经济危机和日本蚕丝竞争的冲击, 丝价大跌, 无锡县农民的蚕桑收入随之大受影响, 一般只能占到总收入的 5%—7%。

　　清苑县地处华北平原北部, 属温带大陆性气候, 一般均是旱作农业, 二年三熟制较普遍。解放前的复种率仅为 126%, 主产小麦、玉米, 此外还有高粱、甘薯、谷子等, 亩产平均仅 114 斤左右。按照 126% 的复种率计算, 一亩耕地的粮食产量也就在 143.6 斤左右, 也就是说三亩耕地的产量才可满足一个成年人一年的口粮需求。而就当时土地与人口的比例情况来看大致是这样: 20 世纪 30 年代初, 全县人口总数为 35 万人, 全面抗战前达到 40 万人。总耕地面积的统计当时很不一致, 主要因为隐瞒土地的现象很普遍。据对清苑县解放前 1930 年、1936 年、1946 年三个时点 11 个村 2119 户的调查汇总数据, 人均耕地 3.5 亩。由此推算解放前的全县耕地亩数, 应在 100 万—120 万亩。这也就是说, 解放前清苑县的人口与土地之间的矛盾并不比南方的无锡小。

　　过去仅根据人均土地的多少判断华东地区人口压力要大于华北这样的地区, 但从无锡、保定调查的汇总数据来看, 情况恐怕不尽如此, 汇总后的数据见表 1。

表 1　粮食生产水平

单位: 市斤, %

地区	每户平均生产	每播亩平均生产	每耕亩平均生产	粮作占总耕地的比重
无锡	2.723	468	542	77.9

续表

地区	每户平均生产	每播亩平均生产	每耕亩平均生产	粮作占总耕地的比重
保定	1.950	114	143	86.2

我们考虑到稻、麦、玉米的原成差率不同的因素不计前三项指标，仅从第四项粮作占总耕地的比重这一指标来看，无锡的粮地比重低于保定 8.3 个百分点。

另外就近代人口迁移的历史来看，华北地区的迁移规模也远大于华东地区。据记载，自清代以来，特别是康熙开关以后，华北地区每年向东北、口外一带迁移的人口不下十几万人，多时达二十几万人。

可见对人口与土地之间矛盾的分析，不仅要考虑到这两个因素之间的一般比例关系，还要考虑到不同的地理区位、生产技术水平、市场的发育程度、交通和通信的发达程度以及土地制度等方面的要素。比如我们今天的人口与土地之间的矛盾是否就大于 20 世纪 30 年代、60 年代、70 年代，恐怕十分值得研究。这更可能是一个波动的过程。

就清苑县农家的副业收入来看，棉花、棉织所占的比重较大，据 1938 年新民会的调查，一般能占到总收入的 10% 左右。1936 年，全县的棉田面积约占全部耕地的 9.21%。

在农业生产关系上，无锡县与清苑县的差异也很大，主要表现在两点：一是土地经营的租佃与雇佣关系；二是土地占有与分化的态势。无锡 1929 年的调查数据显示，占总户数 60% 以上的贫农，其租入土地为自有土地的 157%，而清苑县解放前一般只占到 7% 左右。就雇佣劳动力的占比来看，无锡县的地主雇佣劳动力占自有劳动力的比重为 22.3%，而保定清苑县占到 49.8%。就土地的占有情况来看，据解放前的调查汇总的数据如表 2 所示。

表2　解放前各阶层占有土地比重

单位：%

地区	地主	富农	中农	贫农	雇农	其他
无锡	40.3	19.8	21.8	17.5	0	0.6
保定	12.8	26.8	33.2	25.2	1.3	0.7

张培刚先生1935年曾到清苑县对1930年调查的样本村做过追踪调查，并利用了1930年调查中的500户资料，写了《清苑的农家经济》一书。在该书中他对当地的土地占有关系有这样的分析："在清苑农村，租佃关系的树立尚未进入普遍的阶段，纯自耕农占85%，纯出租地主及纯佃农各不过占1%，半出租地主与半自耕农各占1%与12%。农家所有的田亩留为自耕的占95%，农家使用的田亩属于自用的占90%。平均每家农场面积15.3亩和平均每户所有田亩14.2亩极为相近。凡此均可证明，清苑农家间租佃关系的不重要，及自耕自田色彩的浓厚。"

张之毅先生在1958年无锡、保定调查之后所写的报告中，对这一点也做了分析，他认为，清苑县的土地占有状况，在30年代以后有"趋中化"趋势，即人口与土地有越来越向中农这一层次集中的现象。

这里似乎给人们提出了这样一个问题，即为什么在经济比较发达的无锡县，其农村经济的租佃关系反而普遍，而在经济比较落后的清苑县，其农村雇佣关系倒较为通行？这一对比现象在我国的南、北方有较普遍的代表性。对此学界尽管已有了多种解释，但至今还没有一个比较一致性的意见。就笔者个人的看法这恐怕与传统地认为雇佣生产关系就一定进步，租佃生产关系就一定落后有直接关系。实际上雇佣关系与租佃关系在古代社会就曾广泛地存在过。古罗马奴隶社会中的农业生产不仅存在过广泛的雇佣劳动，而且有过十分繁荣的农产品商品生产现象。中国自春秋战国以后，农村的雇佣劳动也曾十分普遍地存在，"佣耕""佣市"的记载屡见于各类文献。也就是说，这两种不同的生产关系在传统的农业社会并不存在明显的前后递进关系。近代工业社会出现以后，在整个社会利润机制作用下产生的农业经营雇佣关系恐怕与传统农业社会中的雇佣关系貌合神离，本质上并不是一回事。

二 家庭经济分析

一般认为，随着生产力的不断提高，特别是农村文明的出现，人们获取生活资料已经不必再采用群体生存的方式，同时对于一些生产、生活资料的使用希望有一个更明确的占有和传递方式，即财产所有观念出现的时候，以一夫一妻为标志的家庭开始出现。这一描述虽然过分简单，但不管复杂与简单的程度如何，实际上这一社会演化变迁的内在机理，均包含有这样一个共同的假设：人类的社会经济总是在客观上向着一种更具效率的组织方式演化、变迁。

如果这一假设是一个不说自明的公理的话，那么我们可以认为，农业社会的稳定与发展是以家庭组织的效率为基础的。

对家庭组织结构的分析，其最表面的指标也许就是家庭的人口规模，而这最表面的指标，恐怕也是最耐人寻味的。

在解放前对无锡县和清苑县的农户户均常住人口的调查中，无锡县各阶层总平均为 4.65 人，清苑县各阶层总平均为 5.74 人。从两地的平均数来看，均接近 5 这一中数。五口之家是我国历史上长期标示户口规模的"中数"，行几千年而少变，这恐怕不无道理。五口之家多是两代人组成的核心家庭，一般其劳动力的占比较高。据 1929 年、1930 年无锡、保定调查的户均劳动力占比数据，无锡按户均 4.65 人计算，其劳动力占比达 66.1%，清苑县按户均 5.74 人计算，劳动力占比为 57.1%，比无锡低 9 个百分点。分不同阶层看，随着户均人口的增多，劳动力占比不断下降。清苑县的数据中，富农人口最多，户均达到 9.52 人，但劳动力降至 53.2%，比总平均数低 3.9 个百分点。

家庭劳动力的多少意味着家庭负担无劳动能力的人口多少。对于收入较低的贫穷农民来讲，如何使家庭组织处于一个效率较高的状态，产出更多，以这种剩余方式去负担无劳动能力的人口显然是更现实的。一般来讲，较富裕的农户，家庭人口也多，相反则人口较少，我们把两县解放前家庭常住人口分不同阶层的数据做一简单图示（见图 1）。

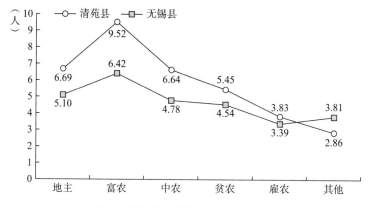

图 1　解放前分不同阶层的户均人口

资料来源：《中国农业合作史资料》1988 年增刊二 "解放前后无锡保定农村经济专辑"。

图 1 中两县的地主户均人口低于富农，均是家庭在外人口偏高造成的。由此可见，家庭人口的多少与家庭的富裕程度是正相关关系。之所以呈现这种正相关关系，除了上面所说的家庭负担能力这一因素外，还有一个重要因素，就是家长地位替

代的难易程度。一般来说，贫穷的家庭，其家长地位的维系主
要依靠代际的血缘层次和以体力为主的劳动能力，而后者起着
实质性的作用。但这一基础随着子女长大成人，他们对家庭生
产、生活的贡献份额越来越大，其权力也随之增大，于是家长
赖以维系的基础被逐步取代，家庭整合的凝聚力也慢慢松动、
无力、低效，分家的外力强化。相反，富裕的家庭，其家长地
位的维系除了依靠代际血缘层次的关系外，并不主要依靠以体
力为主的劳动能力，而是更多地依赖对产权的权力和使用能力。
这种家长地位并不因子女的长大成人有了体力劳动的能力而被
轻易取代，道理很简单，这种家庭的主要收入并不是依靠谁的
体力劳动能力强而获得的，产权始终是收入的主要来源，谁拥
有这种产权谁就有这一组织的地位。

上面我们曾提到，五口之家多是核心式家庭，一般夫妇两
口，三个子女。男人因为是一家收入来源的支柱，又是血缘上
的长辈，所以为一家之主，而这一地位在一个代际的时间区段
内是不易替代的，因此高居家庭之首的决策和指令的发出不会
受到另一极的干扰，效率很高。家庭中的女人对上是丈夫，对
下是母亲。她服侍一家人的吃吃、喝喝、洗洗、涮涮，自己不
仅情愿而且认为是应尽的义务。家庭中的子女从被抚养及血缘
这样两个层次上，认为自己应当处于被指挥和尽义务的地位。
这样一个有机的家庭组织就建立起来。在社会学上，称之为认
同感。这种五口之家的核心家庭，从其决策和指令的传输方式
来看，明显是单极的，不会出现多极之间的摩擦，对决策信息
的反馈，因为家庭内部血缘关系与生产关系的高度融合使其十
分灵敏，无疑这种家庭组织的运行是十分有效率的。子女长大
成婚以后家庭内部出现了多极现象。决策与指令的传输、反馈
已经不大灵敏，家庭整合的效率也越来越低，恢复效率的内在
需求导致分家。

由此我们得出这样一个认识：传统农业社会中的农户家庭，其保持生产上的效率，是通过家庭的血缘组织层次替代生产组织层次，同时又反过来以生产上的指挥、服从来稳定家庭中的层次关系与权威，从而大大降低了生产上的交易成本，使生产、生活达到一种高度的协调统一。中国封建社会所大力宣扬的"三从四德""忠孝节义""三纲五常"等，从经济学的角度分析，也许不仅仅是一种道德规范，可能更重要的在于客观上农业社会赖以生存的家庭生产主体，需要一种维护有效整合的组织结构和行为准则，否则家庭经济的失稳也就意味着这个社会的经济基础失稳。毫无疑问，只有当这个社会的生产主体处于最有效率的状态下，这个社会才可能更多地提取剩余价值，同样，只有当这一主体具有内在的激励机制而不是外在的监督或强制，它也才能真正具有积极主动的生命力并创造更多的剩余价值。

当我们在这里提及农户家庭的生产效率时，实际就等于提出了这样一个问题，即这种效率的评判标准和参照是什么。如果说人类最早的价值观念来源于对生产工具和行为的效率比较的话，那么到了农业社会，社会的大分工也同时把这种比较行为扩大为市场，扩大为一种普遍的社会交换行为，交换就是一种效率的比较行为。这样我们也就隐含了自己的假设：农户家庭生产效率本身的实现，必须要有一个广义的市场或准市场的存在，否则各项生产要素及产品的效率、价值就没有一个社区或社会范围的认同标准和尺度，比如农业社会普遍存在的地租、地价、利息、工钱等。准市场的含义是指那些表面上不采用市场的交换方式，但隐含在内部的实际是一种市场的交换行为，比如请客送礼、红白喜事、分家、求签问卦、认亲过继、生儿育女等。我们仅以生儿育女为例，且不说农民对生男生女存在不同的价值评判，就从生多生少、早生晚生这一点来说，农民也是有计算的。中国农村普遍存在的早婚早育，从经济学的角度看，男子 20 岁结婚，女子 18 岁结婚，当他们的子女已经长大成人并先后进入育龄期以后，他们也才不过 40 岁，正是身强力壮、经验丰富的时候，对稳定协调一个家庭的生产与生活很有效率。当他们 50—60 岁的时候，已是子孙满堂，由于后辈人多，不仅有家大业大的家族实力感，而且有老有所养、所靠的安全感。

如果这一假设有一定道理的话，那么我们就必须对无锡县和清苑县的农户家庭经济及其与外部市场的关系做一个比较深入的剖析。

我们在清苑县东顾庄做典型调查时，村里的老农对解放前不同阶层的农民生活和生产状况给我们做了比较细致的描述，大致情况如下。

吃的。当地有句老话，叫"大口小口一月三斗"，是说一家平均下来一个人一月得消耗 40 多斤粮食。但实际上这是富农户的生活水平，中农户也达不到这个水平。中农户一般的日常生活水准是 70% 高粱面，20% 玉米面，10% 白面。麦子不敢多吃，要拿到市上以细换粗。一般二斗小麦能换三斗粗粮。不少中农户也要出去打短工，挣回几担粮食。贫农则经常吃高粱面加糠。高粱面或玉米面掺山药叶贴饼子，下地干活的人才吃，不下地干活的只能吃掺山药叶的玉米面蒸苦累。东顾庄最大的地主杨继平家有 200 多亩地，平常也就自己和他娘吃点白面，家里其他人和长工一个灶吃饭，村里的一般人家没有吃炒菜的，家家腌一缸萝卜，也就 150 斤左右。平时改善生活，拔点葱，切一切放点醋就算最好了。能吃葱蘸酱的多是富农户。

穿的。抗日战争以前当地很少有穿洋布的。一般人家都种个半亩或一亩的棉花，全家的穿衣、用布、用棉全靠这亩棉花地。日本投降以后，穿洋布的就多一些了，特别是过年、结婚都穿洋布了。

盖的。中农户差不多能一人一条被子，可没褥子。只有老人、新结婚的有褥子。炕席一般都有。贫农户还合不上一人一条被子，枕头很少见。

住的。一般的人家都有差不多三间住房。中农户能住上"打陡房"（这种房墙体用土坯，表面贴一层砖），贫农户差不多尽是土房。

日用品。中农户家里差不多都有两个小立柜，用来装衣服、破烂。两个木箱装点日用品，一对胆瓶，两个小方镜多是结婚时就有的。一个磁壶，一条板凳。大缸三个，分别用来装粮食、腌菜、盛水。小缸两个，三个瓦罐，两个泥盆，一口七印锅。一个席屯，也是存粮用的。吃饭的碗大小十个左右，两三个盘子。

生产工具。解放前一般人家置不起大农具，像大车、水车什么的。牲口一般只有一头小毛驴，主要都是小农具，箩筐两个，背筐一个，耙子一个，盖磨一个，耧不是都有，辘辘叉子一个，几把大锄，两把镰刀，两把手锄，两把铁锤，一把大镐。

以上是农民切身实感的记忆，应当说是有重要参考价值的。但做经济分析似乎还不能作为量化的依据。就清苑县1930年和1936年的家计调查汇总统计，当时农户的生产、生活消费状况大致如表3所示。

在这些消费项目中，比较明显能够自给自足或大部分自给的项目有：口粮、肉类、食油、棉布等。据1930年的调查数据，口粮一项中贫农户不能自给，按其买卖相抵后，户均净购入92.2斤，1936年净购入达146.2斤。无锡县的农民口粮消费水平大致与清苑县相当，据1958年的无锡、保定调查报告，贫农1929年每人平均每年消费口粮345斤（糙米），1936年每人消费347斤，1948年每人消费350斤。……中农1929年平均每

表 3 1930 年清苑县人均主要生活用品消费情况

阶层	口粮（斤）	肉类（斤）	食油（斤）	棉布（尺）	其中：土布（尺）	灯油（斤）	煤炭（斤）	纸烟（盒）	烟叶（斤）	酒（斤）	医药费（元）	供神费（元）	应酬费（元）	喜庆费（元）	丧葬费（元）
地主	430.37	9.94	3.86	20.62	5.61	3.49	121.51	8.71	0.84	1.3	1.08	0.43	3.18	0.23	0.55
富农	397.43	5.69	2.94	17.84	9.56	2.74	75.37	3.05	1.06	1.67	1.89	0.27	0.9	0.23	0.73
中农	322.39	2.67	1.92	14.39	9.07	2.41	40.77	0.9	0.98	0.39	0.51	0.16	0.39	0.16	0.29
贫农	267.99	1.12	1.27	10.17	6.38	2.08	30.48	0.41	1.03	0.49	0.32	0.1	0.17	0.02	0.1
雇农	251.49	1.01	1.14	11.99	8.64	1.98	14.77	0.71	1.03	0.25	0.32	0.08	0.09	0.003	0.04
其他	277.95	2.89	2.35	11.56	3.15	2.74	28.61	6.39	0.73	1.1	0.65	0.15	0.33	—	—
合计	314.52	2.84	1.9	13.46	7.83	2.39	49.28	1.53	0.1	0.65	0.63	0.17	0.52	0.11	0.28

资料来源：河北省统计局编《1930—1957 保定农村经济调查综合资料》，1958 年油印本。

人消费口粮 383 斤，1936 年每人消费 381 斤，1948 年每人消费 393 斤。由于玉米、高粱的耐食性高于大米，两县的口粮水平基本相当。棉布的消费水平，无锡县 1929 年的统计为平均每人 12.91 尺，贫农人均 9.46 尺，中农 15.6 尺，大致也与清苑县相当。这里有一项农民较大的消费项目未列入统计，即秸秆燃料。这个数量根据粮、秸秆混合比 1∶4 计算，每亩多不过 500 斤，这样按户均 15 亩地计算，总量高限也就在 7500 斤。一户全年连做饭带取暖，每天平均按 25 斤计算，只能满足 300 天的需要。显然燃料不足是当时农民生活中的一个大问题。清苑县的农民在解放前有一个普遍的习惯，就是家里来客不烧水。一般村里总有那么几户专门烧水卖水。农户缺燃料，实际上也造成农业生产陷入恶性循环：大量的秸秆都被用于燃料，而回投的有机肥源短缺，地力下降，低产又造成秸秆量少，由此形成恶性循环。农民说，那会儿家里来客，孩子们就拿上一把小茶壶去买一壶水，卖水的还给放一点茶叶。农户消费的其他项目，灯油（煤油）、煤炭、纸烟、酒、医药费、供神费、应酬费、喜庆费、丧葬费等，均需要通过货币购买。1930 年调查时，在统计上还有这样四件消费品——自行车、手电筒、矿石收音机、热水瓶，也可以叫作当时的"四大件"。在总共 2119 户样本中，有自行车 7 辆、手电筒 6 个、矿石收音机 0 台、热水瓶 2 个。这要做户均统计的话几乎没有意义，所以这几项数据我们未列。

从统计调查的数据来看，与前面农民实感的典型调查情况大致相符。比如就每年中农、贫农的口粮消费水平来说，中农人均为 322.79 斤，每天平均不到一斤口粮，贫农人均 267.99 斤，每天平均仅 7 两粮食，显然吃糠咽菜是意想当中的事。

生产资料的消费。生产资料的投入基本都是自给，靠货币购买的为数很少，就生产性固定资产看，据当时的统计调查，牲畜户均不到一头，按抗战前的价格一头 30 元左右。其他大件农具户均数量：水车 0.052 部，铁轮大车 0.26 辆，犁耙 0.42 个，种什 0.28 个，耙盖 0.31 个。合计户均多不过 10 元，如再加上一些小农具，户均全部固定资产超不过 50 元。如平均按 5 年折旧计算，则每年的固定资产部分支出多不过 10 元钱。这大约相当于当时 200 斤玉米的价钱，或者一个长工一年工资的 1/5 左右。

生产资料自给的部分也很简单，主要是种子、农家肥，外购的肥料很有限。据 1930 年的统计，种子户均需要 185 斤，饲料需要 251 斤，两项合计为 436 斤，大约合一个成年劳动力的全年口粮。

农家肥的消费量有多大？据当地农民的经验估计，一般一户一年多不过 5 方土杂肥。清苑县农户家庭积肥多是在院角建一个四方形粪坑，为 1.5 米—1.8 米见方，大小正好够一个人下去起粪操作的空间。一般春、秋各起一次，多的能起三次，一次最多也就是两方粪。这样估算，上面农民的计算大致正确。

无锡县的农家肥消耗量因地理条件及作物季节的不同显然要高于清苑县。不过这不好用方数来比，主要原因是两地的积肥方式不同。无锡县农家积肥一般是在房屋附近设一厕所，里面放置一口缸，与猪圈分设。等缸满以后随时用担挑到地头的粪池储存。粪池一般也为 1.5 米见方，1 米多深，位置多是紧靠地头渠道旁边，便于灌溉时和水一起浇入田地，这有些类似北方菜区的积肥方式。

农家肥主要是人粪尿，捡拾的猪粪、畜粪及家禽粪，混合入生活中的土灰及打回的杂草等。据农科部门的测算，按中等水平计，100 斤这种农家肥超不过 1 斤标肥含量。按上面粗略计算的农户积肥水平 5 方计，一方农家肥多不过 1500 斤，5 方为 7500 斤，这样 1% 的标肥含量即为 75 斤，如按边际效益较高的水平，1斤标肥可以增产5—7斤粮食计算，即为375—525斤粮食。这个增量在北方相当于2—3亩地的产量，能满足一个成人一年的口粮，在南方相当于1亩地的产量，也合一个成年人一年的口粮。南方的积肥水平高，其增量也不会超过两个成年人一年的口粮。按照解放前无锡、保定户均粮食生产的水平来看，无锡为2723斤，保定为1950斤，如此算来，肥料投入所能支持的产量也就在1/4左右。约3/4的粮食要靠地力本身。

有了上面农户生活水平的大致轮廓以后，我们就可以进一步分析这样两个问题。第一，农民家庭的收支，除了自给自足不进入市场的部分以外，需要到市场上进行买卖的货币收支在生产、生活上到底能占多大的比例？第二，在采用货币的市场买卖当中，在社区范围的占比有多大，在社区以外，主要是指和城市及近代工商业进行交往的货币流量与占比有多大？这两个问题，对于我们从微观层次上摸清近现代工商业在开始进入传统社区以后，对农村经济的影响有重要意义。据对1930年保定调查数据的综合统计，农户的货币收入状况如表4所示。

由此我们得到货币收入户均的总量概念为200.84元。平均收支相抵尚有25.05元的盈余。按不同的阶层来看，其中贫农收入79.98元，支出79.72元，收支基本相抵，中农户略有结余。

那么这个货币收入水平在当时农户的总收入中能占多大的比重呢？1930年11个村的每人平均综合数据如表5所示。

统计中的另外两个时点，1936年和1946年的人均年收入水平分别为69.18元和61.91元。这样我们按清苑县样本农户的户均人口5.74人计算，则平均一个农户的年均总收入水平在381.25元左右，按户均200.84元的货币收入计算，则农户的货币收入部分占52.7%。但这里的平均数并未考虑农户样本的权重问题，根据清苑县农户不同阶层的分布状况，我们认为采用中农的平均数据更贴近实际情况一些。据此应当得出的数据

表 4 1930 年清苑调查户货币收入状况（每户平均）

单位：元

成分	年初结存	本年收入									合计
		出售植物新产品	出售家畜家禽及新产品	出售农副产品	工资	在外人口寄回	出租生产生活资料	借贷	救济补助及赠送	其他	
地主	314.47	828.94	13.20	693.00	—	80.00	—	70.00	—	2.68	1687.81
富农	118.85	394.50	3.75	—	—	—	—	—	—	—	398.25
中农	15.84	65.22	12.63	4.35	22.14	8.3	5.52	21.54	5.57	16.05	161.32
贫农	2.54	25.28	0.91	13.57	22.41	2.12	0.08	7.15	0.26	8.20	79.98
雇农	19.36	13.83	2.29	13.51	65.69	10.11	—	2.43	3.44	10.25	121.55
合计	28.34	92.34	6.19	41.89	24.10	8.29	2.14	12.57	2.53	10.79	200.84

资料来源：河北省统计局编《1930—1957 年保定农村经济调查资料》，1958 年油印本。

表5　1946年11个村的每人平均综合数据

单位：元

阶层	农业收入	副业收入	工资收入	非生产性收入	其中：在外人口寄回	合计
地主	185.77	19.55	2.08	24.88	11.89	232.28
富农	101.11	0.17	0.53	5.80	3.66	113.61
中农	52.59	4.07	2.54	2.55	1.69	61.75
贫农	26.42	4.45	7.77	2.11	1.19	40.75
雇农	12.73	3.00	18.00	1.98	1.16	36.31
其他	5.81	20.89	13.94	34.10	13.89	74.74
合计	51.31	5.58	5.40	4.13	2.38	66.42

是：农户的平均总收入水平为354.45元。其中货币收入部分161.32元占总收入的45.5%。后面我们计算清苑县一个社区的货币流通量时均按此数据计算。

无锡县的农户生活水平从总体上看，比清苑县略高，据1958年无锡调查的综合报告，大致情况如下："从不同的历史时期每人的平均收入来看，1929年的平均每人纯收入是89.17元；1936年每人平均收入85.39元，为1929年的95.76%；1948年每人平均收入73.32元，为1936年的85.86%。"但考虑到无锡县样本农户的分布，贫农的权重占到60%以上，因此农户总体的平均收入水平更应当侧重于贫农的数据。贫农1929年平均每人收入60.02元，1936年每人平均收入58.71元，1948年每人平均收入51.36元，无锡县的租、税、息三项合计的负担较重，通常要占到总收入的20%以上，再加上其他一些费用，比如灌溉，无锡县解放前已普遍采用机灌、电灌，亩均支出在0.8—1.00元，这样无锡农户的纯收入与毛收入之间的差率多在40%—50%。我们以贫农户1929年人均收入60.02元的最高水平计算，按45%的差率，则无锡农户的总体人均收入水平在87

元左右，户均（按总平均 4.65 人计算）404.68 元。比清苑县
的总体水平 354.45 元高出 14.1%，即高出 50.23 元。其中货币
收入的情况大致是这样，据无锡 20 个村的综合统计，副业及其
他收入的占比为 48%，其中包括售茧、家庭手工业、产业工
人、独立工匠、出卖劳力、商贩、工商业主、自由职业、其他
收入几项，另外的 52% 为植物栽培产值。就无锡县解放前农户
总平均的粮食生产水平户均 2723 斤和粮食消费水平户均 1932
斤来看，出卖的总量接近 30%，当然这个户均消费水平即人均
415 斤成品粮是偏低的，说明这个 30% 的出售率后面存在较普
遍的饥饿现象。这样我们把出售部分的比率相加，农户的货币
收入部分占其总收入的比率大约接近 70%，高出清苑县 24.5 个
百分点，显然这是两县的一个重要差别。

三 市场社区与社区市场

前面我们说过，传统农业社会家庭的生产、生活效率必须
要建立在对要素有一个大家共同遵守、认同的评判规范或准绳
上，强制性的规范大家不认同，任何一个别人的标准大家不会
遵守，能够通行的只有货币、市场。

对货币流通即对市场的分析我们的注意力集中于这样一点：
农户的货币收支中有多少是在社区市场的内部流通，又有多少
是在社区市场的外部，特别是近现代意义上的城市工商业中流
通。也就是说，在传统的农副产品、手工业品与城市工业品相
交换的过程中，货币流通是相互平衡的，还是向一方倾斜的？
由此我们可以探讨近现代工业产生的一些初始状态及其进入传
统农村社区的机理。

在做这一分析以前，我们想先解释一下后面要经常用到的
两个概念，即"市场社区"和"社区市场"。"社区"是一个经

常被引用的概念，但"社区"似乎是一个十分模糊和相对的概念。我们所用的"市场社区"概念，是指一个或几个与农民日常生活关系最密切的市场所覆盖的区域范围，反过来，这一区域范围内的市场，我们称为"社区市场"。但有意思的是，我们发现"市场社区"与"社区市场"仍然是动态的不确定概念。也就是说，随着经济的不断发展和人口密度的不断增加，与某一聚落生活关系最密切的市场并不一定是在地理上最近便的市场，而是出现了一些相对空间范围更大的中心市场。这实际上意味着社区市场有一个中心位移的缓慢过程，或者说，市场社区有一个范围不断扩大的过程。解放前无锡县有近70个集镇，但与人们日常生活关系最密切的中心集镇已经形成35个，分布非常均匀。一个中心集镇的覆盖范围大致就在方圆3公里—4公里。清苑县的中心集市由于人口和贸易交往的密度低于无锡县，所以成形的有10个。这10个中心集市现在已有9个被划为集镇建置。清苑县的中心集市覆盖面半径有5公里左右，30—40个村庄，人口在3万人左右。但在解放前这种中心集市的核心功能表现得还不是十分明显，也就是说，这种市场既有专业分工分区的现象，但又很像一个大的初级市场。当时清苑县的市场社区范围更明显地限定在2万人以下，20—30个村庄。

下面我们对市场社区的货币流通状况做进一步的分析。

从清苑县的情况来看，1930年按我们修订的数据，户均年货币收入为161.32元，如大致按2万人口4000户界定一个市场社区的范围，那么，货币收入一项，一个市场社区的总货币量就在645280元左右。收入来源共九项：

A. 出售植物新产品

B. 出售家畜家禽及新产品

C. 出售农副产品

D. 工资

E. 在外人口寄回

F. 出租生产生活资料

G. 借贷

H. 救济补助及赠送

I. 其他

各项占比如图 2 所示。

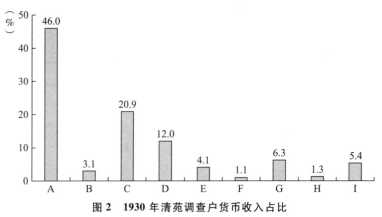

图 2　1930 年清苑调查户货币收入占比

资料来源：河北省统计局编《1930—1957 年保定农村经济调查资料》，1958 年油印本，第 83 页调查户现金平衡表。

从图示中能够很清楚地看出，出售植物新产品的 A 项和出售农副产品的 C 项合计就占了总收入的 66.9% ；其他明显源于市场社区外的货币收入只有 E 项在外人口寄回；B 项出售家畜家禽及新产品应有部分市场社区外收入；H 项借贷，据当时的调查，从银行渠道的借贷只占全部借贷的 3% ，而 73% 以上是向社区内的地主、富农借贷，因此该项主要属社区内货币流转；D 项工资，主要是农民给地主、富农出雇劳动力的收入；I 项救济补助及赠送，如果含有政府救济的话，应当有一部分市场社区外的货币流入。但以上几项除 A、C 两项外，总量所占市场社区外货币收入的比重可能很低，总计不会超过 5% 。显然市场社区外的货币收入只要把 A 项和 C 项计算清楚，大的占比和趋向就明白了。

先看一下解放前无锡、保定调查的统计表式，即 1930 年粮食收支平衡表，这里我们只引录其中几项主要指标数据（见表 6）。

表 6 中有两项很重要的指标：一项是"购入"，总量为15652 斤，一项是"卖出"，总量为 77804 斤。显然卖出的数量要比购入的数量大得多，两者相差 62152 斤。从统计上的逻辑来看，抽选的样本农户均是农村市场社区的，所以这里用卖出减去购入，大体上就应当等于由农村社区流入城镇和长距离运销的粮食总量。根据上面的数据，这个流入城镇的总量占卖出总量的 79.9%，为粮食总收入的 20.85%。

又据当时的调查，农民卖出的粮食大部分是小麦，因为小麦的价格平均要高出玉米等粗粮 1/3 以上，这样以细换粗可多得些口粮，另外卖粮也为交租、交息、交税。据此，我们把62152 斤粮食的 1/3 按玉米价格、2/3 按小麦价格计算。据保定的典型调查，清苑县东孟庄所在的集市粮价如表 7 所示。

当时的一斗小麦合 15 斤，一斗玉米合 14 斤。换算一下，1930 年一斤小麦的价格为 0.073 元，一斤玉米的价格为 0.057元，考虑到季节和不同社区市场的价差，计算时我们按一斤小麦 0.08 元、一斤玉米 0.06 元计，结果，玉米折合 1243.0 元，小麦折合 3314.8 元，两项合计为 4599.2 元，户均 52.9 元。这也就是说，卖到城镇的粮食货币收入，占全部植物新产品收入的 57.3%，占全部货币收入的 26.3%。如还按 4000 户的市场社区范围计算，这部分流入市场社区以外的货币收入总量为211600 元，占市场社区货币总收入 645400 元的 32.8%。

第二个货币收入大项，即 C 项出售农副产品。首先应当说明的是这项指标的范围界定与现在家计调查中的内涵有出入。比如收入的 B 项出售家畜家禽及新产品，除大牲畜外，其他应属农副产品，农户经营的手工业产品和经商收入显然应当单列，

表 6 1930 年粮食收支情况

单位：户，斤

户数	上年余存	本年收入				本年支出							年末结存
		种植收入	购入	其他收入	合计	口粮消费	种子	饲料	卖出	交租	其他支出	合计	
合计 87	41530	298950	15652	524	298131	140595	6089	21810	77804	1766	6977	265041	74620

资料来源：河北省统计局编《1930—1957 年保定农村经济调查资料》，1958 年油印本，第 81 页综 22 表。

表 7　清苑县东孟庄所在的集市粮价

单位：元/斗

种类	1930 年	1936 年
小麦	1.10	1.20
玉米	0.80	0.85
高粱	0.82	0.85

但这项指标把手工业产品和经商的收入均包括在内了。在这一指标下，11 个样本村所包括的主要农副业有织布、加工布、纺线、加工线、编席、编菜葵、编箔、磨面、杂货、百货、粉房、布贩、蔬菜、豆腐房、油坊、小炉匠、铁匠、熬淋业、打鱼、豆饼贩、猪毛贩、饮食业、木厂、药铺、染房、骨厂、轧花、屠宰、纳鞋底、补鞋、搭棚、打坯、张鼓、运输、养蜂、牲口贩子、拆洗业、缝纫、糊匠、培育花草、鲜货，共 41 项。

就当时农户家庭经营副业的比重来看，情况如表 8 所示。

表 8　1930 年调查户分阶层从事副业的比重

单位：户，%

成分	总户数	从事副业的户数	占总户数的比重
地主、富户	81	11	13.6
中农	355	162	45.63
贫雇农	494	353	71.46
其他	37	9	24.32
合计	967	535	53.33

资料来源：河北省统计局：《保定专题分析报告》（三）"二十八年来副业及动物饲养变化情况"，1958。

对此在河北省统计局 1958 年关于"二十八年来副业及动物饲养变化情况"的专题报告中做了详细分析，其中讲到，当时副业还是比较发达的，兼营和专营副业的户数占总户数的

53.25%，专营或兼营副业的人数占常住人口劳动力的 21.6%，年度获利 43228 元（不包括动物饲养），相当于全部农业收入（206649 元）的 21%。每个搞副业的户平均收入 80.8 元。按每户平均 5 个人计算，每人尚平均收入 16.16 元。相当于每人平均农业收入 21.3 元的 75.9%。若将农业、副业和其他三者收入合在一起，每人的平均收入即近 42 元。按照这样一个副业经营水平，平均到每一农户的副业收入据当时的调查达到 48.08 元，如和种植业的货币收入相比，副业比重达到 34.2%，也就是说全市场社区的副业货币收入总额按 4000 户计算，达到 192320 元。

据当时的调查统计，全样本农户户均总的货币支出概念是：购买商品性支出户均 108.65 元，各项货币支出总额户均 175.79 元。

这里我们也把样本户的不同权重考虑进去，以中农户的商品性支出为标准，其数额为 89.47 元。其中统计的八项中除主食品类外，其他几项均可能包含副业产品，即除去 10.64 元的主食品类外，有可能包含在副业产品中的另外七项总额共计 78.83 元。这个数额比起户均副业收入的 48.08 元高出 30.75 元。按 4000 户的市场社区计，全社区的商品性支出总额为 357880 元，如扣除主食品类为 315320 元。这个总金额比社区的副业总收入 192320 元高出 123000 元，即高出 64%。

根据以上的数据分析，我们把 1930 年清苑县农村市场社区商品性货币流通状况进行总结（见表 9）。

表 9　1930 年清苑县农村市场社区商品性货币流通状况

单位：元

项目		收入			支出			商品性货币流通量合计
		社区内	社区外	合计	社区内	社区外	合计	
户均	粮食	11.22	52.9	64.12	11.22		11.22	75.34
	农副产品	43.28	4.8	48.08	43.28		43.28	91.36

续表

项目		收入			支出			商品性货币流通量合计
		社区内	社区外	合计	社区内	社区外	合计	
户均	其他	28.22	—	28.22	28.22	35.55	63.77	91.99
	合计	82.72	57.7	140.42	82.72	35.55	118.27	258.69
全社区	粮食	44880	211600	256480	44880		44880	301360
	农副产品	173120	19200	192320	173120		173120	365440
	其他	112880	—	112880	112880	142200	255080	367960
	合计	330880	230800	561680	330880	142200	473080	1034760
总计			561680			473080		1034760

这里需要做两点说明，一是收入项中的户均140.42元的数据，我们采用的是全样本调查的总平均数面，未采用中农的相同指标收入数据，因为在粮食的实际净售出中，中农、贫农合计只占净售出量的28%，在出售植物新产品收入上中农、贫农合计只占不到40%，因此如在计算整个市场社区的货币流通量上，特别是在最主要的出售粮食货币收入量上，采用中农的货币收入额，就会大大低估全社区的货币流通量，故采用全样本户平均数更准确一些。

二是社区外的支出项35.55元，我们未做更细的划分，即这当中到底有多少属于现代工业产品的支出？多少是传统城镇的手工业产品？这在保定调查的汇总统计上也没有划分，其在"购买商品支出"项下只细分为八项——生产用商品、主食品类、副食品、烟酒茶叶、衣着、日用杂货类、农具类、文化娱乐用品，但这看不出何者是工业品，何者为传统手工品。所幸在保定分村的典型调查中，农民有这样的经验估算，调查报告做了如下说明："外国的洋货由保定买办阶级向该村推销，地主、富农的生活必需品与奢侈品多用洋货，如洋布、绸缎等等，平均每户年需六七十元。一般中农在用洋布洋油上每年每户亦需六七元，妇女嫁娶时需用十来元的洋货，贫农每年也需四五元的洋货。"① 农民所谓的洋货，大体就是当时的工业品，主要是三大项——洋布、煤油、煤炭，此外还有少量的纸烟等小什物。据此估算，并根据 1930 年的农户"主要生活用品情况"的统计，我们进行了大致检验，情况如表 10 所示。

表 10　1930 年调查户洋货使用情况

项目	数量	单价	合款
煤油	14.46 斤	0.075 元	1.08 元
洋布	31.92 斤	0.08 元	2.55 元
煤炭	244.62 尺	0.46 元	112.53 元
纸烟	5.4 盒	0.05 元	0.27 元
合计			116.43 元

这里所计的消费水平是按中农户 6 口人核算。从这个统计中的数据看，与典型调查大致相符。不过在 1930 年以后到全面抗战前，煤油、洋布的价格均上升了一倍以上，而且对洋布等其他工业品的消费量也在上升，因此总的来看，解放前对工业品的消费，户均可估算在 10—15 元。一个 4000 户的市场社区就要有 40000—60000 元的工业品消费量。

到此为止我们已经可以对清苑县传统农村市场社区的货币流通态势做出判断：一个 4000 户的市场社区，其货币流通总量为 1034760 元，其中在社区内流通的部分为 661760 元，占 64%，其他 36% 为在社区外流通。在社区外的流通部分中，有 30%—35% 涉及工业品，在社区外收入与社区外支出的比较中，可以明显地看出，收入比支出高，户均高出 22.15 元，全社区

---

① 《保定农村经济调查概况资料》，河北省统计局编印，第 269 页。

高出 88600 元，即高出 62.3%。很显然，在传统市场社区与城镇手工业品、工业品的交换中，农村社区处于货币净流入的状态。如果再从我们前面已经分析过的两县解放前的工业产业构成上来看，即当时的产业主要都是以农产品为原料的轻工业，如面粉厂、纺织厂、缫丝厂、蛋厂等，那么同样非常明显的是，传统农村产业在与近现代工业企业的商品交易中，处于货币净流入状态。无锡县的社区开放度尽管高一些，但当时对工业品的消费量也很低。如棉布人均 12.91 尺，已是当时的货币支出大项。而无锡的家庭手工业、副业较发达。如蚕茧一项占到农户全部收入的 15.7%，如按货币收入计，则占到 30% 以上。更何况蚕茧是明显的工业品原料，在两相交换中处于货币净流入的态势也是明显的。这就是说当时工业利润向农村流失转化为地租的现象是存在的。

这部分经过市场的社区外货币净流入加上其他一些非市场的货币净流入，比如"在外人口寄回""银行借贷""救济"等，在进入传统农村社区后，分成两股，一股进入非市场的货币循环流，如租、税、息、工资，再如日常的医药费、供神费、应酬费、喜庆费、丧葬费等；另一股则进入沉淀状态。当然这并不是说传统农村社区的非市场货币循环完全要依赖外部的货币净流入，实际上社区内部本来就存在一个非市场的货币循环流，在当时的调查统计中，这部分非市场的货币收入与支出，能占到全部货币收支的 30%—40%。但有一点是十分清楚的，净流入也好，沉淀也好，剩余也好，其流向主要是地主、富农。这成为农村借贷经济的主要基础。据"1930 年负债情况"调查，在 2119 户的样本中，当年向地主、富农借贷的累计金额达到 50808.71 元，其中由中农、贫农、雇农所借的总额就占 81.4%。这个样本户数正好差不多是我们这里所统计社区的一半，如果把这个借贷总金额扩大一倍，即 10 万元左右，可大体

312 / 无言的变迁：22 个村庄的 70 年

标示出清苑县农村传统社区的一般借贷水平。无锡县的借贷水平更高。从 1929 年、1936 年、1948 年三个时点的总平均来看，人均借贷在 25—30 元，如按 2 万人口的社区范围计，则高达 50 万—60 万元。

所谓的货币沉淀是指货币收支完全相抵以后的净剩余，当然这部分资金主要集中在了地主手里。在我们做村概况调查时，当地农民和我们讲，土改的时候，从地主、富农家挖出几罐洋钱、几百块银元一点都不新鲜。那会乍一解放，国家不叫用了，说拿去可以换边区票，一块换一块，哪个村都能抬个几筐子银元。另外从解放前清苑县的现金平衡调查中也能看出来。我们以 1930 年的统计为例：1930 年 105 户的样本调查户中，5 户地主平均年货币收入总量为 1637.81 元，年支出货币总额为 1252.55 元，这当中已经包括了借贷资金，户均净借贷 110.80 元，如果把这个数额和净剩余资金 385.26 元相加，那么地主的借贷资金仅占这个金额的 22.3%，即不到 1/4。这也就是说，如果清苑县的一个 4000 户的市场社区有 10 万元的借贷资金的话，那么就有近 40 万元的净剩余货币沉淀。无锡县的情况恰好与之相反。前面我们大致计算过，无锡农户的人均货币收入大体高过清苑县 20%，而借贷资金额则超过后者的 5 倍，这当然意味着地主、富农手中的净剩余货币沉淀量大大低于清苑县的地主、富农。这恐怕正是无锡地区传统的、现代的工商业比较发达的重要标志。

货币收入的沉淀是传统农村社会的普遍现象，其根本的原因在于这种社会缺乏一种融通资金、评价生产要素闲置机会成本的机制，使生产主体持续地卷入成本与效益的利润竞争之中的机制，也就是逆沉淀经济的力量很弱。沉淀经济使得传统农村社会总是在进一步退二步的低效中做算术级数的运转，资本主义社会优于传统农业社会的地方，恰恰在于其存在逆沉淀经济的力量和机制，使整个社会总是处在一种充分调动全社会生产要素与资金效率的狂热当中，使经济呈几何级数增长。中国的传统社会创造了灿烂的文化和巨大财富，但令人遗憾的是这些文化和财富的相当一部分都埋入坟墓。沉淀经济、沉淀文化造成中国农民的心理沉淀、感情沉淀、思想沉淀，面对中国传统农村社会的这种巨大的沉淀现象，我们能够得到一点什么启发呢？

搞清楚了农产品与城镇工业品交换后的货币流通倾斜态势后，我们关心的第二个问题是：工业品进入传统农村的社区市场，其初始的替代条件是什么，这里存在一些什么样的规律。

就清苑县的情况来看，棉布、煤油、煤炭是主要的进入传统农村社区市场的工业品，经过仔细地测算分析以后我们发现，这三种工业品各有其替代传统农产品的独特原因。

棉布。1930 年棉布的平均消费量中洋布只占 42%，1936 年达到 43%，1946 年达到 45%，1957 年达到 87%，即 1930—1946 年，洋布的总平均消费量仅上升了 3 个百分点，而在此之前，机织布早已在这个地区行销半个世纪以上了。就当时的土布与洋布的价格来看，1938 年新民会调查的当时市价，土布一尺 0.15 元，洋布一尺 0.28 元。土布的幅宽只有 1.2 尺，而洋布多在 3 尺左右，这样算来洋布与土布的价格不相上下。之所以洋布的消费发展缓慢，重要的原因在于农户生产土布主要是利用季节性的或家庭结构性的剩余劳动力，也就是说这部分劳动力如果不干此项工作的话，也找不到其他可能有收入，或收入更好风险更低的工作。按照经济学上的说法，这叫作"机会成本为零"，或接近于零。因此物美价廉的优势不一定会很快使农民放弃传统的家庭产业。我们将这类工业品替代传统农副产品的方式称为"棉布型替代方式"，其根本特点在于，替代的优势梯度要高，所以也可以称之为"高位替代"。

煤油。清苑县 1930 年的统计，户均消费达到 14 斤，人均 2.39 斤。其中贫农户人均 2.08 斤，比中农户 2.41 斤仅少 3 两 3 钱，中农户比富农户人均 2.74 斤也仅少 3 两 3 钱。在煤油消费上的低差别现象，说明当时农民的照明基本上已经被煤油替代了。煤油的价格，1930 年，28 斤一桶的煤油仅 2.10 元，到 1936 年已升到 3.10 元，提价 47.6%，但对煤油的消费量，1936 年人均为 2.41 斤，比 1930 年还多 2 钱，说明煤油在当时不仅很快普及农村，而且成为低弹性必需消费品，市场很稳固。在煤油进入农户的消费领域以前，照明主要依靠食用油。在相同油耗的情况下，煤油的照明度比食用油要好。从价格上看，食用油在 1937 年、1938 年达到 0.18 元一斤，煤油达到 0.15 元一斤，两者相差不多。显然，农民要么买一斤煤油等于自己可以多消费一斤食用油，或者卖一斤食用油可买回一斤煤油。这种替代说明两者之间不存在任何矛盾。这与棉布替代的不同在于，食用油是农民把豆子或棉籽送到油坊，油匠用手工业的操作方式打出来的，这与家庭的剩余劳动力使用无关。因此农民在使用煤油还是食用油照明时，就可以撇开家庭剩余劳动力的机会成本问题，而只考虑两点：一是物美价廉，二是土地的机会成本问题，用老百姓的话说，"可以省点地种别的"。显然在这两点上，煤油能够满足农民的要求。这样煤油便十分顺利地替代了食用油而成为照明的主要燃料。这种工业品替代传统农副产品的方式，可以称为"煤油型替代方式"。其根本特点在于，替代的优势梯度不用很高，大致对等即可，所以也可以称之为"低位替代"。

煤炭。清苑县不产煤炭。近代企业的煤矿所产的煤炭，在清苑可以算是工业产品。1930 年的户均煤炭消费量达到 282 斤，当时的价格是 100 斤 0.46 元。前面我们做过测算，农民所收的秸秆总量是不够消费的。农民补充燃料的方式多是出外捡拾，砍一些树枝，或者再少量买一部分。从总体上看仍然需要额外补充一些。这也就是说，当社区内的秸秆作为燃料短缺的时候，煤炭作为一种廉价的工业品就很容易进入这一短缺的空间。这种工业品进农村的方式，可以称为"煤炭型替代方式"。其根本特点在于，这种工业品的进入，是建立在低弹性消费品的短缺基础上，在短缺消除之前，几乎不存在替代的比较问题，所以也可以称之为"短缺替代"。

全面深入地探讨工业化初期工农业产品之间的交换及货币流动问题是本文所不可能完成的，这里只是想说明，所谓"棉布型""煤油型""煤炭型"三种不同的替代方式非常形象地证明，农民的生产、交易行为确实是处在一个大的广义市场环境的约束之下。不少人认为农民生产的商品率低，因而证明农民缺乏市场行为，但在实际生活中，只要存在市场环境，低商品率同样是一种交换收益的比较行为，就像农民的文化行为，在市场或准市场的环境下充满比较价值与利益的约束。

四　社区市场的物质形态

解放前无锡县与清苑县的农村市场形态有很大的差别。保定清苑县的农村产品交易多是通过定期的集市贸易得以完成，而无锡县的农业手工业产品交易多是通过集镇，以农民随去随卖的形式完成，也有的村通过"航船主"代为完成买卖农副产品。无锡的集镇有的也存在定期举行的集市贸易，主要是农民生产中应季的一些大宗产品交易，比如苗猪、苗禽、牛市等。下面我们主要就清苑县的情况做些描述、分析，同时拿无锡县的情况做些比较。

清苑县的社区市场。据清同治时期的《清苑县志》载，康熙年间清苑县不算城区已有 30 多个集市，人口不过 5 万人。

（《清苑县志》所载为人丁 36361 丁。但这只是征税、役的人口，全部人口应相应偏高。）这样计算，每一个市场平均覆盖 1600 多人，包括几个村庄不清楚。只知在明朝时期，该县共辖 20 个社，166 个村庄。根据康熙初年的人口数推算，村庄数目不大可能超过 200 个。至清同治年间，该县"朝承平日久，休养生息，人民繁庶，地不改辟，而村庄倍多于旧，共计三百五十七村庄，其数家不成村落者悉不载"①。该县志记载的集市数量没有什么增加，基本上照抄旧志书，显然不大真实。这和当时修志历来对经济内容忽视有关。到了民国年间，全县的集市已发展到 50 多个，村庄 404 个，民国 21 年即 1932 年人口为 30.08 万人。1937 年人口为 35 万人。这样大体推算，民国时期，平均一个市场覆盖 8 个村庄 6000 多人，规模已比清初大了将近 3 倍。市场与人口的同步增加，说明了一个重要的传统集市或旧社区市场的成因："人口密集成因"。这与我们今天中国农村新兴起的许多与农村消费没有什么关系的专业化市场的"资本密集成因"完全不同，形成两个时代或两个不同经济发展阶段的市场成因特点。

无锡县的集镇型农村社区市场，可以看成一种城市化的雏形，是农村人口与市民的一种混居聚落。其中心集镇覆盖范围在民国时期，有 2 万多人，5000 户左右，200 多个自然村，一般一个中心集镇要包含一到两个小集镇。在抗战前无锡 70 多个集镇中，中心集镇有近半数。一个集镇的货币流通总量，根据当地的货币收支水平及其农副业的收入结构大略测算，不会低于 150 万元。

民国时期随着集市密度和人口的增加，出现了一种新的动向。就是社区市场的中心出现扩张、交叉、位移和分层的现象。

---

① 《清苑县志》，清同治十二年。

一般来说传统农村社区市场的远近与某一聚落的生活密切程度成正比。但至少在近代情况有了变化，最靠近某些聚落的市场并不一定是与该聚落日常生活关系最密切的市场。也就是说，一个市场社区可能由两个、三个甚至更多个小市场共同组成，这当中有一个市场是中心市场，老百姓通常叫"大集"。

一般来说中心市场都是历史比较久远的市场。这种市场与后起的市场之间往往存在比较明显的层次区别，一般低层次的市场其集期与中心市场的集期不重复，但同层次的市场集期，特别是中心集市覆盖的不同方向半径上的低层次市场，其集期常有重复现象，也就是说这类市场又与另外的中心有较密切的关系，这也就是交叉、分层现象。这里举清苑县的几个老百姓承认的大集为例。

1. 魏村集（大集）逢三、八开；

   白团集，逢四、九开；

   白城集，逢五、十开；

   谢上集，逢四、九开；

   齐贤庄集，逢五、九开。

2. 大庄集（大集）逢五、十开；

   段庄集，逢四、九开；

   草桥集，逢三、八开。

3. 王盘集（大集）逢二、七开；

   大柳村集，逢四、九开；

   温仁集，逢五、十开。

4. 冉庄集（大集）逢二、七开；

   马庄集，逢五、十开；

   付家营集，逢四、九开；

   西孙庄集，逢五、八开；

东闾集，逢四、九开。

这些大集后面的几个集，都是围绕这一大集的中小集市，相互构成一个社区市场圈。这些中心集市不仅是清朝初年以来就存在的，而且长达几百年，甚至到了今天集期从未改变。下面我们举几个历史较久的集市为例（见表11）。

表 11　历史较久集市集期统计

年代	臧村	苑桥	大庄	南大冉	魏村	阳城	冉庄	王盘	李各庄	张登	备注
康熙年间	三、八	四、九	五、十	一、六	三、八	一、六	二、七	二、七	一、六	一、六	阴历
民国	三、八	四、九	五、十	一、六	三、八	一、六	二、七	二、七	一、六	一、六	阴历
1986 年	三、八	四、九	五、十	一、六	三、八	一、六	二、七	二、七	一、六	一、六	阴历

这种长期不变在事实上说明了农民对市场的内在依赖度是很高的。长期的记忆遗传是与长期的内在需求相一致的。同时也说明了传统农村的社区市场是依靠市场自身的空间与时间的长期凝固来传递市场信息的。这种信息传递不仅仅是商品价格、规格的问题，它同时包含行情趋势、交易方式、运销渠道、风俗习惯、语言规范、感情交流等复杂的社会行为。

就中心集市的地理分布看，其社区性也很明显，分布比较均匀，如用横竖直线连接起来，大致是一个一个互相连接的正方形，如用半径大约5公里的圆形作图，其相互叠压重复的图像也很明显。清苑县在民国年间大约有10个中心市场（不包含保定市区），每个中心市场平均含有3—4个中小集市，每个低层次集市平均覆盖6—7个村庄，5600多人。这样计算，每个中心市场平均覆盖2万人左右。

当然在实际生活中，不同时间、地点的情况可能差异很大，比如有些交通十分封闭的地区，或经济发展层次很低的地区，其与中心市场的关系可能很弱，因此在具体的实例分析中不能过于机械。

就社区市场的开放度来讲，尽管清苑县的中心集市覆盖半径较大，但远不如无锡县的开放度大。此略举几例：玉祁镇的木行，多是从常州批量进原木，多时木排停放长达 2 里。羊尖镇的粮行，"采购稻麦范围极广。从羊尖四周乡村，向外到东湖塘、安镇、北三国、常熟，远至宜兴、安徽芜湖等地，都由水路送至羊尖集中，然后或加工或转运上海"①。洛社镇的黄狼皮，"从清朝中叶开始直至建国后的几年，每年霜降至逢春期间，逢四上，有百多个皮毛商到洛社交易。安徽帮专卖，上海帮专买。一共有三千多张。冬至后上市有七至八千张，最多超万张。皮毛紧、绒毛厚，上海帮收购后运销法国巴黎，成为免检商品"②。类似的现象在无锡县不算少见。

就上市赶集的人来看，绝大多数都是附近三乡四里的农民，他们多数既是买者又是卖者。就买卖的产品来看，主要都是自产自销的农副产品和手工业产品。保定调查汇总过一个 11 个村 2119 户样本的各类副业生产情况，我们重新做了分类整理。

手工业：

织布，52 户，5453 尺；

加工布，111 户，14924 尺；

纺线，21 户，377 斤；

织袜子，34 户，320 双；

---

① 见无锡县商业局商志办编《羊尖商业概况》。
② 见无锡县商业局编《洛社商业志》。

编筐，17 户，1712 张；

编菜篓，1 户，10000 个；

编箔，5 户，225 领；

豆腐房，9 户，49050 块；

粉房，4 户，20200 斤；

磨坊，5 户，24972 斤；

油坊，2 户，45378 斤；

熬淋盐，7 户，44634 斤；

木厂，23 户，年利 1157.59 元；

染房，17 户，年利 3927.09 元；

骨厂，17 户，年利 545.7 元；

小炉匠，7 户，年工资 148.88 元；

轧花，3 户，年工资 229.88 元；

养蜂，1 户，年利 21.27 元；

拆洗业，2 户，年利 109.54 元；

缝纫，2 户，年利 123 元；

裱糊匠，1 户，年利 18 元；

运输，12 户，年利 1877.17 元；

搭棚，1 户，年工资 160 元；

补鞋，1 户，年工资 182.5 元；

换破烂，2 户，年利 45.47 元；

理发，1 户，年工资 54.56 元；

饮食业，36 户，年利 4097.54 元。

商贩业：

豆饼贩，1 户，年利 3929 元；

猪毛贩，4 户，年利 1516.47 元；

杂货，64 户，年利 5187.37 元；

鲜货，15 户，年利 1221 元；

百货，3户，年利341.28元；

布贩，6户，年利607.61元；

药铺，3户，年利3440元；

木柴贩，1户，年利540元；

牲口贩子，1户，年利200元。

这里所说的利润概念需要说明一下，根据保定调查统计数据的上下文看，利润实际指的是农村纯收入概念，即扣除物耗成本以后的收入，但没有扣除劳动成本本身。

粮食、家畜家禽及其副产品的上市量，依然按照2119户的市场社区范围，经核算，粮食1875019斤，家畜家禽及其副产品9万—10万元，其中猪按50%的出售量有近300头，蔬菜当时统计，有31户经营，上市量559570斤。以上主要是卖，就买的情况来看大致如下（样本不变）。粮食，381208斤；棉布，150222尺，其中土布87344尺；煤油，26521.7斤；煤炭，551160斤；纸烟，17119盒；酒，7207斤。其他用现金购买的主要商品还有，生产用商品，41871.4斤；副食品，63040.25元；衣着，31679.05元；日用杂货类，33713.29元；农具类，12777.59元；文化娱乐用品，2860.65元。

这大体上就是解放前清苑县一个一万多人口，十几个村庄的市场社区交易产品量。这个市场社区范围大略接近一个中间层次，或者说一个中等大小的集市覆盖面。

从中我们可以看出，农民的生产、生活需求尽管是低层次的，但需求的产品种类还是比较多的。每户的需求特点是，量少、价低、样多。正因为如此，许多产品自己生产是很不经济的。比如农村较为普遍存在的油坊、粉房、豆腐房、磨坊，如每户都制作无疑成本是很大的，反过来，有些副业，如棉纺、棉织、柳编、禽畜饲养又是农户所普遍自营的，其成本至少农户认为要比购买低，这恰恰说明，传统农村社区是充满了比较意识与行为的。

另外，关于农村社区对于市场环境的依赖程度我们还可以从这样一个现象上得到启发，就是在历史的血与火的动荡中，农村社区市场的"硬件"往往遭到毁灭性的破坏，但一旦环境安定几年，这些硬件又会很快恢复，甚至超过从前。此处举无锡县商业志中的几例。

洛社镇。民国 26 年（1937）前，洛社的行业有棉布、槽坊、国药、南北货等 46 个，共 142 个商店，有南北货店 12 家，槽坊 12 家，国药店 8 家，茶馆 11 家，茧行 8 家，理发店 8 家等。1937 年 10 月，日军侵犯洛社，全镇炸毁，烧毁市房千间，占 50%，繁华的市镇变得萧条冷落，满目疮痍。嗣后数年间，市民在废墟上陆续搭起简陋房屋做店面，重操旧业，但不及早先的繁荣了。1945 年，全镇有 46 个行业，计 281 家。……民国 37 年（1948）末，洛社县是个有着千余人口的消费集镇。全镇有 48 个行业，洛社镇有商店 339 家，双庙有 57 家，张镇有 26 家，高明桥有 3 家，共 425 家。仅洛社街上就有粮行 64 家，百货店发展到 15 家，棉布店 13 家，南北货店 37 家，理发店 10 家，成衣店 20 家。

露镇。民国 24 年（1935）有商业主街 3 条，商店 174 家，从业人员 494 人，分散在农村的小商业 8 家，从业人员 14 人。……民国 26 年（1937）日军入侵，商业主遭到洗劫，闭门逃难，货物被抢，受害者达 20 家，不少商店纷纷停业。民国 34 年（1945）8 月，日军投降，商业略有发展，至解放前夕，有商店 244 家，从业人员 872 人，其中职工 384 人，农村小店 10 家，从业人员 19 人。

玉祁镇。到 1937 年，玉祁镇就有行业 53 个，商店 334 家。其中，典当 2 家，木行 4 家，茧行 22 家，南北货烟纸店 41 家，槽坊 11 家，药店 10 家，米行 27 家，肉店 12 家等。……民国 26 年（1937），全面抗日战争爆发，10 月沦陷，冲锋队一路烧杀，镇上商店房屋被毁 272 间。1938 年，洛社日军为在玉祁被杀 3 名日军报复，又来大肆放火烧街，全镇商业店面，几乎荡然无存。幸免于难者，仅少数店面和住房共 36 间半。繁荣的市镇竟变成一片瓦砾场。有条件的大户，都外逃至城市，从此景况萧条市面冷落。……民国 37 年（1948），经过抗战胜利后三年时间（1946—1948）的营建，玉祁市面，已是繁荣。玉祁、礼社共有 58 个行业，424 家商店。其中米行 29 家，木行 17 家，南北货烟纸店 56 家，面饭馆、点心店 19 家，鲜肉店 18 家，山地货店 20 家，理发店 12 家，茶馆 13 家，豆腐店 15 家，弹花店 6 家，棉布店 12 家，茧行 14 家，小丝厂 12 家等。还有农村商业 66 户，从业人员 92 人。

新安镇。新安镇系无锡县南大门，是大运河苏锡之间的中心码头，在未有铁路和公路之前，运河成了当时沟通南北的命脉。由于水运交通方便，商客云集，往来频繁。一到晚上，夜泊货船，头尾相接，不下一百条，总是桅灯盏盏，人来人往，甚为热闹。

（本文曾发表于《中国经济史研究》1990 年第 1 期）

一个村庄 50 年的城市化变迁

——保定市颉庄乡薛刘营村调查

徐建青

农村城市化可以有两种类型，或者说有两条道路，一种是通过农村工业化实现农业劳动力向非农产业的转移，向城市、城镇集中，以及随之而来的各项基础设施和商业、交通运输业等的建设和发展；另一种是城市郊区农村随着所依托的城市的发展而逐渐与农业分离，实现产业结构和农业劳动力的转移。前一种可以说是主动型的，后一种可以说是被动型的。本文所述村庄即属于后一种类型。这种类型的发展道路带有其自身的特点与问题，或许也带有一定普遍性。

一

薛刘营村位于旧保定市的西北角城墙外，紧贴护城河，原属保定市郊农村。保定市城墙是 20 世纪 60 年代末拆除的。随着保定市区不断向西拓展，薛刘营村已被纳入保定市区范围，已相当接近市中心。10 年前，有人曾以"夹在城市与农村之间"来描述薛刘营村，而 10 年后的今天，薛刘营村在产业结构、劳动力就业等方面已进一步与城市结合。实际上薛刘营村的城市化变迁始于新中国成立初期，近年来步伐加快。

1948 年薛刘营村随保定市一起解放。1949 年并村时，薛刘营村共有土地 3000 多亩，土改时的分田标准是人均 2 亩。生产以种植业为主，主要种植小麦、玉米、棉花。当时小麦、玉米产量都很低，小麦平均亩产五六十斤，玉米七八十斤，最高产

量小麦每亩 100 来斤，玉米 120 斤。一个壮劳力一年可种地 15
亩。互助组和初级社时期，注重积肥，搞了科学种田，亩产有
所提高。这时期棉花亩产由籽棉一二百斤提高到籽棉 400 斤，
小麦产量提高到 400 斤。全村原有 20 眼井，1954 年一年打了
40 多眼井。水浇地原只占全部耕地的 20%，到高级社时，全村
基本上没有旱地了，全部改为水浇地。

村里原来很少种菜，从高级社起，土地统一耕种，也由于
保定市的供应需要，开始安排种菜，当时粮、菜约各占 50%。
蔬菜由国家收购，国家按收购的蔬菜数量折粮供应村民。到
1975 年，耕地面积减少，大部分耕地都改为种菜了，只在不方
便浇水的地方种些粮食。到 1978 年，全部耕地都改为种植蔬
菜，不再种粮食了。村民口粮全部靠国家供应。

由于地近保定市区，从 1952 年起，国家就开始征用薛刘营
村的土地，修建工厂、机关、服务设施、职工宿舍等。到 1982
年土地承包时，全村只有水浇地 161 亩，加上一些边角零地，
共约 287.3 亩，90% 的耕地已经没有了。1985 年按人口数承包
的土地是人均 2 分地。据该村年末统计报表，1987 年有耕地
161 亩，这也就是 1982 年承包时的正式土地面积。1990 年 129
亩，1992 年 103 亩，直到 1996 年，报表上仍是 103 亩。实际
上，这期间，耕地进一步减少，其中有的因外单位买地盖职工
宿舍，有的因人口增加、农户分家盖房批为宅基地，有的因村
里为发展三产修路盖房搬迁农户而批为宅基地，等等。到 1997
年底，全村的可耕地实际只剩村西北角的一小片菜地，二十
几亩。

从 1987 年到 1997 年间，种植业收入，即蔬菜种植收入的
比重总的呈下降趋势，1987 年种植业收入为 44.2 万元，占当
年全部农村经济收入的 14.9%。1990 年为 79.9 万元，占全部
收入的 11.8%；1992 年为 81 万元，占全部收入的 9%；1995

年为 45 万元，占 1%；1997 年 23 万元，占全部收入的 0.3%。

农用机械动力同样呈减少趋势。20 世纪 50 年代村内共有旧井、新井 60 多眼，到 1987 年减少到有机井 11 眼，1990—1992 年还有 10 眼，1995—1996 年只剩 5 眼。1987 年村里还有小型农用拖拉机 7 台，1990 年只剩 2 台。农用载重汽车，1987 年有 10 辆，1990 年只有 6 辆。排灌机械，1987 年有 11 台，1990 年有 10 台。到 1992 年以后，小型拖拉机、载重汽车、排灌机械这几项全部没有了，因为没有用，所以都卖掉了。

与农业比重下降相对照的是，1987 年到 1997 年这一时期中，其他农村经济收入，包括工业、建筑业、运输业、商业饮食业、服务业等行业收入，比重呈上升趋势，特别是工业、商业收入增加明显。以 1987 年、1990 年、1992 年、1995 年、1997 年 5 年的收入来看，工业收入分别为 50.6 万元、119.1 万元、285 万元、1095 万元、1702 万元；建筑业收入分别为 7.7 万元、14 万元、15 万元、396 万元、129 万元；运输业收入分别为 8 万元、35.1 万元、39 万元、200 万元、170 万元；商业饮食业收入分别为 156.5 万元、413 万元、474 万元、2550 万元、5102 万元；服务业收入 1987 年为 4.5 万元，1990 年为 8 万元，1995 年为 25 万元。在这 5 个年份里，工业收入占当年农村经济总收入的比重分别为 17.1%、17.5%、31.9%、25.4%、23.9%；建筑业、运输业收入占总收入的比重分别为 5.3%、7.2%、6%、13.8%、4.2%；商业饮食业收入占总收入的比重分别为 52.8%、60.8%、53%、59.1%、71.6%。这几项合计，1987 年占 75.2%，1990 年占 85.5%，1992 年占 90.9%，1995 年占 98.3%，1997 年占 99.7%。

二

　　产业结构变化、非农产业比重上升的主要原因，一是近几年村办工业发展较稳较快，几个村办企业经过创业阶段，开始摸索到了自己的路子，有了定型产品打开了一定销路，几个企业都开始有了盈利；二是随着耕地减少，失去了从土地上谋生的条件，人们不得不转向非农产业，从村集体经济，直到农户个体经济，都发生了这一重心转移。

　　薛刘营村的村办工业是 60 年代开始建立的。1963 年建有一家木材加工厂，这是最早的村办企业。据说以后陆续办过许多工厂，但每次都由于经营不善或产品方向不对路而赔本关闭。1987 年时名义上有村办企业 5 个，以后又有关闭、有新建，到 1997 年，村里实际有村办及联营企业 3 家。这 3 家企业，其中 1 家是村办集体企业，2 家是本村和外单位的联营企业。

　　1 家村办集体企业是由村里投资创建的。1985 年起实行集体承包经营，职工都是本村人，当时有六七个人。1987 年起工厂与北京一家设计院联手搞一种制药机械，一开始是搞外加工，到 1990 年可以独立生产了。1990—1993 年，经过试用、改进，形成了自己的定型产品，目前产品销售至全国各大药厂。经过十几年的艰苦创业，现在企业开始有了盈利，管理走向正规化。企业现有职工 27 人，1985 年注册资金 18 万元，到 1997 年有固定资产 30 多万元，流动资金 10 多万元。1985—1997 年，除了纳税，共给村里上交六十几万元。两家联营企业都是 1990 年以后该村同河北省或保定市的科技单位联合创办的。由村里出地皮、出资金，对方出设备、出技术人员。协议税后利润双方按一定比例分成。经过几年的产品试制、攻关，两家企业的产品都已定型，有的通过了国家鉴定。目前产品销路较好，企业都进入盈利阶段，企业资产和人员都有增加。几年来，两家企业累计纳税 100 余万元，给村里上交近百万元。目前企业正在修盖厂房，准备扩大规模。两家企业的联营是比较成功的，其成功主要有三个方面的原因，一是利用了城市郊区的地理优势和城市中的科技优势，与科技单位实行联营，有钱出钱，有地出地，有技术出技术，双方互利；二是抓住机遇，找到了比较有发展前景的产品，其产品都是具有较高科技含量的；三是企业管理逐渐走上正轨，内部分工明确，没有闲杂人员，企业用人以对生产有利为原则，联营也起到了相互牵制的作用。

近几年，薛刘营村利用本村地理位置的优势，发展起商业、房地产业。通过修建道路，搬迁农户，新建了一条商业街。商业街两旁由村里集体出资，修建了几座小楼，盖了一些市场门脸房和商业亭子，房屋、亭子供招商出租。市场总投资 500 多万元，占地 26 亩。这些房屋、亭子已全部出租出去，经营项目有饭馆、美容理发店、冷饮店、土产店、医药店、礼品店、歌厅、家具城等，每年租赁费 100 余万元。此外，在市场商业街与居民住宅区之间的空地，还建立起一些个体摊棚子，也供出租。承租这些门脸房、亭子、棚子的，有一些是外来人口，也有相当一部分是本村村民。

薛刘营村目前土地出租共 20 多亩，分别开办有煤厂、汽车修理厂、冷饮厂、浴池等，承租者有本村人，也有本村以外的保定市人。此外，在村里的一些街道上，还有一些出租的摊棚、门脸房，基本上是村民承租的，有饭馆、杂货铺、菜摊、水果摊等。除了商业街的收入外，每年出租土地、房屋、摊棚的租赁费有三四十万元。

目前薛刘营村还有几个正在进行的项目，都是房地产业方面的，有由村里独资修建的商业楼，有与外省市合作修建的写字楼，有与房地产商合作修建的住宅楼。这些项目建成后，或以招商出租的方式经营，或出售。

三

解放以前到解放初期，薛刘营村以农业为主，村民大多务农。尽管靠近保定市，但村民极少离家，更不用说出门务工。由于人均耕地较少，还有一些人家做小生意，估计有 5%，但也并未完全脱离农业。

20 世纪 60 年代开始以生产队为单位搞些工副业。直到 1982 年承包以前，村集体经营的工副业主要有饭馆、修车铺、磨面厂、队办企业等共 23 个。这些单位的规模都不大，一般只有几个人。所以当时在村里从事工副业的人充其量只有百十来人，占当时全部劳动力的 10% 左右。还有一部分村民由于国家征地而由村统一安排进入国有企业当了长期合同工，这部分人中有些后来由于国有企业经营状况不佳时又回到农村。

从 1982 年实行土地承包经营，直到 1990 年前，每家还有一小片菜地，每年还可以从种菜中取得收入，解决部分口粮。一些人家的富余劳动力开始外出打工，一般也就是在保定市范围内，标志着农业劳动力转移的开始。还有一些人家申请了工商执照，做起小生意，成为个体工商户。到 1987 年全村共有 150 多户个体工商户。

由于土地不断被占用，全村人均耕地越来越少，已不足以养活本村人口，1987 年 9 月，国家将全村居民全部农转非，转为城市户口，从统计意义上说是实现了人口的城市化。但由于仍存在一部分耕地，统计中仍报有农业劳动力。从统计中看，这一年全村共有劳动力 1127 人，其中农业劳动力 402 人，占 36%，即非农业劳动力占全部劳动力的 64%。1990—1996 年，农业劳动力进一步减少。1990 年 335 人，1992 年 240 人，1995

年 198 人，1996 年 195 人。1996 年的农业劳动力占全部劳动力的 28.7%，即非农劳动力占 71.3%。实际上这些数据在很大程度上是因循上报的。因为实际上至少从 1995 年起，土地已基本没有了，更没有专门从事农业劳动的人口了。

随着耕地的减少，越来越多的人家已经全部没有了土地。目前仍保留的 20 多亩菜地，只属于少部分人家。那些拥有一二分菜地的人家，通常只是妇女、老人利用空闲时间去照应，种点菜以满足自家需要，稍有富余也拿去卖点钱，既不作为主业，也不仰仗这个收入维生。也有一些菜地荒着，长满野草，无人耕种，主人都从事其他工作去了。

耕地减少以后，薛刘营村农户经济的转移方向主要是就地从事个体工商业。目前村里共有个体工商户、个体运输户 200多户，比 10 年前数量增加了，约占全村总户数的 1/3。在所抽查的 190 户中，个体工商户、个体运输户有 40 户，占 21.1%，个体劳动者 70 人，占劳动力的 13.3%。这些个体工商户有的是租用村里的场地，有的是利用自家的房屋、场院。

有少数经营较好的个体户逐渐发展起来，成为具有一定规模的私营企业。如有一家冷饮食品厂，建立于 1983 年，当时只有借资 2 万元，一家子六七人干活。经过十几年的发展，现有固定资产二十几万元，1997 年经营收入八十几万元，有雇工 30 人。

还有相当一部分村民，由于文化水平低，素质差，没有其他谋生手段，只得外出打零工、干临时工。这部分人占有相当大的比重。在所调查的 190 户中，共有劳动力（包括已到法定退休年龄仍在受雇工作的）526 人，其中打零工、当临时工的有 159 人，占 30.2%。这部分人没有固定职业，流动性较大，有时干活，有时赋闲。

目前，村里仍有一些人赋闲在家，这些人有劳动能力，除个别懒汉外，一部分是家庭妇女，不愿或无法出去工作。还有一些男劳力，一时找不到活干赋闲在家。村中闲散人员较多，年轻无事可干者大有人在。在抽查的 190 户 526 个劳动力中，无业者有 49 人，占 9.3%。

薛刘营村村民实际上直到现在也没有完全改变不远游的传统。打工者大多是在保定市范围内，极少有出远门的。有的一时找不到合适的工作，宁可赋闲在家，也不愿离家。不愿外出的原因一方面是从未出过门有胆怯心理，更主要的是认为出门打工太辛苦，挣的钱也不比在家找个临时工挣的钱多多少。对到城市打工的态度大多是无所谓或不愿去。

四

近年来，薛刘营村的基础设施建设，包括道路交通、邮电通信、水利电力、生活能源等方面都有较快发展，有的方面如水利电力建设已与保定市的城市建设融合。村内道路四通八达，主要道路都是柏油路面。这些道路是历年不断修建起来的。90 年代以前，主要通信手段是寄信和发电报，只有村委会有一部电话，村民家里没有电话。这些年村民外出做生意，与外界交往增多，很多人家都安了电话，目前安电话的人家占总户数的将近 50%。还有不少人持有手机、寻呼机。村内各街道、胡同里每隔数十米就有一部公用电话，都是国内长途直拨电话，与外界联系非常方便。村民的生活用水、用电已纳入保定市的管理范围。村民生活用水由自来水公司为各户装水表，生活用电由供电局为各户安装电表，按月由自来水公司、供电局向各户收费。村民生活用燃料主要是煤和液化气。煤主要用来取暖。多数人家包括饭馆做饭都用罐装液化气。换液化气很方便，街上有不少液化气站，都是村民私人开办的。

薛刘营村由于地近保定市区，村民历来受市民习惯、意识影响较大。但在 1987 年以前，村民还是农民身份，还有一部分农业生产，人们还是以农民自居。从 1987 年全部人口农转非，到现在已有 10 多年，身份变了，土地没有了，生产结构也发生了巨大变化，村民的农民身份意识已经淡薄，完全是以市民身份自居，意识上、习惯上也发生了较明显的变化。

现在村民对极少的土地已不那么看重，谋生手段多样化。有的仍保有小片菜地，既不出租，也不自种，而是让菜地荒芜，自己出去挣钱。年轻人对土地基本持无所谓的态度。但也有一些没有土地的人仍希望能有一小片地，种点粮食、蔬菜什么的自家吃。

村民的工作、生活已与城市密切结合。由于很多人是在外边打工，或在工厂、机关工作，这些人包括他们的家人的作息时间都是以城市的工作时间为准，早出晚归。村里饭馆、食摊较多，很多人，包括有工作的和没有工作的，喜欢到外边吃饭，有的在街上买回熟食、咸菜、馒头之类，回家再简单做一点就行了。家庭妇女、老人主要是照管家务。年轻妇女在照管家务之余也时常出去逛街。

1987—1997 年，全村人口呈持续下降趋势。1987 年全村总户数为 648 户，人口 1856 人；1990 年为 702 户，1823 人；1992年为 702 户，1633 人；1995 年为 708 户，1623 人；1996 年为 708户，1603 人；1997 年期末人口为 1597 人。1994—1997 年，人口自然增长率分别为 -6.15‰、-1.85‰、-9.92‰、-3.75‰。人口持续下降的原因之一是生存条件变化导致人们的生育观念发生了变化。由于人们已经不以农业为生，摆脱了目前农业生产条件下的繁重劳动，在外打工挣钱，有的女的不比男的挣的少，不少家庭女方挣钱比男方多，有的甚至男方赋闲在家，靠女方做生意养家。这种在基本生存条件方面对男性的依赖的变化，使人们改变了传统的重男轻女观念，认为生男生女都一样，有利于计划生育国策的落实。

五

薛刘营村几十年来的城市化进程与它的地理位置有关，是与保定市的建设发展相伴随的。作为农村城市化的一种类型，城郊农村的城市化，与通过农村工业化发展走上城市化道路不同，这种城市化带有被动性，是随着它所依托的城市的扩展而逐渐脱离农业，由于土地被占用，生产结构向非农产业转化，由于户口农转非，人口城市化。它的优势是可以直接利用城市现有的产业、交通、科技等便利条件，与本地条件相结合，为自己找到发展的立足点，转变产业结构，如几个村办企业的成功联营，商业与房地产业的发展。

但其存在的问题也很明显，即土地减少，村民从农民直接转变为市民，人员的整体素质较差，难以找到新的工作，给村民就业带来困难。在所调查的人口中，18 岁以上（不包括在校高中生）614 人，其中文盲、半文盲占 9.9%，小学、初中文化程度的占 72%。几个村办企业由于都是科技型企业，职工多数都是外来人口，仅有的几个本村人也仅仅是打打杂。村民中无业人口较多，一些人对失去土地不满，有人到外边告状，成为一种社会不稳定因素。这种状况说明，尽管产业结构变化了，农业劳动力的转移仍是一个较长期的过程。人口脱离了农业并不是说已转移到非农产业，相当一部分人处于失业、半失业状态。尽管存在新兴产业的劳动力需求，但这部分人由于自身素质而难以被吸纳。在农业劳动力的转移过程中，劳动力自身素质的提高无疑也是重要的方面。此外，加速农村资本积累，增加社会就业机会，也是实现转移的重要条件。

（本文曾发表于《中国经济史研究》1998 年第 3 期）

我们还能不能回到陈翰笙时代？

——兼论 20 世纪 30 年代的无锡、保定农村调查

隋福民　韩　锋

一　引言：为什么要讨论这样一个话题？

生于 1897 年的陈翰笙是中国著名经济学家，也是中共早期的地下党员，1925 年就由李大钊介绍加入了共产国际[①]。陈翰笙早年即出国学习，先后在波莫纳大学、芝加哥大学、柏林大学获得学士、硕士、博士学位，精通多国语言，也受过系统的科学训练。

1927 年他于李大钊被捕后来到苏联，任第三国际农民运动研究所的研究员。其间因为中国社会性质等问题，与东方部的马季亚尔（L. Madjar）有过争论。陈氏不同意马季亚尔对中国社会已经资本主义化了的看法[②]，他认为中国农业从总体上说应该属于自然经济，商品经济不发达，因而中国社会不应是资本主义的，而是具有封建社会性质。但同时他也承认，没有充分的论据来驳斥马季亚尔的看法，于是他决意要在返回祖国后，

[①] 这是陈翰笙自己说的，也有一些资料说是 1926 年。

[②] 雷颐：《"中国农村派"对中国革命的理论贡献》，《近代史研究》1996 年第 2 期；张雪英：《试论陈翰笙有关中国农村研究的思想与方法》，《中国经济史研究》2008 年第 2 期；巫亮：《卜凯与陈翰笙：20 世纪 20—30 年代农村调查之比较》，硕士学位论文，华东师范大学，2010，第 21—33 页。

对中国社会做一个全面的调查①。

1928 年蔡元培邀请他回国任中央研究院社会科学研究所的副所长，主持实际工作（所长由蔡元培兼任）。随即，他便进行了无锡、保定等地的农村调查。1929 年 7 月至 9 月，无锡调查完成；1930 年的夏初到 8 月，保定调查完成。无锡调查由陈翰笙、王寅生领导，共计有 45 人参与，这些人中大多数都生长在无锡或邻近各县，对该地区的风俗和语言较为熟悉。调查团在县城内设立总办事处，下设 4 个调查组，负责人分别由张稼夫、钱俊瑞、秦柳方和刘端生担任。调查时遇到过一些农户的不理解，但调查人员的态度非常认真。保定调查团的人数多于无锡，由 68 人组成，除了中研院有关人员外，中华教育基金会的北平调查所也有人参与，调查团的办事处设在清苑县城。调查人员分组情况与无锡相仿，但为了提高效率，组长不再兼任调查员。无锡共计调查了 22 个自然村，1204 户，保定共计调查了 11 个村，1770 户。两地的调查表不完全一致，无锡由于先调查，经验不足，表格中有些选项设计不够符合实际，保定调查表加以改进，更便于调查②。与此同时，两地还进行了村概况等其他方面的调查，在无锡调查了 55 个村庄的概况和 8 个市镇的工商业③。在保定则对 72 个村庄和 6 个农村市场做了概况考察。这次调查就是后人经常提起的 20 世纪 30 年代的无锡、

① 陈翰笙：《四个时代的我》，中国文史出版社，1988，第 40 页。
② 中国社会科学院科研局编《中国社会科学院学者文选陈翰笙集》，中国社会科学出版社，2002，第 8—9 页；张雪英：《试论陈翰笙有关中国农村研究的思想与方法》，《中国经济史研究》2008 年第 2 期；葛海静：《民国时期知识界关于中国农村调查述评（1925—1935）——以卜凯、陈翰笙、李景汉农村调查比较为中心》，硕士学位论文，湖南师范大学，2012，第 21—24 页。
③ 廖凯声：《社会科学研究所无锡农村调查记略》，《国立中央研究院院务月报》第 1 卷第 8 期，1930 年。

保定农村调查。

无锡调查之后即撰写了报告，尽管采取了比较隐蔽的笔法，但这个调查报告内容并不被当时的国民党政府所认可，因此一直被压下来不能发表。

1934 年，陈翰笙被迫离开了中研院，因为当时同属中研院的傅斯年等学者认为陈氏有"左"倾倾向，因此，经常提醒蔡元培陈氏可能是共产党。傅斯年接替杨杏佛任总干事之后，先后把钱俊瑞、薛暮桥、张稼夫、张锡昌等人辞退，这些人都是陈翰笙进行无锡、保定农村调查时的得力助手[1]，并且表示要迁社会科学研究所至南京，陈氏拒绝离开上海。于是，陈氏选择了离职。陈氏离职后傅斯年短暂地兼任过所长，而后中研院的社会科学研究所与北平的中华教育基金会社会调查所合并，由原来的社会调查所所长陶孟和接任社会科学研究所所长职务。中研院的社会科学研究所实际上与北平的社会调查所早有接触和合作。保定农村调查时，北平的社会调查所就有人员（如韩德章）参与到陈翰笙所组织的团队之中。由于陈翰笙等人的离职，保定调查报告的撰写工作也停止了。后来由于时局动荡，中研院不断南迁。到了解放后中国科学院接管中研院保存的材料时，已经找不到无锡调查报告了。陈翰笙后来对此也颇感遗憾。陶孟和接手社会科学研究所工作之后，让刚入职北平社会调查所不久的张培刚整理过保定农村调查资料，张培刚经过补充调查也写出了 10 万字的论文，但直至 20 世纪 90 年代，陈氏仍说第一次"无锡、保定农村调查"资料的整理和研究工作并没有完成。后来的学者确实也没有利用 30 年代农村调查资料做

---

[1] 杜松：《土地革命战争时期中国农村经济调查团活动始末》，载中共中央党史研究室编《中共党史资料》第 45 辑，中共党史出版社，1993，第 108—133 页。

出有突出价值的研究工作。

我们能不能按照陈翰笙的学术进路重新撰写出无锡、保定农村调查报告？这是一个非常有意义的论题。因为，陈氏丢失的报告对中国当时的社会进行了深入的研究，并且有力地支持了中国共产党的土地革命政策。而目前学界似乎有一种看法，即把土地革命的原因仅仅理解为土地分配的不平均，而学术研究成果并不支持土地分配严重不均的看法，这就隐含着对土地革命历史合理性的判断。然而，陈翰笙是怎么看待中国农村的生产资料占有关系，包括土地的分配问题的呢？陈翰笙是怎么理解中国共产党的土地革命的呢？他是怎么通过研究支持中国共产党的土地革命政策的呢？这些只有通过重新回到陈翰笙的论证方法才能得到些许答案。本文试图在这方面进行一些尝试性的理解和讨论，不足之处，还请方家指正。

二　丢失的报告可能写了什么？

无锡的调查报告不能发表，那么这一报告到底写了什么而不可以发表呢？我们现在不妨猜测一下。

第一，这个报告研究了什么样的问题？我们提供两个旁证。第一个旁证是当时的社会背景。如前文所述，1928年陈翰笙从苏联回国，是带有明确的社会科学研究之目的的，那就是研究中国社会到底是一个什么样的社会。

列宁曾经对中国社会有过这样一种看法，即中国属于"半殖民地半封建"社会，半殖民地大家似乎异议不大，因为中国属于被西方列强侵略的国家，主权显然已经不完整了，列强在中国设了租界，中国的海关也不为中国人所掌控。但是关于半封建的说法，大家认识不一。半封建的"另一半"为资本主义，但列宁在他的论述中并没有指明哪一半多，哪一半少，即没有指明哪一种形态为主。这就为后来的歧见埋下了伏笔。比如，斯大林认为中国封建残余较多，因此主要是一个封建国家，资本主义尽管有所发展，但不是主流。而托洛茨基则认为，中国尽管还有封建残余，但由于受到资本主义国家的影响，其特征已经资本主义化了。东方部马季亚尔的观点与托洛茨基的看法大体一致，即东方的亚细亚社会由于受到帝国主义侵略，商品经济已经较为发达，因此中国的资本主义已经发展起来了。他的论据是农家经济中的货币收入占比已经超过一半，农产品也主要是销往市场，而不是自家消费。这些看法对国内的思想有很大影响，进而发展成关于中国社会性质的大论战。比如，陶希圣认为，鸦片战争时期，中国已非"封建"，而为"金融商业资本之下的地主阶级支配的社会"[1]。持有类似观点的学者经常在《新生命》刊物上发文，因此被称为"新生命派"，而与之对立的"新思潮派"则强调，近代中国虽有"资本"因素的产生，但封建力量依然强大。在这样的背景下，我们认为，陈翰笙的报告关注的一定是中国社会性质问题。而要关注中国社会性质，就需要首先关注中国农村，因为在中国大部分的生产关系是属于农村的[2]。

第二个旁证就是他对调查村的选择。我们知道，陈翰笙本来计划调查江南、河北和岭南三个地方的农村，因为这三个地方是中国工商业比较发达而农村经济变化最快的地方。如果我们能够对这三个区域的生产关系有所认识，则有助于认识全中

[1] 陶希圣：《中国之商人资本及地主与农民（附表）》，《新生命》第 3 卷第 2 期，1930 年。
[2] 陈翰笙：《中国的农村研究》，载陈翰笙、薛暮桥、冯和法编《解放前的中国农村》第 3 辑，中国展望出版社，1989，第 1 页；葛海静：《民国时期知识界关于中国农村调查述评（1925—1935）——以卜凯、陈翰笙、李景汉农村调查比较为中心》，硕士学位论文，湖南师范大学，2012，第 21—24 页。

国，进而可以有针对性地提出挽救中国农村危机的办法①。实际上，岭南的农户调查在其副所长任上并没有完成，仅仅完成了无锡和保定两个地方。广东的调查是在他去职后在太平洋国际学会的资助下完成的，主要的调查内容是美英烟草公司对广东农村经济的影响。因为烟草在珠三角地区是高度商品化的农作物。研究这一地方的农户经济也有很大意义。

张之毅对选择无锡和保定有过较全面的论述。他说，无锡和保定一南一北，无锡在长江以南下游，是水稻、冬麦兼蚕桑的稻作区；保定在华北平原，是冬麦杂粮兼棉花的旱作物区。两处正代表全国南部和北部（边疆除外）主要农作物区的情况，即均以粮食生产为主，同时经济作物有一定的发展。解放以前，两地都是商品经济较发达、殖民化程度较深的农村。无锡是丝织、棉织以及其他轻工业均较发达的城市，也是长江下游南岸一个重要米市，水陆交通极为便利，并临近全国最大海港上海以及反动政府的首都南京，有"小上海"之称。无锡农村的茧丝和小麦均是商品作物，稻米也有部分当商品出卖，农村副业也极为发达。保定是京汉铁路沿线的一个军事重镇，工业虽不发达，但商业上具有重要地位，和北京、天津两个大城市相临近，东有水陆交通连接华北海港天津，北有铁路通内蒙古与东北，西面有铁路通山西，因而商业比较发达。保定的小麦、棉花都是商品性很高的作物，但粗粮不足，要靠山西、内蒙古、东北等地供给。保定属于全国著名的高阳手工织布区，

---

① 陈翰笙：《广东农村生产关系与生产力（摘录）（1934 年）》，载汪熙、杨小佛主编《陈翰笙文集》，复旦大学出版社，1985，第 73—98 页；郑京辉：《民国农村经济调查与近代中国农业经济学的兴起》，硕士学位论文，河北大学，2009，第 20—32 页；张雪英：《试论陈翰笙有关中国农村研究的思想与方法》，《中国经济史研究》2008 年第 2 期；巫亮：《卜凯与陈翰笙：20 世纪 20—30 年代农村调查之比较》，硕士学位论文，华东师范大学，2010，第 21—33 页。

农村副业相当发达。所以无锡、保定都是交通便利、工商业发达地区，两地农村都是商品经济作物较多、副业较多，并受帝国主义经济侵略影响较大的一类农村。

由于这两个农村均位于工商业比较发达的地区，距离海港较近，农村商品经济比较发达，受帝国主义和商品经济的影响较早较深，殖民地化过程出现较早，这两地农村极易反映旧社会在殖民地化加深过程中的发展趋势。因此 1929 年、1930 年的调查选定这两个地点，是有意要论证两个问题。第一，农业资本主义能不能发展？如果在这两个商品经济发达的地方农业资本主义仍不能发展，其他农村就更不用说了。第二，如果农业资本主义不能发展，那么在殖民地化程度加深的情况下，农村经济的发展前途究竟怎样呢？总之是想通过这次调查研究，论证旧中国半殖民地半封建的社会性质以及农村经济的发展趋势及其命运。确定了这两地农村的社会性质，就可以概括全国的社会性质了①。

第二，这一报告的结论是什么？我们也提供两个旁证来说明这个问题。第一个就是当局不让这一报告发表。我们由此可以推知他们的报告一定是得出了国民党当局不愿意看到的结论。国民党当局不愿意看到什么呢？那就是他们不愿意承认中国是半殖民地半封建社会的论断。这是因为，如果承认中国为半殖民地半封建社会，那么中国共产党的革命纲领就站得住脚了。反之，如果中国是资本主义社会，那么就没有必要发动农民了，就没有必要搞土地革命了。在土地改革上，国民党保守派一直是持消极态度的。

另一个旁证就是报告内容引发了关于"中国农村性质"的

---

① 根据藏于中国社会科学院经济研究所的《张之毅手稿》（复印件，未出版）整理而得。

激烈论战，也属于大论战的一部分，主要是"中国经济派"和"中国农村派"的较量。"中国经济派"阵营中的王宜昌认为，中国农业已经商业化了，已经步入了资本主义，而且，通过与国内和国际的工业资本主义相结合，中国农业面对的市场已经是世界市场了①。因此，"中国经济派"提出中国农村经济主要是生产力的问题，而不是生产关系的问题②，即"不再是土地所有形态、地权、租佃关系等等，而是资本制的农业生产过程分析"③。而以陈翰笙为首的"中国农村派"则强调，由于帝国主义的经济渗透，刺激了农村商品经济的加速发展，中国农村经济形态起了某些变化。但这种变化并没有让农村结构发生质的变化，相反它让中国的殖民地性和半封建性格外加强，格外尖锐，因为中国维持封建主义经济形态对于帝国主义的统治和剥削是有好处的④。由此薛暮桥认为中国农村有两个问题，第一个就是抵抗帝国主义者的侵略，第二个就是消灭农村中的各种封建剥削，其中特别重要的就是解决农村中的土地问题⑤。"中国农村派"主张重点研究中国农村中的社会生产关系，即农业生产过程中人与人的关系，而不是人与土地、机械、肥料等的关系⑥。

---

① 王宜昌：《从农业来看中国农村经济》，《中国经济》第 3 卷第 12 期，1935 年。
② 钱俊瑞：《现阶段中国农村经济研究的任务——兼论王宜昌韩德章两先生农村经济研究的"转向"》，《中国农村》第 1 卷第 6 期，1935 年；雷颐：《"中国农村派"对中国革命的理论贡献》，《近代史研究》1996 年第 2 期；程霖：《中国农村经济改造模式与发展路径——20 世纪 30 年代学术界的探索》，《财经研究》2007 年第 5 期。
③ 王宜昌：《论现阶段的中国农村经济研究——答复并批评薛暮桥钱俊瑞两先生》，载中国农村经济研究会编《中国农村社会性质论战》，新知书店，1936，第 100 页。
④ 陶直夫（钱俊瑞的笔名）：《中国农村社会性质与农业改造问题》，《中国农村》第 1 卷第 11 期，1935 年。
⑤ 薛暮桥：《旧中国的农村经济》，农业出版社，1980，第 9 页。
⑥ 孙冶方：《农村经济学底对象》，《中国农村》第 1 卷第 10 期，1935 年。

他们批评"中国经济派"看不到生产关系的能动性[①]，强调"中国的农民要用革命的方法，消灭一切封建废物"[②]。当时"中国农村派"的主要代表人物都参加过无锡、保定农村调查，并且深深地受到了陈翰笙的影响。这些可以间接说明，无锡调查报告论证的结论就是中国社会乃为半殖民地半封建社会，而非"中国经济派"所坚称的资本主义社会。封建社会生产资料占有不合理，以及存在封建剥削，隐含的进一步观点就是这一制度需要通过革命加以改造。

三 为什么陈翰笙不太认可张培刚的《清苑的农家经济》？

保定调查之后，陈翰笙等学者并没有写出报告，只不过是使用了部分材料写了文章，比如陈翰笙写了《现今中国的土地问题》，王寅生写了《兵差与农民》。1934 年，陶孟和全面接手社会科学研究所工作，这时候，张培刚大学毕业后已经来到原来的社会调查所，并在所里任助理研究员。随即，陶孟和所长安排张培刚整理保定的农村调查资料并进行分析。1936 年 3 月—1937 年 3 月，张培刚写出了《清苑的农家经济》，总字数超过 10 万字，但不是以专著形式出版，而是分三期在《社会科学杂志》上连载发表的。从利用这些资料的角度看，这应该是对保定农村调查的一个较为全面的整理和分析，是一个重要的成果。然而，我们同时也注意到，陈翰笙一直强调保定农村调

---

① 薛暮桥：《研究中国农村经济的方法问题——答复王宜昌王毓铨张志澄诸先生》，《中国农村》第 1 卷第 11 期，1935 年。
② 陶直夫（钱俊瑞的笔名）：《中国农村社会性质与农业改造问题》，《中国农村》第 1 卷第 11 期，1935 年。

查材料未及整理、分析及出版①。为什么会这样呢？笔者认为
有两个原因。

第一个原因也是最主要的原因就是他们俩研究问题的侧重
点已经不同，并进而引致观点差异。如前文所述，陈翰笙调查
工作的目的是说明中国社会的性质。因此，他侧重研究生产关
系。比如他认为，农村诸问题的中心就是土地的占有与利用、
生产手段、在此基础上的各种不同的农村生产关系，以及各种
不同的社会组织和社会意识②。陈翰笙也批评了同时期的一些
学者，他认为这些学者"都自封于社会现象的一种表列，不会
企图去了解社会结构的本身。大多数的调查侧重于生产力而忽
视了生产关系。它们无非表现调查人的观察之肤浅和方法之误
用罢了。例如忽视田亩的实际大小势必使农家一切收支调查不
能得到正确的计算"③。确实，20 世纪二三十年代，对中国农村
经济有过很多调查，比如南京金陵大学的卜凯（John Lossing
Buck）所做的调查④，以及陶孟和领导的、李景汉实施的定县
农村调查，等等。卜凯的调查和陶孟和团队的调查，实际上都
更倾向于生产力，而不是生产关系，专注农业问题，而不愿把
农业凋敝上升为社会问题。这在卜凯的调查中体现得较为明显，
因为卜凯等人认为，中国农村经济的主要问题不是生产关系的
变革，而是生产力的进步。显然，来自北平社会调查所的张培

---

① 《陈翰笙序》，载陈翰笙、薛暮桥、冯和法编《解放前的中国农村》第 1
辑，中国展望出版社，1985。
② 汪熙、杨小佛主编《陈翰笙文集》，复旦大学出版社，1985，第 43—45 页。
③ 汪熙、杨小佛主编《陈翰笙文集》，复旦大学出版社，1985，第 43—45 页。
④ 1921—1925 年，卜凯指导学生对中国 7 省 17 处 2866 个农家进行了经济状
况调查，1930 年他出版了英文版的《中国农家经济》。其汉译本于 1936 年
由商务印书馆出版发行。1929—1933 年他又主持了对中国 22 省 168 个地区
16786 个农场和 38256 个农家的调查，写出《中国土地利用》。

刚的分析更类似于卜凯的观点。这是陈翰笙等马克思主义学者
不乐于接受的。陈氏按照阶级分类方法，将中国农户分为地主、
富农、中农、贫农和雇农五类，他不赞成基于生产经营的角度
把农户划分为自耕农、半自耕农、佃农等。卜凯和日本满铁的
农村调查都采用了自耕农、半自耕农、佃农分类方法。在钱俊
瑞看来，从经营方式来划分农户，掩盖了当时的阶级矛盾①。
1935 年，张培刚在其家乡搞过一次小型调查之后撰文，在该文
中，对农户的分类就是按照租佃关系分的，即为地主、纯自耕
农、自耕兼佃农、纯佃农②。显然这种方法与陈翰笙的阶级分
类方法不同。1945 年，身在美国的张培刚著文对农户的分类即
为地主、经营地主、自耕农、佃农和雇农③。他所使用的数据
实际上与《清苑的农家经济》中的相同。当然，这部书是在国
内完成的，即在 1940 年"二张挂冠而去"社会科学研究所之
后写成的④。对比《清苑的农家经济》和《二十世纪中国粮食
经济》，可以看出，阶级分类和经营方式分类的对应是这样的：
地主 vs. 地主、富农 vs. 经营地主、中农 vs. 自耕农、贫农 vs.
佃农、雇农 vs. 雇农。实际上，关于分类方法的争辩在论战中
已经表现出来。比如，王宜昌不赞成阶级分类，认为这种分类
带有主观性⑤。

　　分类方法不同实际上已经暗含了问题的关注点不同。陈翰

①　钱俊瑞：《中国农村经济研究会成立前后》，载《〈中国农村〉论文选》
　　（上），人民出版社，1983，第 7 页。
②　张培刚：《成庄村的农家经济调查（附表）》，《经济评论》第 2 卷第 10 期，
　　1935 年。
③　张培刚、廖丹清：《二十世纪中国粮食经济》，华中科技大学出版社，2002，
　　第 386、388 页。
④　武汉地方志办公室：《张培刚传》，华中科技大学出版社，2013，第 381、
　　382 页。
⑤　孙冶方：《论农村调查中农户分类方法》，载《孙冶方选集》，山西人民出
　　版社，1984，第 13 页。

笙研究的是不同阶级占有土地的不均等，但不仅仅是不均等，还要看大量的土地究竟是集中到什么人的手里。陈翰笙认为在对一大堆的调查材料进行统计之前，就需要考虑分类问题。在按量和按社会性质这两种分类法中，又强调按社会性质分类，主张应该根据土地关系和雇佣关系将农民分成地主、富农、中农、贫农、雇农这五个阶层①。张培刚关注的仅是土地的细碎化，即土地规模小，以及在所有权上表现出来的分散化特征。关注的重心不同，结论也表现出极大的差别。陈氏认为"大地主是促成农村崩溃的主要因素"，而张氏则表示"农村五个阶层的经济地位是流动的，经济地位的差异仅仅影响他们各自的盈亏"。对革命的看法势必也不同。陈氏认为，中国必须来一场革命，才能让中国农村经济新生。而张培刚的看法则更类似于卜凯的观点，即重点解决市场、技术以及土地规模小等问题，这不一定需要革命。张培刚之所以与陈翰笙有如此的差别，可能与张培刚所在的北平社会调查所的学术传统有关。韩德章是北平社会调查所的重要成员，其方法和所关注的问题受到了卜凯等人的影响。因此，钱俊瑞认为韩德章的《河北省深泽县农场经营调查》是"卜凯教授所著的《中国农家经济》的'具体而微'的承绪"②。入所时，张培刚相对年轻，难免会模仿和借鉴卜凯和韩德章等人的分析方法。

第二个原因是张培刚所利用的仅是保定农村调查的部分资料。保定调查时，北平社会调查所的韩德章参加了，后来又辅助张培刚进行了补充调查。实际上，张培刚只整理了韩德章、

① 钱俊瑞：《评陈翰笙先生著〈现今中国的土地问题〉——兼评陈先生近著〈广东农村生产关系和生产力〉》，《中国农村》第 1 卷第 5 期，1935 年。
② 钱俊瑞：《现阶段中国农村经济研究的任务——兼论王宜昌韩德章两先生农村经济研究的"转向"》，载《钱俊瑞选集》，山西人民出版社，1986，第 245 页。

张稼夫负责的材料，即 11 村 1775 户中的 3 村 500 户。尽管张培刚认为，"用三村五百户计算所得的结果和用全体村户计算所得的结果相差无几"[①]，但这可能让陈翰笙难以满意，因为毕竟是做了 11 个村的调查，这 11 个村相对均匀地分布在清苑县的 4 个区，这 4 个区是按照农作水利情况加以划分的，"每区中择其最普通之村庄"进行调查[②]。而现在，张氏仅仅研究 3 个村难免会有所遗漏。那么，张培刚为什么不研究 11 个村呢？对于张培刚来说，研究 3 个村和研究 11 个村难度变化不一定大。这里边可能还有其他一些原因，我们就不得而知了。

四　后人在材料运用上的困难和误读

陈翰笙没有完成他所期望的工作，因为无锡的报告写了，但丢了；保定的材料有学者整理，但其并不满意。幸运的是，这批原始调查表保留了下来，并由此带动了 1958 年的第二次无锡、保定农村调查。这次调查的目的与第一次已经不同了，在当时的形势下，主要是新旧对比，反击右派今不如昔的言论。我们说，这种比较实际上在研究的分量上已经有所减轻。因为，这已经不是问题研究了，更多的是一种历史比较研究。第二次的领导者是孙冶方和薛暮桥，这两个人实际上都参与了第一次即陈翰笙所领导的那次无锡农村调查。1958 年，孙冶方、薛暮桥分别任当时的中国社会科学院经济研究所所长和国家统计局局长。团队主要成员为刘怀溥和张之毅等学者。第二次调查因

---

① 张培刚：《清苑的农家经济》（上），《社会科学杂志》第 7 卷第 1 期，1936 年。
② 陈翰笙：《中国农村经济研究之发轫》，载陈翰笙、薛暮桥、冯和法编《解放前的中国农村》第 2 辑，中国展望出版社，1986，第 6 页。

为要比较不同时点的中国农村经济状况，所以搞了追溯调查。在无锡分别是 1929 年、1936 年、1948 年、1957 年，中间穿插了一个 1952 年，但调查项目较少。保定是 1930 年、1936 年、1946 年、1957 年，之所以年份上有差别，是因为保定为老区，1947 年解放，而无锡属于新区，1949 年解放，因此，解放前一年的时间点不同。在追溯调查中，发现第一次调查有漏报等问题，因此，通过调查重新核实了第一次调查的数据，使之更为准确，调查户也更为全面。调查后，要撰写报告。这一报告实际上也没有出来。为什么呢？这是因为当时在分析调查数据时，发现了地权"趋中化"这样一种现象①。如果地权"趋中化"，一个合理的解读就是地主并不像我们想象的那样具有土地占有能力，也就是说，农村社会不存在地主和佃农的两极分化。撰写人员发现这一现象后，觉得不好处理，因此，报告最后不了了之。实际上，其中存在着一些误读。

第一，不能把三四十年代的"趋中化"与陈翰笙的论证逻辑相匹配。陈翰笙的论断尽管也指明了土地占有上的不平等，但不是以两极分化为立论基础。陈氏实际上知道，当时农村就存在着大量的中农（自耕农），当然也有地主、佃农。除此之外，在无锡，还有工商业主、手工业者、小商贩，保定也有小商贩。即便如此，并不妨碍陈氏对中国社会主体上属于封建社会的判断。而且，受当时的马克思主义理论的影响，恰恰是农村没有出现严重的两极分化，才导致中国是封建社会的观点的加强。如果两极分化严重，一端则变成了地主资本家，另一端则是佃农无产阶级。这是中国资本主义化了的证据。然而，中国没有发生这一现象。而且，土地占有关系仅仅是封建社会特

① 这是笔者从朱文强、张丽两位老师那里获得的信息。两个人都参加了第三次"无锡、保定农村调查"，对当时留下来的一些材料比较熟悉。

征的一方面，尽管是主要的方面。除此之外，还要观察剥削。陈氏认为，中国当时很大比例的捐税实际上都落在了普通农户头上，其他人并没有承担。这种社会制度当然是不合理的。比如陈翰笙认为，中国农田地块小、位置分散，面积标准也缺乏，地权结构也非常复杂，这些都证明中国农村农业具有一种前资本主义社会的性质[①]。总之，陈氏认为，中国农村就是封建主义占主导的，在土地占有和剥削上都有明显体现。要改变这样的社会，必须革命。后来人尽管也考虑了剥削等其他一些因素，但不能从整体上把握土地革命，认为土地革命的缘由仅仅在于土地占有不平等，因此就产生了一个隐含的预设，即土地越不平等，就越应该土地革命。而如果土地能够在各个阶级之间合理流动，进行土地革命就没有理由了。实际上，这已经与陈翰笙的逻辑有区别了。

由于没有领会陈翰笙的论证逻辑，1958 的报告在表述上有点无所适从。比如，一直强调土地集中，而尽量避免所发现的"分散化"或者说"趋中化"。报告强调："在解放前这种土地占有的不合理情况，还在不断发展，""很明显，在解放前地主阶级的总户数、占有土地总数、出租土地总数都是直线上升的。因此这个地区土地日益集中的趋势是肯定的。"而事实上，根据数据资料，又得不出这样的结论[②]。有年轻学者曾对第二次无锡农村调查报告中对土地占有的描述进行了重新释读。她根据无锡调查的汇总资料认为，从占有土地的数量上看，地主人均占有土地数量明显下降，富农人均占有土地数量变化不大，与此同时，中农人均占有土地数量在保持稳定的同时略有上升，

[①] 汪熙、杨小佛主编《陈翰笙文集》，复旦大学出版社，1985，第 43—45 页。

[②] 刘怀溥、张之毅、储雪瑾等：《江苏无锡县近卅年来农村经济调查报告（1929—1957 年）》，《中国农业合作史资料》1988 年增刊二。

这样一种变动很难说土地集中趋势越来越明显，恰恰相反，似乎是证明了土地的分散化趋势①。

第二，不能对 20 世纪三四十年代的土地分配动态变化所呈现出来的特点进行深刻认识，这一点也有别于陈翰笙。也就是说，后来人不能从"趋中化"或者说"分散化"的表面，进一步深刻认识当时社会的不平等本质。这主要是因为在统计方法运用上有局限。我们认为，即便是从农户分类上观察到了"趋中化"或者说"分散化"，也不能证明旧有社会关系的合理。比如，当时的统计是对所有村户的统计，而不是相同个体的历史变迁。不同时期地主、富农和中农等标签下的群体是不一样的。我们可以举一个极端的例子，假如一个村只有 4 户人家，地主、富农、中农、贫农各 1 户，过了一段时间之后，贫农由于家贫未娶妻变成绝户，地主有 2 个儿子分家后都为富农，富农由于经营不善变成中农，而中农则变成了贫农。结果衡量下来是富农 2 户，中农 1 户，贫农 1 户，如果仅仅研究到这里，我们很容易得出农村的"分散化"或者"趋中化"趋势，因为地主没有了，而富农增加了 1 户，但是这种演变很难等同于社会是合理的、平等的。我们研究保定农户的统计资料时，绝户还是很多的，而这些绝户中，主要都是贫农和雇农。以 1930 年到 1936 年为观察区间，可以看到，在 58 户绝户中，有 31 户是贫农、18 户是雇农、6 户是其他，中农有 2 户，地主有 1 户，富农没有②。更为严谨的论证应该把绝户也考虑进去，或者说

---

① 张会芳：《1929～1948 年无锡县农村土地占有的变化趋势——以对第二次无锡农村经济调查报告的重新释读为中心》，载《中国社会科学院近代史研究所青年学术论坛 2009 年卷》，社会科学文献出版社，2011，第 326—341 页。

② 根据河北省统计局编《1930—1957 年保定农村经济调查资料》，中国社会科学院经济研究所藏内部资料，1958 年油印本，第 85 页数据计算而得。

放到一个合适的论证体系内。从这一点上看，后来人也没有继承陈翰笙的分析思路，仅仅局限于表面上的标签下面的内容，而不是对社会进行更为准确和透彻的认识。事实上，我们还想指出的是，即便是表面的"趋中化"和"分散化"，也丝毫说明不了革命前社会的合理性。因为，三四十年代的"趋中化"和"分散化"已经不仅仅是土地革命的"因"，而且是"果"。我们知道，土地革命早在苏区就开始了，土地革命在各个地区轰轰烈烈地开展，不能不对全国产生影响，包括国统区[①]。我们曾经利用第二次保定农村调查的汇总数据，计算过保定农村土地分配上的基尼系数。不难发现，这一地区的基尼系数确实在降低，而且是 1930—1936 年降低的少，而 1936—1946 年降低的多。两个阶段地主、富农和贫雇农、中农的土地买卖数量和流动方向有差别。如地主在 1936—1946 年，仅买进土地 1.8 亩，富农买进 166.2 亩，大大低于 1930—1936 年的数量。而贫雇农和中农在 1936—1946 年分别买进土地 2779.4 亩和 902.3 亩，大大高于前一阶段的数据。之所以有这种差别，我们认为与革命形势以及当时的工商业发展状态有关系。从 1930 年到 1936 年，保定地区没有战争，局势比较安定，因此，社会不稳定等预期因素的影响较小。而从 1936 年到 1946 年，保定地区成为日伪军、国民党和共产党军队的作战前哨，经常有大小战事，社会不稳定，贫困老百姓对共产党的土地政策和政治诉求较为看好，地主和富农尽管舍不得自己的土地，但也认为，共产党取得胜利有较大可能性。为了预防"被土改"，他们主动应变。可见，保定农村地权分配的变化也受到了当时革命环境的影响。如果能够这样深入、立体地认识所谓的"趋中化"和

---

① 钱俊瑞：《中国现阶段底土地问题》，载陈翰笙、薛暮桥、冯和法编《解放前的中国农村》第 2 辑，中国展望出版社，1986，第 195 页。

"分散化"，可能也不会让报告的表述非常含糊，也不至于让陈翰笙30年代的论证逻辑不复存在了。

五　我们能不能回到陈翰笙时代？

我们在未来试图要做的工作是，恢复陈翰笙等学者的论证传统，立足保留下来的无锡、保定农村调查资料，做尝试性的弥补研究。这一方面有助于解决无锡报告丢失、保定报告不理想的问题，另一方面也能在后来人得出的"趋中化"和"分散化"的统计表象与共产党革命前的社会具有不平等、不合理的本质之间架起理解的桥梁。当然，我们的工作也面临着很大的挑战。目前学界有一种习惯性想法，总认为土地不平等才是土地革命的理由。而土地占有在革命前并非那样不合理。即尽管那一时期中国农村的土地占有者中地主、富农较多，但没有严重到所估计的那种程度①。有的学者还把这种分散化的趋势追溯到了清代，甚至更早。比如，高王凌、赵冈的著作对传统的"土地集中""贫富分化"论提出质疑，指出清、民国时期中国小农占有土地的数量大体上比较平均，土地市场的活跃固然为土地集中提供了可能性，但也为土地的分散提供了渠道，大土地所有制很难长期维持，而租佃双方的关系也远较"剥削—被剥削"的简单模式复杂②。秦晖也认为清初至民国末年，关中

---

① 章有义：《本世纪二三十年代我国地权分配的再估计》，《中国社会经济史研究》1988年第2期；郭德宏：《旧中国土地占有状况及发展趋势》，《中国社会科学》1989年第4期；乌廷玉：《旧中国地主富农占有多少土地》，《史学集刊》1998年第1期。
② 高王凌：《租佃关系新论——地主、农民和地租》，上海书店出版社，2005，第5—7页；赵冈：《中国传统农村的地权分配》，新星出版社，2006，第64—91页。

农村的地权较为分散，土地占有两极分化不严重①。当然，很多学者并没有说破，然而，他们也没有向前走一步，即像陈翰笙那样论证整个社会的生产关系。

另外的挑战是很多学者习惯于认为生产关系不重要，目前研究生产关系或许不重要，但不等同于历史上的生产关系不重要。比如，有学者写了怀念董时进的文章。在董时进看来，中国的主要问题就是人多地少的问题。薛暮桥认为这是庸俗的人口论。如今，持有人口论观点的学者还有很多，比如黄宗智就认为中国人口数量多导致了中国人多地少的资源禀赋，导致了中国近代农村经济的"内卷化"。还有把农村落后归结为生产技术和市场因素的②。那生产关系在当时就真的不重要吗？我们在此重新回顾一下马克思主义学者的观点。比如薛暮桥认为，

---

① 秦晖：《封建社会的"关中模式"：土改前关中农村经济研析之一》，《中国经济史研究》1993 年第 1 期；秦晖：《"关中模式"的社会历史渊源：清初至民国——关中农村经济与社会史研析之二》，《中国经济史研究》1995 年第 1 期。

② 后来的学者中赞同农村问题是生产力问题或者说是技术、市场问题的人不少。参见〔美〕黄宗智《长江三角洲小农家庭与乡村发展》，中华书局，1992，第 118 页；〔美〕罗斯基：《战前中国经济的增长》，浙江大学出版社，2009，第 43、47—51 页；〔美〕黄宗智：《华北的小农经济与社会变迁》，中华书局，2000，第 16、60、307—308 页；赵冈、陈钟毅：《中国土地制度史》，新星出版社，2006，第 179 页；〔美〕马若孟：《中国农民经济：河北和山东的农业发展：1890—1949》，史建云译，江苏人民出版社，1999，第 140、312—332 页；费正清主编《剑桥中华民国史》，中国社会科学出版社，1998，第 87—89 页；李金铮：《近代华北农民生活的贫困及其相关因素》，《近代中国乡村社会经济探微》，人民出版社，2004，第 215—230 页；章有义：《明清及近代农业史论集》，中国农业出版社，1997，第 3—5、21—23 页；曹幸穗：《旧中国苏南农家经济研究》，中央编译出版社，1996，第 50—51 页；彭南生：《中间经济：传统与现代之间的中国近代手工业（1840—1936）》，高等教育出版社，2002，第 80—81 页；温铁军、冯开文：《农村土地问题的世纪反思》，《战略与管理》1998 年第 4 期，第 98、106—109 页；凌鹏：《近代华北农村经济商品化与地权分散——以河北保定清苑农村为例》，《社会学研究》2007 年第 5 期，第 80 页。

生产技术的落后固然是农村破产的原因之一，但它自身又是受了陈腐的生产关系约束的结果。封建余孽不能肃清，农业的落后也就成为免不掉的事情。由于受到马克思主义学者的影响，李景汉在1937年出版的《中国农村问题》一书中也认为农村的主要问题是农业生产及交换和分配过程中的人与人之间的社会关系问题①。这些论述都值得我们重新思考，我们也认为，对20世纪30年代中国农村的研究应该回到陈翰笙的研究传统。

［本文曾发表于《河北师范大学学报》
（哲学社会科学版）2019年第1期］

---

① 李景汉：《中国农村问题》，商务印书馆，1937，第23、127页。

图书在版编目（CIP）数据

无言的变迁：22个村庄的70年 / 中国社会科学院经
济研究所编. -- 北京：社会科学文献出版社，2022.10
ISBN 978 - 7 - 5228 - 0978 - 6

Ⅰ.①无⋯ Ⅱ.①中⋯ Ⅲ.①农村 - 调查研究 - 中国
- 现代 Ⅳ.①F32

中国版本图书馆 CIP 数据核字（2022）第 200460 号

无言的变迁：22 个村庄的 70 年

编　　　者 / 中国社会科学院经济研究所

出　版　人 / 王利民
责任编辑 / 陈凤玲
文稿编辑 / 许文文
责任印制 / 王京美

出　　　版 / 社会科学文献出版社·经济与管理分社（010）59367226
　　　　　　地址：北京市北三环中路甲 29 号院华龙大厦　邮编：100029
　　　　　　网址：www. ssap. com. cn
发　　　行 / 社会科学文献出版社（010）59367028
印　　　装 / 三河市东方印刷有限公司

规　　　格 / 开　本：889mm × 1194mm　1/32
　　　　　　印　张：11.25　字　数：281 千字
版　　　次 / 2022 年 10 月第 1 版　2022 年 10 月第 1 次印刷
书　　　号 / ISBN 978 - 7 - 5228 - 0978 - 6
定　　　价 / 118.00 元

读者服务电话：4008918866